教育部人文社会科学研究专项任务项目（高校思想政治工作）资助
项目名称：《高校口述党史育人机制研究》（19JDSZ1012）

口述党史与高校思政课教学研究

KOUSHU DANGSHI YU GAOXIAO SIZHENGKE JIAOXUE YANJIU

孙明杰 / 著

湘潭大学出版社
XIANGTAN UNIVERSITY PRESS

图书在版编目(CIP)数据

口述党史与高校思政课教学研究 / 孙明杰著 . 湘潭 : 湘潭大学出版社, 2024. 11. -- ISBN 978-7-5687-1721-2

Ⅰ. G641

中国国家版本馆 CIP 数据核字第 20256591XP 号

口述党史与高校思政课教学研究

KOUSHU DANGSHI YU GAOXIAO SIZHENGKE JIAOXUE YANJIU

孙明杰 著

策划编辑:单 越
责任编辑:单 越
封面设计:李 平
出版发行:湘潭大学出版社
社 址:湖南省湘潭大学工程训练大楼
电 话:0731-58298960 0731-58298966(传真)
邮 编:411105
网 址:http://press.xtu.edu.cn/
印 刷:长沙创峰印务有限公司
经 销:湖南省新华书店
开 本:710 mm×1000 mm 1/16
印 张:15
字 数:240 千字
版 次:2024 年 11 月第 1 版
印 次:2024 年 11 月第 1 次印刷
书 号:ISBN 978-7-5687-1721-2
定 价:66.00 元

序

口述历史既是史学研究方法，也是史学分支学科，具有独特的史学研究价值。孙明杰撰写的《口述党史与高校思政课教学研究》将口述历史研究法运用于党史教育教学，在思政课教学认识层面、方法层面和大学生价值观形成层面实现了创新。口述党史将亲历者记忆转化为教学资源，“以微观见宏观”，达成了“以情感固信仰”的育人效果。这种从具象到抽象、从感性到理性的认知跃迁路径，精准契合了新时代大学生偏重体验式、场景化学习的特点。

口述党史运用于高校思政课教学，是党史研究和思政课教学有机结合的重要创新，意义重大。一是有助于历史认识的重建。口述党史使曾经尘封的历史变得鲜活起来，重新感受、体悟到党史中那些激动人心的重大时刻，由“大历史”与“小人物”相互呼应诞生出更加人性化的生活化的历史解释；二是有利于价值认同感的产生。口述者声情并茂的口述情景生动可感，且使人动容，使历史从客观化存在走向主观性认知，这较之抽象的解说对学生情感影响更大，从而也在青年心中悄悄撒下了历史自信的种子；三是有利于思维能力的培养。口述史料的搜集与整理即是一次鲜活的历史唯物主义方法论运用的过程，学生在寻找材料的过程中获得了去伪存真、由此及彼的方法，这恰恰是摒弃历史虚无主义的有效武器。

自媒体时代党史口述史料的辩证运用堪称本书亮点。视频化时代碎片化的网络传播是一种偶发情境采录的新形式，集现代AI技术与党史认知于一体，其中不乏真知灼见，以严谨的学术提炼，不失为新颖鲜活而又颇为大学生热衷的党史题材。

本书在党史教学上提出“四步教学法”：即情境创设—口述采集—思辨研讨—价值升华，在学习中建构螺旋式上升过程；在内容上搭建“三库一平台”（口述资源库、教学案例库、问题数据库和协同教研平台），破解实践教学资源贫乏的问题；考核评价方面改革“过程性叙事评价体系”，纳入口述报告、历史情景剧等形式进行考核，使价值观内化，但以可见度和可度量呈现。

“教学案例”部分从实证角度阐述了口述党史融入思政课教学中的效果，如，高校离退休教师口述党的教育战线史的案例，真切描绘了“择一业终一生”的教师们的真实经历，以古朴而又诚挚的文笔激发学习者爱国爱教、忠诚奉献的精神力量，言谈话语、字里行间无不饱蕴“为党育人”“为国育才”的职业价值导向。

除了带来思政课的方法创新外，本书更为重要的还在于针对思政课改革的深层转向——从知识本位走向价值本位，从教师中心走向师生共鸣，从课堂封闭走向社会开放，从单向灌输走向对话生成进行了可贵的探讨。这些传递所达成的意义，符合习近平总书记提出的“推动思政课改革创新要坚持八个相统一”的基本要求，同时又从某种意义上提供了一种“大思政课”的新样态建构模式。

习近平总书记指出：“思政课是落实立德树人根本任务的关键课程。”进一步加强思政课建设，不断提升思政课教学实效性是落实立德树人根本任务的必然要求。当口述党史走进思政课堂，中国共产党人精神谱系更与大学生的成长同频共振。平凡而又伟大的足迹所呈现的初心和使命，如同历史长河中的灯塔，在照亮过往岁月的同时也能够筑基青年人生命的成长之路。我们希望有更多的教师能够从这本书中得到灵感启发，让思政课在守正创新过程中，成为塑造灵魂、培养新人的精神家园。

北京师范大学马克思主义学院教授 王炳林

前 言

本书坚持新时代马克思主义教育思想，立足高校思政课教学现状，通过探讨口述党史融入高校思政课教学实践，总结教学经验，探索新时代高校思政课教学方法和规律，以进一步提高高校思政课教学的亲和力、吸引力和感染力。

口述党史融入高校思政课教学，是以党史为学科枢纽，将口述历史研究方法应用于思政课教学的创新性尝试，此为本书的中心思想，其价值在于：

一、有利于大学生形成正确的党史观，提高对历史虚无主义的辨识能力。高校党史教育的目标是使大学生形成正确的党史观，深刻认识中国共产党在中国社会历史发展中的伟大作用，进而加深对中国共产党的认同和热爱。历史虚无主义聚焦大学生，以娱乐恶搞抹黑民族记忆，以否定历史来消解民族尊严，危害极大。加强党史教育，使学生对亲历者的回忆感同深受，由“学”党史变为“看”党史、“听”党史，对党史会有更深刻的理解，在情感上会有更深切的共鸣，从而在思想上进一步铸牢反历史虚无主义的防火墙，实现党史育人的目标。

二、能够丰富党史教学资料，增强党史教学效果。口述党史主张从社会变迁的视角研究党史。口述党史中丰富的个人生命细节，能够从微观的、具体的视角补充鲜活的史料，对传统党史教学偏重于政治史、军事史、组织建设史及思想史等宏大叙事形成有效补充，从而增强党史教学的生动性。口述党史使党史教学资料更加丰富，教学视野更加开阔，容易为学生所接受，提高学生学习兴趣。

三、探讨新的党史课程教学方法。习近平总书记在党史学习教育动员大会上指出："党史学习教育有自身的特点和规律，要发扬马克思主义优良学风，坚持分类指导，明确学习要求、学习任务，推进内容、形式、方法的创新，不断增强针对性和实效性。"① 党史学习教育应注重方式方法创新。口述党史教学在探讨学生党史教学过程中的主体地位、培养科学的党史思维、实现党史情感升华的同时，为改善传统党史教学方法提供了新的视角，对于课程思政也有较深刻的启发。

围绕上述中心，本书共分五章加以阐述。其中，主要通过口述党史与高校思政课教学的理论阐释、现状分析、创新探索、资料库建设、案例分析进行论述。第三章围绕口述党史融入思政课教学方法创新，对组织教学内容和教学考核提出了建设性思路。针对口述党史融入思政课教学出现的问题，第四章列举式地详细阐述了如何进行口述党史资料库建设，对党史教学具有一定借鉴意义。第三章及第四章是本书的重点内容。为翔实地说明口述党史融入思政课教学的模式及教学效果，本书专设一章，结合实际教学经验，列举了三个具有一定的实证性和创新性的教学案例，尤其是高校离退休教师口述党的教育战线史，对涵育与发扬教育家精神具有重要的现实意义。口述党史在一定程度上也拓展了课程思政资料的挖掘渠道。

作者注重信息化对党史教学的现实影响和作用，在对传统的党史教学进行扬弃的同时，对 AI、自媒体呈现出的口述历史资料给予高度的积极的关注。本书认为，在党史资料搜集方面，自媒体展现出了强大的主动性、多渠道化和一定的学术取向，很多资料是很珍贵的，对党史教学颇具裨益。自媒体"挖"出的党史资料，经过严谨的学术考证后，是能够作为宝贵的、珍稀的党史教学资料的。

作者长期从事口述党史访谈与教学，此书的出版既是其对口述党史教

① 习近平：《在党史学习教育动员大会上的讲话》，人民出版社 2021 年版，第 26 页。

学的尝试探索，也是多年教学实践经验的沉淀积累。本书不仅对高校思政课教学具有借鉴意义，对基础教育阶段的党史教学同样具有参考价值。从这个意义上讲，将口述党史融入思政课教学，有利于推动大中小学思政课一体化建设。

目 录

绪 论

高校思政课是新时代高校落实立德树人根本任务的关键课程。教师通过向大学生系统讲授思想道德修养与法律基础、马克思主义基本原理等核心课程，引导大学生坚定中国特色社会主义理想信念，提高马克思主义理论素养，厚植爱党爱国爱社会主义情怀，成为堪当民族复兴重任的时代新人。中共党史在高校思政课教学中具有至关重要的意义。

早在 2010 年 7 月，习近平就在全国党史工作会议上强调，用党的历史教育党员、教育干部、教育群众尤其是青少年，是党史工作服务党和国家大局的重要内容。2021 年 2 月，习近平总书记在党史学习教育动员大会上指出："党的历史是最生动、最有说服力的教科书。我们党历来重视党史学习教育，注重用党的奋斗历程和伟大成就鼓舞斗志、明确方向，用党的光荣传统和优良作风坚定信念、凝聚力量，用党的实践创造和历史经验启迪智慧、砥砺品格。"① 习近平总书记的重要指示，为本书提供了根本的政治指导和理论遵循。

口述党史旨在以访谈、录音、录影等方式采集、整理、保存、研究中共党史的当事人或见证者的历史记忆与相关史实。由于党史教学内容具有较强的理论性，大学生在学习这门课时容易感到单调枯燥，育人效果不好。将口述党史运用到大学生党史教育中，可以改变传统党史教学机制的不足，有利于培养青年学生学习党史的热情，更好地达到党史育人的目的。

---

① 习近平：《在党史学习教育动员大会上的讲话》，人民出版社 2021 年版，第 2 页。

第一节 研究背景

中国共产党历来重视党史的教育作用。1942 年 3 月 30 日，毛泽东在《如何研究中共党史》一文中指出："如果不把党的历史搞清楚，不把党在历史上所走的路搞清楚，便不能把事情办得更好。"① 邓小平说："每个党、每个国家都有自己的历史，只有采取客观的实事求是的态度来分析和总结，才有好处。"② 江泽民强调："要努力学习中国历史特别是中国近现代历史和党的历史，并通过这种学习努力掌握和发扬中华民族的优良传统和党的优良传统。"③ 胡锦涛指出："要通过开展各种纪念教育活动，促进广大中青年干部进一步学习党的知识和党的历史，深入了解党的优良传统和作风，不断增强党的意识，更加坚定自觉地为党的事业而奋斗。"④

中国特色社会主义进入新时代以来，以习近平同志为核心的党中央始终高度重视高校思政课建设，通过制定一系列重大战略部署，对高校思想政治教育工作提出全新希望和要求。2019 年 3 月 18 日，习近平总书记主持召开学校思想政治理论课教师座谈会，指出："办好思想政治理论课，最根本的是要全面贯彻党的教育方针，解决好培养什么人、怎样培养人、为谁培养人这个根本问题。"⑤ 8 月，中共中央办公厅、国务院办公厅根据总书记的这一讲话精神，共同出台《关于深化新时代学校思想政治理论课改革创新的若干意见》，从思政课课程教材体系的完善，思政课师资队伍的建设，思政课思想性、理论性和亲和力、针对性的增强，以及加强党对思政课建设的领导四个方面提出了指导性意见。为将习近平总书记关于新时代学校思政课建设的重要讲话精神和"两办"的意见落到实处，2020 年 12 月，中共中央宣传部与教育部共同制定了《新时代学校思想政治理论课

① 《毛泽东文集》第 2 卷，人民出版社 1993 年版，第 399 页。

② 《邓小平文选》第 3 卷，人民出版社 1993 年版，第 272 页。

③ 江泽民：《论党的建设》，中央文献出版社 2001 年版，第 93 页。

④ 《胡锦涛文选》第 1 卷，人民出版社 2016 年版，第 479 页。

⑤ 《关于深化新时代学校思想政治理论课改革创新的若干意见》，人民出版社 2019 年版，第 2 页。

改革创新实施方案》，对发挥高校立德树人作用、改革创新新时代高校思政课课程教材设计提出了切实可行的方案。2021 年 11 月，教育部又颁布《高等学校思想政治理论课建设标准（2021 年本）》，对高校思政课组织管理、教学管理、队伍管理、学科建设，以及特色项目分三级指标规定了具体建设标准。

这些重大部署和重要举措，为深入推进新时代高校思政课建设和教学、培养堪当民族复兴重任的时代新人提供了重要的理论遵循和坚实的指导。

2019 年 8 月，《关于深化新时代学校思想政治理论课改革创新的若干意见》颁布以来，全国高校不同学历层次教育对思政课内容进行了有针对性的调整和充实，并结合大中小学思政课一体化建设，为高校不同层次的受教育者设计并提供了相应的思政课程，教育效果斐然。专科阶段学生必修“形势与政策”“思想道德与法治”和“毛泽东思想和中国特色社会主义理论体系概论”。本科阶段学生必修“形势与政策”“思想道德与法治”“中国近现代史纲要”“马克思主义基本原理概论”和“毛泽东思想和中国特色社会主义理论体系概论”。近年来，高校又增设了“党史”“新中国史”“改革开放史”“社会主义发展史”和“习近平新时代中国特色社会主义思想概论”的课程。本科阶段的思想政治理论课程的设置，为全面涵养大学生政治素质、理论素养，提升人文精神、道德情操，培养爱党爱国情怀具有深远影响。与研究生学力相适应，硕士研究生开设“中国特色社会主义理论与实践研究”，重点从理论剖析与实践探索上加深对中国特色社会主义理论的研读。着眼于对马克思主义中国化的最新理论成果研读，高校对博士研究生开设了“中国马克思主义与当代”专题课程。从思政课课程设置来看，思想政治教育重点集中在本科教学阶段。

2021 年，大连理工大学马克思主义学院对全国 22 省 53 所高校的 5300 名本科生进行了思政课认同度调查。

表 0-1　大学生对思政课认同四维度统计结果

	很不认同	不认同	一般	认同	非常认同
课程内容	0.72%	0.31%	6.42%	49.59%	42.95%
教师素质能力	0.60%	0.46%	11.11%	61.84%	25.99%
教学方法	0.81%	0.84%	15.64%	63.34%	19.37%
学习收获	1.06%	1.10%	20.17%	66.48%	11.19%

来源：《大学生思政课认同状况的调查——基于全国 53 所高校的问卷数据》。①

注：由于四舍五入，表中各分项合计不等于 100%。

数据显示，关于思政课课程内容的认同度调查中，有 42.95%的大学生非常认同，49.59%的大学生表示认同，二者占比 92.54%，其余为很不认同、不认同和一般认同。教师素质能力方面，认同和非常认同的占 87.83%。对教学方法非常认同和认同的占 82.71%。思政课教学效果落脚在学生的学习获得感方面，非常认同的占 11.19%，认同的有 66.48%，二者占 77.67%。这表明，大学生思政课的获得感不高，育人效果欠佳。

总之，由以上数据分析得知，大学生思政课的认同度还没有完全达到预期目标。这对教学内容的设计、教师专业素养的提高、教学方法的改进等方面提出了更高的要求。

第二节　国内外研究现状

口述党史，涵盖了中国共产党自建党以来一百余年辉煌灿烂的历史。一百多年来，中国共产党在新民主主义革命时期、社会主义革命和建设时期、改革开放和社会主义现代化建设新时期、中国特色社会主义新时代四个时期，展现出了中国共产党领导中国人民获得民族独立、人民解放的革命历程，实现了从站起来、富起来到强起来的伟大飞跃，谱写了中国共产党人的优良作风、政治本色、精神特质、家国情怀。中国共产党的光荣历史成为世界范围的研究主题。课题以国内外中国共产党相关研究为背景，

① 戴艳军，赵宇：《大学生思政课认同状况的调查——基于全国 53 所高校的问卷数据》，《科学决策》2021 年第 9 期，第 95 页。

把口述历史与党史相结合形成的口述党史融入高校思政课作为研究对象，概括提炼出将其融入高校思政课教学的观点。

一、国外研究动态

国外对中共党史的研究主要集中在以下几个国家：由于中苏特殊的历史关系，从 20 世纪 20 年代至今，苏联和俄罗斯对中共党史的研究都是其他国家所不及的。美国的研究成果也很丰富，美国记者埃德加·斯诺于 1937 年出版的《西行漫记》，以及海伦·福斯特·斯诺的《续西行漫记》等著作，是一代美国人甚至西方世界的口述中共党史著作。这些著述对于西方世界探索、认识中国共产党具有极大的帮助。美国学者关于中国共产党政治结构、政策、意识形态等方面的研究始于 20 世纪 60 年代，代表性著作有约翰·刘易斯的《共产党中国的领导体制》及鲍大可的《共产党中国的干部、层级结构和政治权力》。日本学者利用地缘政治、历史文化等便利条件，搜集整理了丰富的中共党史文献资料，出版了大量的资料汇编、研究论文和著作。在英国开展中共党史研究方面成绩比较突出的是伦敦大学东方与非洲学院，将研究的焦点集中在 1949 年后中国共产党历史上的若干重大问题。这些著作中，引入了大量口述史研究方法。20 世纪 60 年代，口述历史教学作为一种新式教学方法出现在传统课堂教学中。

国外学者在对中共党史研究取得大量成果的同时，开始将研究视角投向中共党史与青年的教育问题上来。艾伦·刘的《人民共和国中的群众政治：现代化中国的政权与社会》分析了改革开放初期中国政治与社会互动关系，涉及青年群体在政策变迁中的角色，以及中国共产党如何通过教育体系和社会组织引导青年意识形态。彭轲的著作《优秀共产党员：当代中国的精英培训与国家建设》，深入探讨了中国关于意识形态与文化教育过程中的各种管理形式。汪铮的《勿忘国耻：中国政治与外交关系中的历史记忆》，详细阐释了中国共产党是如何利用本国的屈辱历史为教育载体，如何通过对青年大学生进行正确的引导来达到教育青年的目的。

目前为止，尚未检索到国外关于将口述党史融入高校思政课的相关研究成果，也没有冠以“思想政治教育”课程的研究成果。但国外对青少年的思想政治教育却无处不在，并有丰富的研究成果，且注重本土历史文化、价值观念等的植入。

一方面，对青少年思想政治教育赋予重大责任，把国家的命运与青少年思想政治教育捆绑在一起。阿兰·洛克伍德认为：教育不允许由某一政体任意支配，必须培养学生坚定的美国价值观和爱国主义精神。在俄罗斯，主要通过国家历史文化认知模式、公民爱国实践模式和军事强国激励模式来推进爱国主义教育。德育教育体系涵盖政治、社会、军队、学校、家庭和宗教，呈现出社会环境一体化的面貌。吉田武男认为，大学要培养自尊、尊他、自律和责任意识，要为实现“大同世界”而努力。在日本，道德教育往往强调理论与实践的结合，特别注重环境熏陶法的运用，强调学生主体性，强化道德体验。

另一方面，注重拓展思想政治教育内容，培养具有本国价值观念的公民。美国将青少年思想政治教育称为公民教育，即政治社会化。阿兰·洛克伍德提出发展性品格教育理论，作为美国价值教育的新样态，重要路径就是融入美国历史文化。理查德·斯坦利·彼得斯认为，每位教师都必须将思想政治教育融入教学管理中，强调“以文载道”。日本根据青少年不同的成长阶段，很好地规定了相应的思想政治教育目标，注重选择教育素材，实现思想政治“隐性教育”。

二、国内研究动态

中国的口述历史教学随着现代口述历史理论的引进而出现，始于20世纪80年代。改革开放以来，随着高校对中共党史教学研究的重视，相关研究及专题学术会议逐渐繁荣起来。以口述历史教学为研究主题的成果有：《美国口述历史教育的兴起与发展》（杨祥银，2011年），《口述历史在国史教学中的应用价值及存在问题》（吴孟显，2010年），《口述史方法在历史教学中的应用与反思》（杜钢，2012年）。褚劲风等在其论文《高校党史育人的基本途径和方法探究》中指出了党史育人的意义及高校目前存在的问题后，对高校党史育人的基本途径和方法提出了对策：拓宽渠道，创新方法，发挥革命纪念馆、陈列室、烈士陵园等红色文化基地的育人功能，走近党史人物，接受革命传统教育等。

为了探讨高校如何更好发挥党史育人作用，教育部高等学校社会科学发展研究中心于2011年用4个月时间就“高校党史教学和科研状况”专题在北京、上海、湖北、浙江、湖南、山西等省市，通过召开座谈会、深入高校听课座谈、书面调研等方式，开展调研。来自中国人民大学、北京师范大学、首都师范大学、湖南大学、湖南师范大学、湘潭大学、浙江大学、浙江师范大学、山西师范大学等30多所高校的主管校领导、相关院系负责人、相关学科教师及部分学生共90多人参加了座谈。从调研所覆盖的地区及参加座谈的高校来讲，此次调研具有极高的权威性。调研结果是：在课程设置上，将党史作为高校思想政治理论课的主要讲授内容；在教学方式方法上，主要有课堂教学和社会实践课。各地高校除了因地制宜，充分发挥当地红色资源拓展党史教学外，还注重党史队伍建设。调研组也指出了高校党史教育和科研工作面临的挑战和存在问题，主要有：党史学科定位问题、党史学科建设薄弱问题、党史师资队伍专业素养较差问题、教学效果不理想等问题。对于上述存在的问题，提出了对策，如加强学科建设、拓展中国近现代史纲要教学的途径、加强师资队伍建设等。

国内学者着眼思政课从教材体系向教学体系转变，把习近平总书记关于中国共产党人精神谱系、“四史”教育、红色文化、中华优秀传统文化等方面的重要论述融入高校思政课教学，取得了丰富的研究成果。

1. 中国共产党人的精神谱系的融入。从激励广大青年学生继承优良传统、赓续红色血脉着眼，把中国共产党人的精神谱系融入思政课教学。王晓霞结合党史学习教育，把中国共产党人的精神谱系融入“中国近现代史纲要”课教学中，分别从宏观视角、中观章节和微观概念三个维度来把握。王易提出要整体把握中国共产党人的精神谱系的精神之源、纵向流变及横向延展整体样态，激励广大青年学生做堪当民族复兴重任的时代新人。

2. “四史”教育的融入。“四史”教育是落实立德树人根本任务的核心内容。乔惠波认为在将“四史”教育融入思政课教学过程中，要以党史为核心，以马克思主义中国化为历史主线，以掌握习近平新时代中国特色社会主义思想为根本指向，抵制历史虚无主义的危害。韩振峰提出“四史”教育与高校思政课具有内在契合性，二者的融合使“三进”更具必然性。

3. 红色文化的融入。红色文化凝聚的历史内涵和时代价值，是重要的思政课教学资源。郭培荣提出，红色文化融入高校思政课教学，对丰富教学资源、传承中国共产党人的精神谱系、坚定大学生的政治立场，均具有重要作用。葛涛强调红色文化的育人功能，指出要围绕红色文化融入高校思政课，优化育人内容、拓展育人路径，增强思想政治教育的实效性。

另外，把党的重要会议精神、党和国家领导人专题思想论述融入高校思政课教学中，学者也有相关研究。

总之，国内学者按照“为什么融入、融入什么、怎样融入”的思路进行研究，成果丰富，为本研究奠定了扎实的、可借鉴的成果基础。国内外研究特别是国内研究，鲜有成果阐述口述党史在高校育人中的运用机制，口述党史的运用还没有引起高校的普遍重视。本书旨在阐明高校口述党史育人模式的重要性及构建可行性，以图在相关研究中有所突破。

第三节 研究目的和意义

思政课获得感是大学生受益于思政课课程教学所产生的内在满足感。[①] 表现在大学生对教学内容、教师素养、教学方法等方面的主观感受。思政课获得感的高低是衡量高校思政课教学效果的重要影响因子，也是评估大学生对思政课教学认可度高低的重要指标。口述党史融入高校思政课教学的目的和意义，正是该课题的价值所在。

一、研究目的

将口述党史融入高校思政课教学的研究目的，是围绕思政课育人效

① 阎国华，闫晨：《高校思想政治理论课获得感的结构功能与内涵透视》，《思想教育研究》2022年第5期，第125页。

果，充分发挥口述党史的学科优势，实现课堂教学质量、大学生思政课学习成效及思政课教师的专业素养三方面的提升。

（一）提高思政课教学内容的说服力

口述党史内容丰富、生动，兼有口述历史与党史的学科优势，生动详实地反映了百年来中国共产党在整个社会发展历史阶段而不是某个发展阶段的辉煌历史。将口述党史融入思政课教学，可深化思政课教学内容，增强理论彻底性，提高思想说服力。

（二）增强大学生思政课学习的获得感

思政课的育人目标重在增强学生的担当意识，引导学生矢志不移听党话、跟党走。口述党史能够把思政课程目标与大学生的现实需要结合起来，用众多革命先烈鲜为人知而又平凡伟大的事迹教育引导学生，使大学生在顺应时代发展趋势，解决社会发展需求的过程中实现自身价值，真正做到学有所思、学有所值、学有所获，有效提升思政课获得感。

（三）提升思政课教师专业素养

习近平总书记指出："要着力建设一支政治强、情怀深、思维新、视野广、自律严、人格正的思政课教师队伍。"① 这为办好新时代思政课、建设合格的思政课师资队伍提供了科学指引、根本遵循和强大动力。思政课教师队伍是高校实施立德树人、培根铸魂工作的第一人，对于培养什么人、怎样培养人、为谁培养人，具有至关重要的作用，思政课教师队伍建设必须全面坚持党的领导。

思政课教师教学素养表现在对思政课育人宗旨思想上的认同、情感上的体悟、教学行为上的践行。口述党史融知识性、时代性、价值性于一体，是源于历史、服务现实、资政育人的革命文化。讲好党史课，首先要学好党史课，在教与学的过程中，思政课教师会加深对党史、中国共产党人的精神谱系、中国共产党人的家国情怀的体认，自觉地提升传承红色基因、赓续红色血脉的专业素养。

① 《关于深化新时代学校思想政治理论课改革创新的若干意见》，人民出版社 2019 年版，第 8 页。

二、研究意义

口述党史融入高校思政课教学，对于深入研究党史作为高校思政课教学内容的价值，对于如何提高高校思政课课堂教学实效，对于进一步探索口述历史与思想政治教育学科之间的融合，既有重要的理论意义，也有较强的实践意义。

（一）理论意义

有利于贡献思想政治教育学术话语。当代大学生对各类思想政治教育内容的考量，已转向注重案例的剖析方式、信息的迭代更新和故事的创新性讲述等多向度。口述党史内容的新颖性、鲜活性，契合大学生对教育内容的认同旨趣。用党的历史讲好思政课，是对新时代思想政治教育学术话语的重要贡献。

有利于深入研究中国共产党青年思想政治教育史。口述历史是中国共产党革命、建设、改革各个历史时期的生动记载，是新时代中国共产党青年思想政治教育的宝贵教材，不仅传承着党的青年思想政治教育的宝贵经验，还蕴含着这些经验的创新性升华。中国共产党正是通过一代代青年思想教育，才培养了生生不息的合格建设者和接班人。将口述党史融入高校思政课教学，既能够深化青年学生的价值认知，又能探索青年思想教育规律，这对新时代中国共产党青年思想政治教育史的研究具有重要的推动作用。

有利于学生加强对中国共产党人的精神谱系的理解。中国共产党人的精神谱系是中国共产党一百多年来历经新民主主义革命时期、社会主义革命和建设时期、改革开放和社会主义现代化建设时期，以及中国特色社会主义新时代结晶形成的党的最为宝贵的精神财富。口述党史凝练并讲述着中国共产党人的精神谱系，通过口述党史，讲好思政课，能够使学生自觉立足于党的奋斗历程，通过体认中国共产党人的精神谱系，坚定理想信念，逐步把自己塑造成为堪当民族复兴重任的时代新人。

（二）实践意义

将口述党史作为党史教学的补充，丰富党史教学资料，弥补党史教学的教学方法，发挥口述党史的育人作用，树立正确的党史观。

有利于青年学生形成正确的党史观。引导学生树立正确的党史观，正确看待中国共产党走过的历史，才能不忘本来，开辟未来。在开展党史教学过程中，让大学生参与进来，通过采用口述党史研究方法，让学生亲自访谈中共党史事件、人物，由学生发挥学习自主性，亲自来学习研究中共党史，这是自我教育的过程。在这个过程中，学生会切身感受到中国共产党在民族独立、人民解放、社会主义革命和建设、改革开放以来取得的重大成就和历史经验，加深对党的认识和理解，对党的认同和热爱油然而生。口述党史需要学生走出课堂，进入社会大课堂，访问一些历史当事人，探寻历史细节，引导学生树立正确的党史观，正确地对待历史，加深对党史事件的理解，这有利于学生更好地了解党史，抵御历史虚无主义，树立正确的党史观。

有利于丰富党史教学资料。口述历史既是一种研究方法，也是一个史学分支学科，同时也是新的史学研究理念。口述历史聚焦小人物的生活、基层社会史的变迁、普通民众对历史的认知，对基层社会、底层民众充满关切，把“自上而下”与“自下而上”的历史研究结合起来，扩大了历史研究视野。但是现实中，口述历史工作者对乡村社区底层群众关于党的路线方针政策的执行及其认识关注极少，“欠缺从生命意义上对农民话语言说的倾听与观察”①，从而导致党史教材中史料的不足。口述党史的最大优势就是丰富党史教学资料。党史教材中口述史学主张“自下而上地看历史”，即从社会变迁的角度观察历史，这就为党史研究增添了一个新的视角，弥补了传统文本史料中对社会具体变化记载较少的不足。② 口述党史史料能够与党的革命奋斗史、党的自身建设史、思想理论发展史等宏观的研究结合起来，尽可能实现“自上而下”与“自下而上”的结合。通过访谈一些党史亲历者，一起重温历史，倾听他们对当时的历史事件的评价，使学生真切地感受历史事实。使党史学习教育更加生动活泼，贴近学生生

① 王炳林：《中共党史学科基本理论问题研究》，北京人民出版社 2021 年版，第 309 页。

② 刘玮婷：《试论口述史教学在党史教育中的运用》，《文教资料》2014 年第 19 期，第 168 页.

活，提高学生学习党史的兴趣。

有利于拓展党史课程教学方法。传统的党史课程教学以传授历史知识为主，但是现在我们不仅重视党史知识的学习，更加注重的是价值观的形成，感情的升华。口述党史有助于弥补党史课程教学方法及内容的不足，让学生们走出课堂，与社会接触。可以去实地访谈革命老前辈，了解更多的历史细节，感受革命前辈的奉献精神。实地考察革命遗址，重走革命历程。利用 VR、AI 技术，参与者可以穿越时空，将党史事件由听与看转变为亲身体验，设身处地地体验党建文化。① 运用口述党史教学方法有助于扭转学生对课程的错误认识，激发学生的学习兴趣，有利于培养学习党史的热情，同时锻炼了学生的实践能力和调查能力。

第四节　研究方法与所要解决的问题

课题研究的目的和意义决定了其研究方法和所要解决的问题。党史文献资料的使用和思政课教学现实需要的契合，以及高校思政课教学的系统性使得文献研究法、调查研究法和系统研究法成为必要的研究方法。与课题研究目的和意义相适应，主要是解决大学生党史学习的认知、厚植思政课教师党史情怀及思政课教学中使用口述历史研究法等几方面存在的问题。

一、研究方法

（一）文献研究法

通过深入研读大量口述史料，并运用口述历史研究法，对搜集到的史料进行史学意义上的提炼，以确保其内容符合思政课教学要求。相关学术研究成果，重要党史人物、文稿及实物，革命历史遗址遗迹类，均属研读范围。目的是从总体上把握口述党史重要的思想政治教育价值，奠定扎实

① 童小力：《运用红色口述档案 鲜活党史教育》，《四川档案》2021 年第 4 期，第 18—19 页。

的文献和理论基础。

（二）调查研究法

围绕如何提高高校思政课实效，对部分高校思政课教师、大学生进行广泛深入的调查，并利用 SPSS 软件进行数据分析，以期全面了解目前高校思政课取得的成效、存在的短板，把准思政课脉搏，切准口述党史融入大学生思政课教学的切口。

（三）系统研究法

将高校思政课教学作为一个整体，把口述党史融入思政课教学中，相应地对教师党史素养、教学方法、教学能力进行系统研究，并对比目前高校思政课教学内容供给现状，考察其实效性差异，反思传统思想政治教育内容的现实困境，通过安排思政课针对性的教学内容，探索高校思政课教学创新的路径，整体提高思政课教学水平，增强思政课育人效果。

二、要解决的问题

（一）大学生思政课获得感偏低

对大学生思政课学习状况做好学情分析，深入高校进行大样本调查，运用相关分析工具，梳理所得数据，专题描绘、研判学生的兴趣爱好、思想特点和行为习惯，把握学生的真实需求和选择。通过在高校党史育人中引入口述党史这一教学方法，对提高高校党史育人效果的路径进行探讨。围绕这一关键问题，探索建立一种党史育人机制，将高校党史育人工作要素纳入这一机制，并通过这一机制输出，提高党史育人效果。

将口述党史融入教学方案与课程内容，突出历史底蕴、理论内涵、价值意蕴的学理分析，进一步提高大学生思政课学习获得感。

（二）思政课教师党史情怀需深入培植

习近平总书记讲的“情怀深”主要是指爱党爱国爱社会主义的育人情怀，思政课教师首先要提高政治站位，自我涵育爱党爱国爱社会主义情怀，才能引领学生做爱国奉献的时代新人。

目前，思政课育人效果欠佳的一个重要原因是思政课教师整体素质有待提升，特别是在理论修养、人文关怀、史学素养、党史认知等方面亟须加强。思政课教师应从历史的纵贯线与多维向度出发，以纵横交错的视角深入研读党的历史，深切领悟党的百年历史所取得的重大成就和历史经验，热情洋溢地阐述党的历史中的核心内容，同时不断提升自身的教育情怀与专业素养，以充分发挥在教学中的主导作用。

（三）党史口述历史研究法援引失当

口述历史不仅是一门历史学科，也是一种具体的历史研究法。作为一种史学研究方法，其已经跨入了其他学科领域，从而活跃了这些领域的研究氛围，并同时开拓了研究视野。口述历史研究法适用于党史学科，由于党史学科的特点，对援引的口述历史研究法便提出了更多的挑战，或者讲，在运用口述历史研究法研究党史时，更应该保持“慎重”“慎终”，更应该呈现历史规律。口述历史研究法适用于党史研究的历史不长，将口述党史融入高校思政课教学，更是需要研究的课题。

第一章　口述党史与思政课教学的理论阐释

口述党史融入高校思政课教学，既是思政课育人的内在要求，也是一种跨学科的尝试。毋庸置疑，口述党史对增强高校思政课的育人效果显而易见，这不仅要从教学实践中检验，更应从学理上全面阐明。

第一节　口述党史的概念与特点

口述是历史研究的一种方法，具有悠久的历史。口述来源于记忆，记忆保存和输出了历史的意义，被广泛地运用于人文和社会科学领域。它主要是作为资料搜集和数据采集的方法，从而为分析和研究奠定资料基础，这已经成为史学和其他学科领域的共识。

一、口述历史

20 世纪 40 年代，正式产生“口述史学”这一术语。它的出现，不仅打破了“口述”仅作为一种研究方法的传统界限，还赋予了口述历史以历史学科的独立属性。既然如此，口述历史就要从学科的角度来认识和建设。① 口述历史包括但绝不仅限于口述人的回忆和对一些历史事件的个人评论。对口述人的生平阅历、历史经验和情感世界的记录，是口述历史的第一要件，其目的是通过找回已逝去的历史事件与历史记忆，力图还原口

---

① 梁景和：《关于口述史的思考》，载周新国《中国口述史的理论与实践》，中国社会科学出版社 2005 年版，第 89 页。

述人的人生历史，更有价值的是，通过口述个人的历史经验与人生经历，来折射和了解那个时代及发生的事情。口述历史是有声音的历史。

（一）什么是口述历史

口述史创始人艾伦·内文斯的学术继承人路易斯·斯塔尔讲：口述历史是通过有准备、以录音机为工具的采访，记录人们口述所得的具有保存价值和迄今尚未得到的原始资料。[①] 访谈者的充分准备，录像录音器材的音像记录，有价值的一手资料的整理和保存，是口述历史的基本要素。

将访谈的音频转换为文字后，通过提炼概括、编纂索引等学术处理，这些资料可以被妥善存放于图书馆、档案馆、纪念馆等机构，或直接作为公共资源在互联网上公开，以供不同用途使用，包括但不限于被出版物引用、制作成音像制品、作为纪录片解说词或戏剧表演的背景资料等。

著名当代中国史学者程中原先生对口述史的定义简练而内涵丰富："亲历者叙述的历史。"程中原先生认为"叙述"的方式多种多样，未必局限于只有"问"与"谈"二者具备才可以是口述史。史学工作者将口传的史实加以记录，当事人自己记录亲身经历，也应算作口述史。是不是口述历史，决定于内容而不是方式或工具。[②] 本书赞同程中原先生的观点。那么，什么是口述历史方法？王炳林教授认为："从研究方法角度而言，口述历史方法是指研究者基于某一特定历史主题，运用现代科学技术手段，通过采访当事人，将其访谈记录进行分析、整理、加工，形成规范史料的历史学研究方法。"[③] 口述历史研究方法中，需要花费很大力气和时间的环节是对访谈记录的整理加工过程。

口述访谈有专业性规范，从而保障了口述历史的学科属性。与口述历史专业性规范具有同样重要作用的，还有处理访谈者与受访者之间关系的访谈伦理原则。访谈者在生动活泼的口述史研究中会不断创新、挖掘和分

① 李向平，魏扬波：《口述史研究方法》，上海人民出版社 2010 年版，第 2 页。

② 程中原：《谈谈口述史的若干问题》，载周新国《中国口述史的理论与实践》，中国社会科学出版社 2005 年版，第 67 页。

③ 王炳林，石卓群：《运用口述史方法深化中共党史研究》，《中国青年社会科学》2021 年第 4 期，第 2 页。

享新的研究方法，研究成果的使用去向也会更加多彩，口述史的类型也会逐渐丰富。例如，以口述历史的主体划分，可以分为个体口述史、群体口述史、组织口述史；以口述历史的内容划分，可以分为人物、事件、实物等的口述史；等等。任何关于口述历史过程的定义或者任何访谈的方法，都反映了具体项目的目标、可用的资源和其他实际的考虑。

（二）口述史的类别

口述史应作广义的划分，不能局限于国外口述史学的范畴，应建立中国特色的口述史学。

根据程中原先生观点，目前中国口述史分四种类型：口述史、访谈录、回忆录、写进人物传记和历史著作中的各种口述史料。以口述史料为内容的音像制品也属于口述史的类型。① 从叙述人讲，分为个人口述史、群体口述史、单位口述史，还可以根据叙述的主题分为人物口述史、事件口述史。如《胡乔木回忆毛泽东》既是个人口述史，又是人物口述史。吴冷西的《十年内战》和薄一波的《若干重大决策与事件的回顾》，既是个人口述史，又是事件口述史。《中统特工密录》是原国民党中统特务经改造后的回忆史料辑录，是群体口述史。西北政法大学的《光辉的历程——从陕北公学到西北政法大学》画册，作为编纂校史的部分资料，是单位口述史。

二、党史

口述党史是将口述历史研究法运用于党史研究，是口述历史在党史研究中的应用和实践。在这里，也可以这样认为，党史是口述历史研究法与口述党史的学科介质。对于党史学科的正确认知，有利于在高校思政课教学中更好地发挥口述党史的优势。

（一）中共党史的概念

中国共产党自建党以来，在党的早期文献中，对“中国共产党历史”

① 程中原：《谈谈口述史的若干问题》，载周新国《中国口述史的理论与实践》，中国社会科学出版社 2005 年版，第 69 页。

“党的历史”概念使用较多。如1926年初，蔡和森在给莫斯科东方大学中共旅莫支部所作的《中国共产党历史的发展（提纲）》，标题和文中多次使用“中国共产党历史”和“党的历史”概念。1928年7月，中共六大通过《政治决议案》是党的正式文件，其中使用了“中国共产党历史”这一概念。1928年10月，毛泽东在为中共湘赣边界第二次代表大会起草的决议案中指出：“党的历史很短，独立斗争很少”，使用了“党的历史”概念。瞿秋白于1930年前后，在莫斯科列宁学院所作的《中国共产党历史概论》，也使用了“中国共产党历史”这一概念。李立三于1930年2月在《党史报告》中使用了“党的历史”概念。①

最早开始使用“中共党史”这个概念的应是张闻天。1938年6月20日，《解放》第42期上发表了张闻天使用化名“洛甫”的文章《读了〈张国焘敬告国人书〉之后》，其中两次提到“中共党史”这个概念。② 10月15日，张闻天在党的六届六中全会的报告提纲中再次提到“中共党史”概念，建议将“中共党史与党的建设”与“列宁主义”“政治经济学”“中国革命运动史与中国问题”这四门课作为由中央直接办理的高级党校教育的主要课程。毛泽东在1942年3月30日作《如何研究中共党史》报告，其中多次提及“中共党史”和“党史”概念。从此，“中共党史”这个概念在全党比较普遍地使用起来。③

中共党史研究是对中国共产党的历史研究。毛泽东在他的中共党史研究专论《如何研究中共党史》中指出：“我们研究党史，只从一九二一年起还不能完全说明问题，恐怕要有前面这部分的材料说明共产党的前身。这前面的部分扯远了嫌太长，从辛亥革命说起差不多，从五四运动说起可

① 王炳林：《中共党史学科基本理论问题研究》，北京人民出版社2021年版，第1—2页。

② 内容是：“只要略微知道中国革命史及中共党史的人，就可以知道，张国焘今天的叛变共产主义与共产党，实在不是偶然的。”“全中国全世界一切有良心的人，只要研究一下中国革命史与中共党史，他们就会明白中共历年来牺牲奋斗的历史是与中华民族解放运动史血肉相关的。中共始终把彻底解放中华民族的事业当成自己的神圣的任务。”参见王炳林：《中共党史学科基本理论问题研究》，北京人民出版社2021年版，第2页。

③ 王炳林：《中共党史学科基本理论问题研究》，北京人民出版社2021年版，第2页。

能更好。”①

中共党史研究的内容是非常广泛的，从研究阶段上讲，既可以研究整个历史，也可以研究某一个阶段的历史；从研究主题上讲，既可以研究某一历史事件，也可以研究某一个党史人物，还可以研究某一项工作。中共党史研究开始于1921年，标志是1921年1月瞿秋白的《中国工人的状况和他们对俄国的期望》文章，这篇文章对五四运动前后中国工人阶级、工人运动的状况进行了分析研究。1921年6月，瞿秋白的《社会主义运动在中国》，以及张太雷的《在共产国际第三次代表大会上的报告》，这些均是最早的中共党史研究文献。1921年，中国共产党成立后，有关中共党史研究的文献多了起来。无产阶级中共党史研究最早的著作和专史论著，均是蔡和森为作者的《中国共产党史的发展》和《党的机会主义史》。到了20世纪30年代，华岗、张闻天的中共党史研究成果对后来党史研究有较大影响。②

在新中国成立后社会主义建设道路探索时期，改革开放与中国特色社会主义的开创和发展时期，以及中国特色社会主义进入新时代，中共党史研究逐渐学术化、科学化，中共党史研究的一系列理论问题的探索进一步深化，有分量的、学术价值高的论著如雨后春笋，中共党史学科体系更加完善，中共党史学已经成为一门独立的学科。

（二）中共党史的研究对象

中国共产党研究史上具有重要意义和地位的研究文献，是毛泽东于1942年3月30日所作《如何研究中共党史》的讲话，这是第一篇专题论述中共党史研究的理论问题和方法论问题的专论。毛泽东在这篇专论中阐述了党史研究的目的和意义，阐明了党史研究的对象和内容，总结了党史研究的立场和方法，探讨了中共党史分期重大理论问题。讲话中关于中共党史研究对象的阐述指出：“现在来考虑我们过去所走的路和经验，要有

① 中共中央文献研究室，中央档案馆：《建党以来重要文献选编（1921—1949）》第19册，中央文献出版社2011年版，第175页。

② 周一平：《中共党史史学史》，甘肃人民出版社2001年版，第7页。

系统地去考虑。”“我们是用整个党的发展过程做我们研究的对象，进行客观的研究，不是只研究哪一步，而是研究全部；不是研究个别细节，而是研究路线和政策。”① 即：用客观的、系统的观点把党的发展过程作为研究对象，重点是党的路线和政策。

周一平从史学理论层面对中共党史的研究对象进行了全面深刻的研究，他认为中共党史的研究对象是：中国近现代社会发展过程中中国共产党产生、发展的整个历史过程。略加具体地讲，就是中国共产党产生、发展的整个历史过程，它包括中国共产党的历史活动、历史事件、历史言论、历史经验教训、历史发展规律等，也包括中国共产党的历史人物、历史器物、历史典章制度等②。这一关于研究对象的定义决定了中共党史研究内容的丰富且具体。周一平关于中共党史研究对象范畴的界定科学，为进一步确定研究内容明确了方向。

（三）中共党史的研究目的和意义

党史研究必须完整、系统、真实、准确地记录党的光辉历史，总结党的历史经验，发扬党的优良传统，承担以史为鉴、资政育人的重要使命。由中共党史的研究对象可知，中共党史作为一门学科，以历史唯物主义为指导，实事求是地全面地分析、研究中国共产党的产生、发展，全面阐明党史内涵，总结经验教训，突出党的历史的本质和主流，探讨发展规律和方向。学习研究中共党史，在加强党的自身建设的同时，也能够使广大人民群众通过学习党史，知史爱党、知史爱国，树立正确的历史观和国家观，强化爱国主义、社会主义情怀。历史是最好的教科书，也是最好的清醒剂。加深对党的历史的研究，能够系统回顾党在各个历史时期创造的理论成果、积累的宝贵经验、铸就的伟大精神，深刻阐明党为中华民族作出的伟大贡献。

2013 年 6 月 25 日，习近平总书记在中共中央政治局第七次集体学习时强调：“学习党史、国史，是坚持和发展中国特色社会主义，把党和国

① 《毛泽东文集》第 2 卷，人民出版社 2009 年版，第 399 页。

② 周一平：《再论中共党史的研究对象与内容》，《党史研究与教学》2003 年第 2 期，第 63-64 页。

家各项事业继续推向前进的必修课。”中国共产党人是马克思主义的历史主义者，是唯物史观论者，历来重视治史学史、以史资政、以史育人。正确对待历史，善于从自己的历史中总结经验，吸取教训，是一个成熟的马克思主义政党的标志。深入学习研究中共党史，能够不断推进新时期马克思主义中国化。研究中共党史，能够加深认识中国共产党百余年的奋斗成就和历史经验，吸取经验教训，掌握发展规律，明确前进方向，更加坚定中国自信。研究中共党史，有利于塑造体现中华民族根本利益的价值体系和精神支柱，培育凝聚中国精神。研究中共党史，以史为鉴，保持和传承优良作风，摒弃不良风气，有利于加强党风廉政建设，增强拒腐防变能力。研究中共党史，能够与在党领导人民革命、建设、改革过程中涌现出来的众多可歌可泣的英雄模范对话，了解和学习他们的光辉事迹，从他们身上汲取营养剂，添加正能量，增强中国力量。

三、口述党史

口述历史既是研究方法，也是历史学科的一个分支，可将其用于党史研究。口述党史既是一种研究方法，也是党史党建学科的一个分支。20 世纪 80 年代以来，现代意义上的口述史学开始传入中国，不同学科迅速借助这一研究方法拓展了新的领域，方兴未艾。口述历史与党史研究的邂逅，其本身所具有的优势、价值和功能便在党史研究中呈现出来。口述历史研究方法对党史研究的意义，正如著名党史学家欧阳淞所说：“帮助党史研究者走出学术‘象牙塔’，走向社会，走入人群，发挥应用史学的功能。”①

（一）口述党史的含义

口述历史工作者，在与口述者就某一历史专题互动的过程中，能够根据自己的学术意愿，通过将不同角度、不同层面、不同客体融为一体的学术价值行为，获得某一历史事件或历史人物的史料。“党史资料是中国共产党团结带领全国各族人民推进革命、建设、改革历史进程的直观、形

① 欧阳淞：《关于党史研究的资料准备问题》，《中共党史研究》2013 年第 7 期，第 23 页。

象、具体的载体。”① 口述史研究方法的采用，为党史研究在党史史料征集和研究方法上开辟了新的视野。由于档案文书的保密性原则，阻却了研究者接近历史真相的脚步；由于历史与现实的原因，真实的历史未必记载于档案材料中，更何况一些重要的历史档案毁于战火等人为原因，仅仅依靠档案文书资料去研究历史，具有相当大的局限性。党史口述者的回忆或回忆材料等个人叙述的言谈话语、字里行间中，往往珍藏着一些重大历史事件的重要情节，堪称探寻历史真谛的珠玑。口述史料可以弥补仅仅依靠档案史料研究历史的局限，是开展党史研究的重要资料。

（二）口述党史研究的学科优势和意义

1. 口述历史增强党史研究的学科优势。口述史学的主体性特征体现在两个维度，一是口述者作为历史事件的经历人，最有可能是历史事件的细节和发生原因的知情者，他的自述，史料价值不言而喻，甚至具有唯一性。二是口述史研究者的访谈者，绝不是“录音机”。在他进行背景资料的研究、访谈对象的选择、访谈计划的制定等准备工作时，已经体现了口述史研究者的历史学科主观能动性。访谈过程中，访谈者与口述人一起甄别史料、解释历史疑惑、还原历史真相等。访谈，成为二者共同完成历史探索的合作过程。“中规中矩的口述历史有助于诠释和界定口述材料，能够从中发现历史的奥秘，为难以判断的含糊内容和事件找出时代的意义来。”② 访谈者善于思索的职业特点与口述人的历史沉淀所共同完成的访谈，对口述史研究者会产生一些启发，这些启发往往给口述史研究者带来一些新的观念，并调整研究方向。

2. 口述党史研究的理论和实践意义。口述历史对中共党史研究的理论和实践意义也就是口述党史在党史研究中的理论和实践意义。从口述历史的内涵可知，口述党史既是历史资料的收集方法和研究方法，也是中共党史学科的一个分支学科。既然如此，现存大量党史文献中所缺失的史料空白——党员、各行各业人民群众、小人物对党的认识的转变，以及对党的

---

① 欧阳淞：《关于党史研究的资料准备问题》，《中共党史研究》2013 年第 7 期，第 20 页。

② 李向平，魏扬波：《口述史研究方法》，上海人民出版社 2010 年版，第 60 页。

历史的认识、自我感受、家庭生活等方面的整体情貌，口述党史研究方法可以大显身手。正如保尔·汤普逊（Paul Thompson）所言："证据还可以从下等人，无特权者和失败者的口中说出来。口述史可以更现实、更公平地重构过去，可以向既定的记述提出挑战。"① 在此种研究思想的指导下，传统党史以精英、重大事件、高层政治人物等为主要研究内容的范式将会收缩，口述党史的价值和魅力将会显现出来。

党史中某些重要资料因主客观原因没能留存，要么是秘密工作的特殊性不能保存资料，要么是迫在眉睫的斗争压力使资料散失，要么是由于相关人员文化程度低难以记录实况，不一而足。历史留给我们的有限史料与党史的波澜壮阔并不对称，在此种情况下，口述党史便可大有作为，在重现往昔的岁月时担当重任。台湾学者游鉴明认为，口述历史能够补充既有文献的不足，有些群体如女性或者民众相关文献不多，因此相关人的口述历史价值很高。如果不进行口述访谈，难以真正读懂历史。抢救历史，透过访谈保留即将消失的资料，对丰富历史的意义巨大。口述访谈还能够纠正错误的历史，因为并非所有史书与口述历史都是正确无误的。

（三）口述党史特点

1. 口述党史研究方法的适用性广泛。目前，一些专门史研究，如劳工史、灾难史、社会史，以及政治史、经济史、妇女史、科学史、家族史、军事史等之所以开展得非常活跃，并达到新的研究境界，就是其研究援引了口述历史研究法。这一研究方法，不仅在搜集史料方面具有得天独厚的优势，而且在释义解惑、校订勘误、查异补缺等方面发挥着其他研究方法不可替代的作用。这是口述历史学科之外的学科研究垂青口述历史研究方法的主要原因。

2. 口述党史学科具有社会性特征。口述史学秉承"人民创造历史，将历史还给人民"的理念，主张"从下而上看历史"。如此，使历史研究向社会开放并以社会为基础。民众的生活经验一旦能够被作为历史的原始资

① ［英］保尔·汤普逊：《过去的声音——口述史》，覃方明，王新颖译，辽宁教育出版社2000年版，第6页。

料来利用，史学就被赋予了一个新的维度——社会学维度。口述历史的社会性特征，是将历史大众化、人格化，将他们对历史的理解、历史对他们生活的影响记载下来，使访谈者走进口述人的内心世界，产生共鸣，向历史注入了情感。“口述历史对作为总体的历史的社会使命具有较彻底的认识。”①

3. 口述党史体现人民群众在历史发展中的首创精神，使民众在参与口述历史研究中体认主体意识。人民，只有人民才是历史的创造者。口述历史接受并贯彻这一历史唯物主义观点。既然是历史的创造者，如果在历史研究中没有一席之地，就是一种缺憾。口述历史认为历史研究应该突出人民的主体地位，至少在历史研究中不能缺位，这就突破了历史研究只能由专业人员才能进行的偏狭认知。普通人民不仅应该成为历史研究的主题，而且应在提供具有重要政治意义的历史知识方面扮演主动的角色。②

正如口述历史对劳工史、灾难史、社会史，以及政治史、经济史、妇女史、科学史、家族史、军事史等具有强烈的吸引力而被援引，从而产生了新的活力一样，口述历史方法对中共党史研究也同样具有魅力。上述口述历史所具有的学科优势，一旦与中共党史研究相结合，就会给党史研究带来一股清流，使党史研究在研究视角、史料搜集、社会化、大众化等方面拓展新境界。

4. 口述党史的思政课特点。由于口述历史研究法的开放性特点，口述党史作为教学内容也丰富多彩，它可以囊括党的历史上所有工作领域，也能够从社会个体的视角展现党的伟大历史。口述党史的故事性、亲和性、生活化，使学生认识到作为一名普通社会成员，也能够通过平凡的工作，为党、为社会作出巨大贡献。同时，口述党史作为一种党史研究方法，能够让大学生运用这一方法去了解、学习、体悟党史，增强党史学习的真切性。

---

① 陈伟刚：《口述史学的特征与中共党史的研究》，《史学史研究》2004 年第 1 期，第 54 页。

② 庞卓恒：《西方新史学述评》，高等教育出版社 1992 年版，第 487 页。

第二节 口述党史基本方法

为增强党史教学的故事性、生动性和趣味性，增强学生学习党史的积极性，使学生加深对中共党史的理解，教学中可以恰当援引口述党史资料。从采访、记录、整理到考证、辨析以致撰稿，要下大力气塑造口述党史资料的魅力，以增强高校思政课教学的吸引力和感染力。

一、口述访谈

口述党史资料的搜集运用，除传统意义上的口述访谈外，还包括田野调查、现有口述党史资料的采撷。口述党史采用口述历史研究法所要求的规程，获取一手或较为珍稀的党史资料。

（一）确定选题

选题的确立，要根据实际教学科研需要而定。如，日军侵占泰安时，强迫泰山挑山工为日军向岱顶运送给养、武器弹药及其他军用物资，还逼迫挑山工、轿夫抬日本官兵上下山。如果能把这部分挑山工的口述史料纳入党史、抗战史教学，可以让学生从家乡人的经历中认识和揭露日军对中国人的迫害罪行。为此，笔者从 2017 年开始，进行了“抗战时期泰山挑山工口述历史”的研究。尽管抗战时期的泰山挑山工绝大部分已经去世，幸存者也已丧失语言能力，但我们依然能够通过他们的后人间接了解到日据泰安时期泰山挑山工的血泪史。

（二）寻找线索和选定访谈对象

抗战时期的泰山挑山工绝大部分已去世，幸存者也由于长期艰苦地劳作，落下各种疾病和残疾，失去语言能力，只能通过他们的后人做间接了解，这也具有抢救性质。他们的后人有些继承祖业，仍做挑山工，大部分已经改做其他行业。从哪里找到这些人物？一次偶然的机会，笔者在泰山管委泰山文化研究院发现一份画报，画报中记载了目前仍在从事挑山工行业的 37 人，均有姓名和分布于泰山周边的家庭住址。于是，笔者首先从泰山区大津口乡沙岭村开始，对日据泰安时期的泰山挑山工后人进行访谈。在访谈中，又发现了在泰山西麓济南市长清区东西野老村也是当年泰山挑山比较集中的地方。经过两年多的时间，笔者访谈了泰山周边七十多位抗战时期挑山工的后人。这些后人有挑山工、教师、党政干部、农民，还有当年的伪军。后依据录音进行了文字史料的详细整理，多层面多角度地反映了日据泰安时期挑山工的血泪史。

（三）访谈

1. 了解访谈前的背景资料。首先做好背景资料的调查才能设计接下来的访谈步骤。背景资料除了大的社会历史背景，还包括访谈对象的身份、职业、年龄、经历、健康状况、人际关系等，都要有较为全面的了解。了解背景资料的方式主要包括：①查阅档案、纪要、日记、回忆录、年谱、传记、文稿、文集、日志、方志、报刊等各种文献。②预先访谈知情人、地方文史研究者。③从网络上了解访谈人的相关信息，这是比较便捷的了解途径。需要注意的是，网络资源的真实性、准确性要认真地甄别。

2. 设计访谈提纲。好的访谈提纲是口述访谈成功的一半。采访者与受访者之间不是单纯的“我问”“你谈”的关系，而应是充满温度的情感互动关系，这就需要采访者在调动口述人情绪、切入什么问题，以及对访谈火候、技巧等方面有熟练的掌控。访谈提纲条目，要具有密切的逻辑关系，这有利于访谈后文字资料的整理。访谈者要对所要访谈的历史人物、事件和口述人进行仔细研究，以便在访谈中用有价值的关键问题引导口述人叙述。为了使访谈顺利进行，可事先将拟好的提纲交给口述人预做准备。

3. 实施访谈。这是关键环节。叙事细节对口述史料的真实性颇具关键性。口述人具有擅自决定内容的重点与非重点的倾向，其叙事内容，往往是自认为印象最深的部分。口述人认为不重要而忽略的东西，对采访者来讲，常常是很重要的情节。采访者要本着探究历史真实的原则，在与口述人情感交流的过程中，引导其按照访谈提纲、采访者的思路叙述。避免口述人漫无边际地侃侃而谈，而采访者又“不好意思”打断。那样的话，访谈将会失去意义。采访者要注意捕捉口述人谈话细节，要从细节中得到想要的东西。要取得对某一事件整体的把握，对于某一事项细节的追问和探究，往往要经过多次反复访谈才能完成。

4. 整理采访资料。对访谈资料的整理是一件辛苦而重要的工作，也是体现访谈者史学素养的过程。录音作为素材而束之高阁，毫无意义；把录音转成 Word 文档保存起来，也无意义。要使录音成为严格意义上的口述历史，需要通过认真整理。

整理应遵循的原则，一是必须忠于事实，尊重历史，不能根据感情好恶任意篡改或虚构口述人讲述的内容或者历史事实。二是体现口述特点。口述人口述时，常常将自己的亲历、亲闻、亲见的内容与习得、思考的东西掺杂在一起，口述历史的成分薄弱。遇到这种情况，研究者在整理口述内容时，要注意辨析，以体现口述历史的意义和特点。口述史文稿的整理要体现口述人的风格，反映刻画口述人本身的特点，口述者的口吻、身份、地位和秉性应尽可能地体现出来。[①] 三是存异原则。由于口述人的文化背景、人生经历、政治立场、价值观念等的不同，回忆的内容往往不准确，也由于难以找到可以印证的资料，口述人阐述的内容真实性难以确定。这是口述史工作中的常见问题。在确实无法考证的情况下，只能存异。如日军侵占泰安时，建立了“泰莱特别自治实验区”特务组织，关于这个特务组织建立的时间、撤销的时间，以及撤销后归属泰安国民党政权后的情况，一直没有相关资料加以印证。对此，只能存异，留待查证。

整理的含义有两方面，一是对录音材料进行提炼归纳、编排重组，形成条理清楚、前后连贯、通顺可读的文字资料。口述人的阐述有时没有条理，插叙、倒叙较多，前后跨度较大，顺序颠倒较多，在整理时要按照事情发展的脉络进行重组和编排。对于口述中出现的方言，为体现口述史区域特色和特定的语言环境，不宜“翻译”成普通话词汇来表述，仍用方言词汇，用文中注或脚下注方式加以注解。二是对材料进行鉴别考证。由于个人记忆的客观局限，口述内容有些误记、漏记，从而影响历史真实性。

---

① 朱元石：《关于口述史问题的一些研讨》，载周新国《中国口述史的理论与实践》，中国社会科学出版社 2005 年版，第 83 页。

对口述史料进行考证，是必须的、辛苦的，也是最能体现口述史学者功力的环节。最常用的考证方法不是简单地将口述史料与现有文献进行比对，相互印证，而是将不同口述人对同一主题的口述材料进行互证，找出差异，再辨析、考证。知名历史学家唐德刚先生讲，“我替胡适之先生写口述历史，胡适之先生的口述只占百分之五十，另外百分之五十要我自己找材料加以印证补充。”①

最后整理出来的文稿，可以直接作为教学资料使用，在思政课上体现口述史料的教育教学价值。

（四）准备必要的物品

准备受访者熟悉的物件、简单的礼物，便于拉近采访者与受访者之间的距离，有助于深入地进行访谈。物品不必太贵重，体现出对受访者的尊重即可。冯筱才教授认为，访谈是双方的情感交流和信息互动的过程，而不仅仅是采访者单向的信息汲取。

（五）访谈中应该注意的问题

1. 调查访问体量小。调查访问的数量小，获取的史料就少，往往难以揭示历史规律。只有获取充足的口述史料，才能使口述史料之间、口述史料与文献记载之间相互比对、印证，确保口述史料的真实性。

2. 对受访者身份的标签化认知。这种认知，往往使受访的配合积极性受挫，从而使访谈陷入封闭和枯燥。正确的判断应是将受访者作为具体的、历史的综合信息体，即使是“不光彩”的经历和身份，那也是特定历史条件下的形成，涉及这类特种情形的访谈，要将其置于宏观的、特定的历史条件下进行，体现开放性、启发性，使访谈成为客观的、有情感、有温度的历史再现。切勿攻其一点，不及其余。

3. 访谈追求“高大上”。访谈常出现的问题是采访者以自我为中心，自认地位高于受访者，受访者被动陈述。这往往使访谈显得干涩甚至出现无话可谈的尴尬局面，难以走进受访者内心世界。就一般访谈而言，尚不触及宏大叙事、宏观评述的内容，而具体化、日常化、细节化、碎片化的

① 唐德刚：《史学与文学》，华东师范大学出版社 1999 年，第 2 页。

访谈，更能获取直接的、具体的、鲜活的、珍贵的历史信息。

4. 采访者移情受访者。采访者的情感投入对于提高口述访谈质量，调动受访者配合的积极性作用巨大。但访谈中经常出现的问题是采访者往往情不自禁地陷入口述人的情感世界里，以致出现自我角色迷失，把受访人的主观表达当成客观描述。对于情感表达比较激动的受访人，冯筱才教授认为，采访人可进行必要的情感疏导，从时代性、制度性等层面来说明受访人的遭遇。这会逐渐平息受访人的“火气”。

另外，口述史料或在此基础上整理出的口述史著作，口述人拥有知识产权，整理人仅有局部署名权。口述人与整理记录人有协议的，尊重协议。如有条件，可进行证据保全公证。

下面是“思想政治教育学科 40 年”口述历史学科组，对该校从 1981 年至 2021 年离退休老教师、知名校友的访谈方案。

一、访谈内容

1. 教学；2. 科研；3. 学生工作；4. 有影响力的事件；5. 集体荣誉；6. 逸闻轶事。

二、口述人的个人荣膺物品、历史文物征集

1. 教研类：教案、教科书、听课记录本、会议记录本、锦旗等；2. 成果类：重要期刊、书籍；3. 个人珍藏教学物品：表彰证书、文具、照片、明信片等。

三、口述访谈对象

1. 原政治专业离退休老教师（张系朗、李炬、刘宪章、王树增、刘超文等）

2. 原政治专业著名校友（如受条件所限，可请著名校友撰写简要回忆资料，以代口述）

四、采访组成员

（略）

五、访谈事项准备

1. 工作证；2. 笔记本；3. 摄像机两部；4. 移动硬盘（1—2 T）；5. 交通车辆；6. 必要的礼品

六、访谈提纲

1. 入职前的身份或职业，何时来师专？当时专业建设状况、校貌如何？

2. 政史系的状况：领导班子、师资、资料、教学场所、招生人数等。

3. 担任哪门课程教学？成功的教学案例？

4. 有没有获得过荣誉？

5. 教学工作与个人事务有没有出现过冲突？是如何解决的？

6. 教学过程的体会、感悟。

7. 有无出现过职业倦怠？又是如何克服的？

8. 工作生涯中最感到骄傲的事情是什么？

9. 生活工作中的个人爱好、逸闻轶事等。

七、口述访谈基本信息

1. 口述人：姓名、性别、政治面貌、毕业学校、专业方向、参加工作时间。

2. 采访人：姓名，采访时间及地点。

八、访谈资料归档整理

1. 访谈录音转编为电子文档，反馈口述人并核实签字。

2. 访谈现场、与访谈人的合影。

3. 音像资料、文档全部拷入移动硬盘存档。

九、相关工作安排

1. 成立访谈组，进行会议布置、讨论访谈工作事宜。

2. 待本方案修订完成后，由指导老师举办一次口述史访谈培训，届时院领导需做一次动员。

3. 由院领导联系确定口述人员。

4. 相关事宜安排妥当后，开始访谈。

二、田野调查

大学生参加革命历史遗址遗迹田野考察，能够使大学生在此过程中了解中共党史人物、革命历史事件、社会主义革命和建设的基本历程，是在实践中加强自我教育的重要方式。结合党史教学实践，笔者已经组织三届大学生在鲁中地区，尤其是泰安地区进行了革命历史遗址遗迹田野考察，誊写碑文，撰写调查报告。

（一）重要意义

鲁中是革命老区，具有光荣的革命传统。在中国共产党的领导下，在长期的革命斗争中，泰安人民不畏强暴，英勇斗争，涌现了很多可歌可泣的英雄事迹，留下了许多弥足珍贵的革命历史遗址遗迹。泰安的徂徕山抗日武装起义、泰西起义、八路军 115 师陆房战役和解放泰安战役等重大事件在全党全军都有重大影响。这些重要事件和革命遗址，铭刻着地方党组织和人民为民族独立和人民解放而奋斗的光辉历程，是对广大青少年尤其是大学生进行爱国主义教育和革命传统教育的重要阵地和素材，是一笔宝贵的革命历史文化遗产。

让大学生开展革命历史遗址遗迹田野调查，这一实践是党史育人的一项重要内容，是认真挖掘整理和研究党史资料的重要途径。在田野调查中，学生可以全面了解当地丰富的党史资源，掌握革命历史遗址遗迹的基本情况和保护状态，有利于党史研究的深化和党史宣传教育的开展，能够进一步继承和弘扬党的光荣传统和革命精神，传承民族精神，建设和巩固社会主义思想文化阵地。其现实意义，一是田野调查能够弥补现有史料的不足。围绕现有史料记载欠准确、被遗弃碑文、碑文尚未系统整理的问题，通过田野调查，以补其阙。由于自然与社会环境的变化，会出现现有党史资料未曾记载或虽有记载但失之粗略的事件、轶事、档案资料等。那么，走进田野详细进行革命历史遗址遗迹的调查，深入社会调查研究历史细节就很有必要。以丰富地方党史研究和教学内容，形成堪存堪鉴、堪读堪传、修用并举的历史文献性资料，为服务地方经济社会发展提供历史智慧和精神动力。二是丰富当地红色文化资源，准确判断革命历史遗址遗迹保护现状，为科学制定革命历史遗址遗迹保护政策提供依据。三是抗日战争时期的遗址遗迹能够弘扬鲁中地区人民不畏牺牲、抵御外侮、团结抗战的民族精神，彰显民族气节，激发大学生爱乡爱国情怀，正确认识现实日本右翼势力本质，增强民族自信自强意识。

（二）确定调查范围

调查的时间范围主要是从中国共产党建党到1978年党的十一届三中全会召开。调查范围包括重要的革命历史遗址遗迹，具体指党的重要机构旧址，重要党史人物故居、旧居、办公及活动地；重要事件、重大战役战斗遗址；有重要影响的革命烈士事迹发生地或墓地；能够反映重要历史活动、进程、思想、文化的各种遗址遗迹。新中国成立以来社会主义革命遗址、十年社会主义建设时期遗迹遗址，如“大跃进”、人民公社化运动、“三线”建设遗址。场馆有新中国成立以来修建的纪念场馆、展览馆，反映新民主主义时期的纪念场馆。

（三）田野调查的项目和内容

一是每处革命遗址和纪念设施的名称、地址（定位）、面积（分遗址面积和保护范围）、建筑风格及材质、建成时间、利用时间和时期等基本状况。二是遗址遗迹本体的历史由来、使用状况、保存状况及陈列物品综合情况。三是革命历史遗址遗迹使用管理的所有权属、运行费用来源及盈缺现状、工作人员现状。四是遗址遗迹周边的环境状况，包括人文和自然环境等信息。五是摄制遗址遗迹现场场景、周边环境照片和录像。并收集相关文档、照片、视频资料。那些已被损坏或不复存在的重大遗址遗迹也要调查，注明基本情况（尤其是位置、损毁的时间、严重程度等），写明损毁原因。

（四）成立由课题组成员负责的田野调查组织

明确责任，明细分工；开具相关证明；与相关部门协调，请求予以协助；明确调查期间应遵守的纪律及注意事项。由于是学生利用寒暑假进行的田野调查，故不安排调查费用。

需要特别提出的是，革命历史遗址遗迹的田野调查还是一件政治性、严肃性很强的任务，在调查过程中，要求参与调查的大学生要本着爱护文物、尊重历史、敬重历史人物的态度展开调查，要与当地党史研究教育机构协调，以获得帮助和支持。

填写鲁中地区（泰安地区）革命历史遗址遗迹田野调查统计表，编制遗址遗迹目录，收集、整理相关文字和影像资料，撰写调查报告。

（五）调查方法

以泰山学院鲁中地区（泰安地区）学生生源地为区域调查单元，具体方法是：查阅档案及文献，搜集遗址遗迹历史照片，拍摄遗址遗迹现状照片，对遗址遗迹普查全程录像；丈量遗址面积和保护范围；走访遗址遗迹的当事人、知情人、相关管理员和周边群众；填写《革命遗址遗迹田野调查登记表》和相关调查登记表，为每处遗址遗迹建立调查档案，撰写调查报告。参加调查的大学生在完成田野调查任务后，要将填写的相关表格、撰写的调查报告等所有文字资料和视频影像资料交给负责老师。

为保证调查资料、信息及调查成果的真实性、完整性和科学性，调查中必须采取实地调查与查阅档案资料、图书资料、报刊资料及相关文献、口述资料互证的方法，对每处遗址遗迹的有关信息严格核实，力求准确无误，确保调查资料、登记信息、汇总等各项环节有充分依据。

（六）调查步骤

根据上述调查内容和方法，制定调查工作计划。计划包括调查动员、调查期间、调查区域、调查成果提交和汇总阶段。所提交的成果格式，分电子版和纸质版一式两版，纸质版 A4 开，电子文档采用 Word 版，电子表格用 Excel 电子表格，录像用 AVI 格式。

汇集学生调查报告，筛选优秀调查报告，编辑成册。将其作为大学生党史党建学习的课外参考资料。现已编辑成册的《做堪当民族复兴重任的时代新人》有三册，近二十万字，图文并茂。学生阅读后，方了解到自己家乡、学校周边竟有如此丰富的党史学习资料。

田野考察的方法：

1. 访谈。首先是确定访谈主题，据此确定访谈对象、制定访谈提纲，编制访谈计划，确定访谈人员，实施访谈。

2. 勘察。按照勘察技术要求，到野外进行实地测量、定位、环境描述，记录实物主要信息。比如，研究鲁中水利史，一个重要的史料来源就是深入田间，考察从新中国成立到改革开放前遗留的鲁中地区修建的扬水站等。扬水站的位置（经纬度）、地理环境、站文内容、跨度、高度、长度、建材、结构、修建时间、现状、有无得到维护，如有必要，用图纸呈现扬水站的整体形状。为更为深入地研究扬水站的历史，可找到当年施工的负责人、民工、技术员、周边村民进行访谈了解。

3. 见证。通过见证，实现主观与客观的统一。例如，研究鲁中地区三线建设，从档案馆、文史资料中获取的关于三线建设的历史状况，只是一些表象，必须深入鲁中山区，实地考察三线建设情况。山东人民印刷厂（代号 709 厂）遗址、山东省金库遗址、山东省汽车制造厂（代号 17 号信箱）、国营山东新华翻砂厂（代号 9363 厂）等，在进行实地考察之后，就能深入研究和理解小三线建设的时代背景、建设过程、规模、历史作用及当代启示。

田野考察获取的资料丰富多彩，有假有真，尤其是通过访谈获取的资料，口述人凭记忆叙事，有时会加上个人的价值判断，感情色彩较浓，而且由于时间久远，难以做到记忆准确。这样就产生了一个如何整理访谈资料的问题。这需要研究者的历史学科功底和考证史料的毅力。在研究历史时要采用“存疑”这一科学严谨的治学态度。对于疑点，要根据已有档案进行查证，根据相关史料进行比对，甚至必须就同一个疑点召集数个当事人共同审议，推敲，确定结论。

三、利用口述史著

大学生利用口述史著搜集与整理口述党史史料，是很重要的党史学习途径，蕴含着巨大的党史教育功能。

（一）能够加深对课本知识的理解

学生在学习课本中关于国家、民族、世界宏观层面的历史知识时，也应对具体的、细微的、区域性的党史有一定的了解。为加深大学生对书本知识的理解，增强大学生党史学习的兴趣，要让学生走出课堂，使他们感同身受微观具体的地方党史，在生动、鲜活、直观的地方党史学习中接受党史教育。如山东抗日根据地在抗日战争中发挥了重要的战略枢纽作用，在解放战争中，又凸显其战略地位的重要性。抗战结束不久，就从山东向东北经海路、陆路派兵七万人，为拿下东北、争取解放战争的主动权，奠定了战略基础。那么，山东经历过这两个历史阶段的抗战老战士、解放军老战士、共产党员、普通百姓，让他们口述波澜壮阔的抗日战争、解放战争的历程和感受，由大学生来记录整理，学生就会产生这样的感悟：革命的胜利，原来就是由身边的长辈们艰辛付出、无私奉献才取得的，英雄就在我们身边。大学生受到的激励更直观、更有说服力。

（二）补充课本知识的不足

前已阐述，党史教材侧重于国家、民族等方面的宏观叙事，具体的地方党史资料鲜有述及。大学生通过搜集地方口述党史资料，可丰富党史教材内容，形成完整的从国家层面到地方视域的党史资料体系，对宏观的党史的理解可以从具体的地方党史中找到注解，从而从整体上加深对党史的认识和理解。

（三）提高学生的学术素养

大学生史料搜集与整理，重点是整理。搜集的方法有访谈、田野调查、查阅档案和历史文献等。对搜集到的资料进行整理，要下一番功夫，包括考证、筛选、甄别、辨析、取舍等环节。整理的过程，即是对历史认识不断深化的过程，也是不断培养论从史出的严谨治学精神的过程。

（四）能够培养学生的史料学基础

史料学被称为“揭开历史真相的钥匙”，是研究历史文献的学科，它通过对历史文献的收集、整理、研究与分析，揭示历史的本质和规律。历史文献包括：碑文、档案、文件、报刊、音像资料等。这些历史文献记载了史实、事件、人物、文化、思想及自然现象。大学生对口述史料的搜集和整理，正是史料学的训练和感知的积累。

第三节　口述党史融入思政课教学的必要性分析

思政课教师、教学内容、教学方法和教学环境是关乎思政课教学质量的主要因素，教学内容是核心要素。口述党史作为思政课教学内容，在增强思政课教学的吸引力和感染力、使学生加深对党的历史的理解与认同、培养学生思辨能力、历史思维和党史情感，增强学生政治鉴别力和政治敏锐性等方面将起到非常重要的作用。

一、铸牢思政课教师的党史理论基础与学科意识

《新时代高等学校思想政治理论课教师队伍建设规定》关于思政课教师的岗位要求是增强“四个意识”，坚定“四个自信”，做到“两个维护”。思政课教师应当始终在政治立场、政治方向、政治原则、政治道路上同以习近平同志为核心的党中央保持高度一致，模范践行高等学校教师师德规范。思政课教师的岗位要求与职责要求具有本质上的一致性，核心是讲政治，加强党性修养。一是理论素养方面，始终坚持用习近平新时代中国特色社会主义思想武装头脑，始终做坚持马克思主义的典范，认真学习党的历史文献，自觉提高理论修养；二是党性修养方面，用科学理论武装头脑，增强党性意识，加强党性修养，严守政治纪律，坚定不移听党话、跟党走；三是政治品质方面，增强政治敏锐性、政治鉴别力，始终保持坚定正确的政治方向，提高政治站位；四是在言行上，做到在“马”信“马”、在“马”言“马”，真学真懂真用，理直气壮、发声亮剑，做学习和践行马克思主义的师范。

具备扎实的党史理论功底，是合格的党史课教师也是思政课教师的基本要求。习近平总书记指出：“坚持教育者先受教育，让教师更好担当起学生健康成长指导者和引路人的责任。”① 思政课教师要勤于学习，定期参加专业培训，加强党史知识储备。

① 习近平：《在北京大学师生座谈会上的讲话》，《人民日报》2018 年 5 月 3 日第 2 版。

一要注重党史学科科研。科研是教学的支撑和基础，教研相长。没有科研的教学是缺乏深度的，难以培养学生的问题意识和科学的思维方式。深受学生追随的教师、世人缅怀和敬重的教育家无一不是科研巨匠，无一不是科研苦行者。党史课教师，应进行党史宏观研究，用口述历史方法开展地方党史、区域党史研究，在研究中拓宽党史视野，磨练党史研究方法，加深党史认同，培育党史情怀。

二要积极参加党史专业培训。党的新理论、新成果、新思想随着新时代的演进不断涌现，作为党史课教师，应该通过参加培训或自主学习，及时了解并掌握党的理论发展最新成果、最前沿党史理论动态，用以武装自我，指导教学。积极投身社会实践，如参加援藏援疆支教、挂职锻炼，深入县市区尤其是边远刚脱贫地区进行社会调研，亲身体悟新时代以来区域社会变迁历程，通过社会实践加深对党的认识。

思政课教师，尤其是党史课教师，应该具备坚实的党史理论修养，深厚的党史情怀，才能在课堂上通过讲解党的知识，将自我爱党情愫传递给学生，带动学生。

二、增强思政课教学的吸引力与感染力

教学技能、教学技术、教学场所往往被作为增强思政课教学效果的主要方面加以建设，却忽视了教学内容的更新、调整和充实。口述党史作为高校党史教学新的内容，也是刚进入教学研究视野，但其价值不仅为改善传统的党史教学方法提供了新的视角，而且在实现以学生为中心的教学理念、增强思政课教学吸引力和感染力方面作用显著。口述党史的教学过程，能够使大学生在情感上加深对中共党史的理解、对中国共产党的钦佩，从而实现党史育人的目标。

（一）知与行的并进

传统的课程考核方式，是通过教师准确把握教学目标，教学重点、难点、疑点，在授课过程中把这些信息传递给学生，突出课程的重点、难点、疑点。学生则通过授课重点、难点、疑点把握考试、考核的内容。这一点对学生来讲固然重要，但那些“非难点”“非重点”“非疑点”却往

往被忽视、忽略，或干脆“掀过去”，然而这些内容恰是构建党史学科体系必需的部分，只有所谓重点、难点、疑点这些应对考试、考核的“点”对于培养学科素养来讲，是远远不够的。传统的课程考核模式，限制了“知”的范围，阻却了“行”的迈进。

口述党史的学科特点使田野调查、社会访谈成为必然，也是必需的。田野调查与社会访谈就是社会实践。陶行知认为，教育不应仅仅局限于学校，社会是学生获取知识、提升技能的大场所，要把整个社会看作教育的场所，社会环境中蕴含着丰富的教育素材，应强调教育与社会的有机融合，学校与社会相互影响、相互渗透。

口述党史的考核、考查方式是开放性的，是通过撰写调查报告、参加问题研讨、口试等方式进行的，没有所谓的重点考试范围。大学生投身如此社会实践，自然会出现理论与实践的碰撞与互鉴，实现自我评价和考核。这种学习，正如卡尔·罗杰斯所说，实现个人情感与价值、思想和经验、观念和行动等高度统一的创造性学习过程，表现形式是个人主动投入学习、全身心投入学习、全面渗透性学习和自我评价的学习。

笔者曾两次带领学生去喀什支教。大学生在支教过程中，深刻认识到党的“依法治疆、团结稳疆、文化润疆、富民兴疆、长期建疆”政策的高瞻远瞩，以及给新疆人民带来了历史性巨变；在全面建成小康社会、实现中华民族伟大复兴的道路上一个都不能少的号召，给新疆人民生活带来了历史性巨变。支教大学生通过与当地老师、学生、市民、农民的访谈，了解到新疆人民对党和国家政策的拥护。支教大学生冯彦雯的日记里这样写道：

我不会说豪言壮语，但我还是想歌颂一下祖国的扶持政策，这里每一个人的笑脸全是因为祖国坚强厚实的臂膀在替我们挡着风雨而换来的。而我作为一名年轻人，就应该直面新的挑战，因为有祖国这个坚实的后盾，我才能踏踏实实地在大西部贡献自己的力量。半年来，学到了太多太多，积累了经验，沉淀了心情，净化了思想，锻炼了能力，更大的感受是对党和国家的新疆政策有着更加深刻的领会和理解，在援疆的道路上我无怨无悔！

（二）历史与现实的统一

口述党史教学内容的供给，是将其置于中国社会主要矛盾的大现实背景下，考查其教学实效。党史教学中，结合党的百余年发展历史，要引导学生进行大跨度的历史与现实的对比分析学习。

一是把新民主主义革命时期与新中国成立以来两个历史阶段的历史与现实进行比较。通过这个对比，使学生认识到新中国的成立是在中国共产党领导人民争取民族独立和人民解放，推翻三座大山的基础上实现的；中国人民站起来、富起来、强起来是三个不能割断的历史阶段。

二是对新中国成立以来，中国共产党领导人民立足中国社会主要矛盾现实，制定正确的治国理政方略，励精图治，筚路蓝缕，实现人民有信仰、民族有希望、国家有力量的历史进行研读。探讨这个历史阶段历史与现实的统一，主要围绕党的八大、党的十一届六中全会、党的十九大关于中国社会主要矛盾的科学判断，通过纵向的历史比较，深刻认识中国共产党是在不断对中国社会发展历史方位作出正确判断并解决不断出现的新矛盾的过程中，领导中国人民富起来强起来的。

三是把新民主主义革命时期、社会主义革命和建设时期、改革开放和社会主义现代化建设新时期以及中国特色社会主义新时代几个历史阶段对比学习，深刻掌握中国共产党百年奋斗重大成就和历史经验。

在学生学习掌握上述内容后，按照思政课教师根据上述内容拟定好的调研提纲，深入社会实际进行访谈，让学生用党史知识去解释调研中遇到的问题。社会调研不回避问题，当学生遇到社会负面现象时，正是发挥思政课教育引导的良好时机。党史理论密切联系实际，深入社会现实，实现历史与现实的统一，是口述党史学科性与方法论工具性的统一。

（三）政治性与学理性的交融

口述党史的学理性常受质疑，此为这部分治史者不严谨所致。学科意义上的口述党史史料扎实，有的甚至是一手资料，且并不乏人文社会科学研究的最新成果吸收。政治性首先是高校思政课的本质属性。但是，如果只有政治性而没有学理性，思政课就会演变为单纯的说教，反之，思政课就失去了立德树人的作用。高校思政课是政治性与学理性融为一体的课程。

口述党史作为马克思主义学科科学研究的分支学科，吸纳史学研究的严谨、缜密、质朴的个性，又以其严密的逻辑、扎实的论据、充分的论证等政治学研究特质，交融党史学的政治性与历史学的学理性。作为一门学科，口述党史就是以调查研究这一马克思主义科学研究方法为贯穿，作为一种史学研究方法，其本身就是马克思主义科学研究方法的体现。

政治性与学理性的兼得，使得学生在口述党史这门课的学习过程中，逐步提高学科认知，不再拘泥于单纯的知识积累，从更高的境界将对知识的占有变为对知识的追求。

（四）问题导向与成长成才的关切

问题导向，导向什么问题？一，中国共产党为什么能，马克思主义为什么行，中国特色社会主义为什么好。以三个“为什么”为纲，设计口述党史教学内容。二，大学生成长成才需求。关切大学生切身利益。如何处理个人感情问题？如何规划大学生活？如何处理好学习与个人爱好的关系？如何为将来就业、考研做好准备？等等。三，大学生关注的热点问题。例如，如何深层次认识俄乌军事冲突？AI 对高等教育的影响？等等。面对当前大学生就业难问题，自我应作如何调整？如何正确看待 2024 年增加 2755 个博士硕士授权点？等等。用党史人物中成长成才的先例鼓励学生树立正确的价值观，把个人理想的实现与社会发展、国家兴旺、民族振兴密切联系起来。

在关注大学生成长成才需求的问题时，在关切大学生切身利益问题时，在回应大学生关心的社会及世界上的热点问题时，应注意不能就事论事，不能授人以鱼，而要授人以渔，用更高的精神境界引领学生。

三、深化学生对党史的理解与认同

目前高校党史教学中关于中共党史内容的资料，主要是关于中共政治史、军事史、组织建设史及思想史，这些资料很有权威，却缺乏生动性，并充满说教性，很容易使学生产生逆反心理，认为党史枯燥单调。要使学生对中共党史理解与认同，必须从宏观上把握整个历史发展进程，也就是"大历史观"，把握党史的主流主线，党史学习教育与个体自我教育相结合，形成党史认同。除此之外，口述党史主张从社会变迁的视角考察党史，口述历史里丰富的个人生命细节，有助于其对"学院式"党史叙述进行补充与匡正，所形成的党史资料比较鲜活，为党史教学开阔了视野，也容易为学生所接受，并引起学生的共鸣，从而实现对党史的理解与认同。

（一）大学生大历史观的培育

习近平总书记在党史学习教育动员大会上首次提出"大历史观"，强调"进一步把握历史发展规律和大势，始终掌握党和国家事业发展的历史主动"[①]。树立大历史观是党史认同的关键。大历史观的"大"，是指认识主体的大视野。大历史观要求在历史长河、时代大潮、全球风云中分析演变机理、探究历史规律，而不能局限于细节、支脉，一叶障目不见泰山。这是取得党史认同最重要的前提。如从近代以来180多年斗争史定位中国共产党百年奋斗史，重点认同的是中国革命、中国人民和中国社会的面貌发生了根本性转变；从中华民族5000多年发展史定位中国共产党百年奋斗史，重点认同的是中华民族必然走向伟大复兴；从世界社会主义500多年探索史定位中国共产党百年奋斗史，重点认同的是科学社会主义在21世纪的中国焕发出新的蓬勃生机。[②] 树立了大历史观，会提高对历史虚无主义的辨识能力，摒弃历史虚无主义的微观史学局限。

（二）党史与大学生自我认知的全面性

对党史的自我认知和对自身的自我认知的统一，是实现正确理解和认同党史的前提。对党史的认知，一个重要的途径是党史课要诠释好中国共产党百年历史重大成就和历史经验，以及百年党史的主题主线和主流本质——实现中华民族伟大复兴。这是启发和引导大学生准确把握百年党史和认同党史的关键。党史课对这一重大命题的诠释，有利于大学生在思想

---

① 习近平：《在党史学习教育动员大会上的讲话》，《求是》2021年第7期，第13页。

② 王树荫，王君：《以大历史观审视中国共产党百年奋斗历史定位》，《东南学术》2022年第6期，第12—21页。

上建构中国共产党“为中华民族谋复兴”的伟岸形象；有利于大学生辩证地认识党史上出现的曲折和失误，在正向教育与反面批判中增强历史认同、政治认同；有利于大学生更好更深地理解中国共产党百年重大历史成就和经验。这也是大历史观的应有之义。

对自身认知是以对党史认知为前提的。怎样激发大学生的主体觉醒、价值觉醒？就是要投身社会实践。大学生带着理论、带着问题、带着求证的心情深入社会实际，在访谈调研中，革命故事、理论、事件、人物，甚至党史逸闻佳话浸染着学生，担当着历史责任、承载着民族精神的历史人物、当代楷模走进学生内心，历史虚无主义的欺骗不仅在课堂上得到驳斥，也在社会实践中被史实所击碎。大学生爱党、爱国、爱社会主义的情怀油然而生，大学生从大历史观中摆正自我位置，明晰自身责任，自然会形成对党史的正确理解和认同。

“我们党的历史，就是一部不断推进马克思主义中国化的历史，就是一部不断推进理论创新、进行理论创造的历史。”① 大学生的党史认同是一个不断提高、不断完善、不断升华的过程。

四、培养学生的历史思维与批判性思维能力

高校党史教育的目标是使大学生形成正确的党史观，具体地历史地认识中国共产党在中国社会历史发展中的伟大作用，用历史唯物主义的观点辩证地一分为二地分析当今思潮，自觉抵制和消解民族虚无主义和历史虚无主义的危害，进而形成对中国共产党的认同和热爱。学生走出课堂，走向社会，走进历史叙事，对党史事件当事人进行访谈，这个过程使学生感同身受亲历者的回忆，由“学”党史变为“看”党史、“听”党史，使党史更具亲和力，对党史将会有更深刻理解。

（一）历史虚无主义的传播及其危害

全球化进程下，民族虚无主义和历史虚无主义借势文化交流频繁、意识形态交锋急剧而时有泛滥。其以娱乐恶搞颠覆民族记忆，以否定历史消

① 习近平：《在党史学习教育动员大会上的讲话》，《求是》2021 年第 7 期，第 12 页。

解民族尊严。它们瞄准的对象就是青年学生，危害极深，必须在青年大学生意识形态领域中筑牢反历史虚无主义的防火墙。

全球化并非价值中立的社会历史过程，恰恰相反，在西方一些敌对势力的煽动下，全球化具有价值观念同质化的特点。如弗朗西斯·福山将西方社会的自由与民主作为人类历史发展的终点。丹尼尔·贝尔宣称："我们正处于新一轮打消对共产主义世界抱有幻想的时期。"兹比格涅夫·长济尔米尔滋·布热津斯基叫嚣以西方社会的价值观念，将历史终结点引向资本主义价值观和所谓的自由民主制度，企图消解马克思主义主流。国内一些错误思想也借势沉渣泛起，借助网络、AI人工智能技术，散布错误思潮，尤其是历史虚无主义，导致部分大学生历史认知、价值判断发生偏离。其目的就是瓦解青年学生的理想信念，腐蚀马克思主义思想基础，打乱青年学生对党的认同，最终从道路自信、理论自信、制度自信和文化自信等方面毁坏青年的价值体系。

东北师范大学凌晶垚就高校大学生"四史"教育状况对驻吉林省部分高校做的问卷调查显示，接受调查的3454名大学生中，有86.4%的学生选择"了解新中国的实践史与奋斗史，树立正确的历史观，对历史虚无主义进行反击"；86.1%选择"以史为鉴，服务现实，从'四史'学习中总结经验教训，把握规律，更好地为现实服务"；81.8%选择"学习马克思主义，从'四史'中加深对马克思主义的理解"；另有34%和26.6%的学生分别选择"专业学习需要"和"为了修学分"。①

总体来看，学生绝大多数对"四史"教育学习有正确的认识。但是，不容忽视的是，仍有部分大学生对"四史"教育的认知不到位。这是开展"四史"教育的重点，尤其是对受到不良影响的学生而言。

（二）通过党史教育树立唯物史观

以党史为重点的"四史"教育，是高校思政课开展历史教育的主阵地，党史被列为选择性必修课。2015年中共中央办公厅、国务院办公厅印

---

① 凌晶垚：《新时代高校大学生"四史"教育研究》，博士学位论文，东北师范大学，2022年，第87页。

发《关于进一步加强和改进新形势下高校宣传思想工作的意见》，指出高校宣传思想工作要加强党史、国史教育。2019 年 3 月 18 日，习近平总书记在学校思想政治理论课教师座谈会上的讲话，希望思政课教师的历史视野中“要有 5000 多年中华文明史，要有 500 多年世界社会主义史，要有中国人民近代以来 170 多年斗争史，要有中国共产党近 100 年的奋斗史，要有中华人民共和国 70 年的发展史，要有改革开放 40 多年的实践史”①。这一谆谆教诲，既是对思政课教师历史素养的期望，也是对高校开展的“中国近现代史纲要”课、“四史”课应讲内容的要求。2019 年，中共中央办公厅、国务院办公厅印发《关于深化新时代学校思想政治理论改革创新的若干意见》，重申党史、新中国史的学习重要性，指出道德素质与爱国主义相统一作为培养时代新人的路径，并强调将“四史”设定为课程模块。2020 年 4 月，教育部等 8 部门印发《关于加快构建高校思想政治工作体系的意见》，明确把“四史”教育纳入理想信念教育中，并明确了“四史”教育的具体方针。2021 年 4 月，教育部办公厅颁布《关于在思政课中加强以党史教育为重点的“四史”教育的通知》，着眼于提升学生的政治认同、思想认同、情感认同和坚定理想信念信心，把以党史为重点的“四史”教育作为思政课主渠道。从 2021 年开始，各高校按照党和国家的要求，开设“四史”课。2025 年 1 月，中共中央、国务院印发《教育强国建设规划纲要（2024—2035 年）》，把“加强党史、新中国史、改革开放史、社会主义发展史教育”作为塑造立德树人新格局，培养担当民族复兴大任的时代新人的重要内容。

那么，为什么要进行以党史为主的“四史”教育呢？

2021 年 3 月 5 日，习近平总书记在参加十三届全国人大四次会议内蒙古代表团的审议讲话时指出：“在党史学习教育中要用好这些红色资源，组织广大党员、干部重点学习党史，同时学习新中国史、改革开放史、社会主义发展史，做到学史明理、学史增信、学史崇德、学史力行，做到学

① 习近平：《以史为镜、以史明志，知史爱党、知史爱国》，《求是》2021 年第 12 期，第 4—12 页。

党史、悟思想、办实事、开新局，特别是要在坚持走中国特色解决民族问题正确道路、维护各民族大团结、铸牢中华民族共同体意识等重大问题上不断提高思想认识和工作水平。”习近平总书记的讲话，为高校思政课历史教学指明了内容、意义和方针。

历史虚无主义的错误理论根源在于违背历史唯物主义的根本原则，采用孤立、静止、片面的形而上学的思维方式看待世界，其惯用的伎俩是编造和肢解历史、丑化妖化革命领袖人物、混淆是非，美化吹捧历史败类，目的是批驳唯物史观，虚无化历史真实，诋毁中国人民信仰，消解中华民族精神，破坏中华优秀传统文化。“四史”教育就是降历史虚无主义之猛药，通过普遍有效实施“四史”教育，全面批判历史虚无主义，解构其思想体系，认清其险恶本质，树立马克思主义唯物史观，引导大学生正确认识和把握人类历史发展规律，巩固马克思主义在意识形态中的指导地位。

（三）党史具体的历史的思维内涵

习近平总书记指出：“要在党史学习教育中做到学史明理，明理是增信、崇德、力行的前提。”① 明理的内涵是：

深刻领悟中国共产党为什么能、马克思主义为什么行、中国特色社会主义为什么好等道理，弄清楚其中的历史逻辑、理论逻辑、实践逻辑；深刻领悟坚持中国共产党领导的历史必然性，坚定对党的领导的自信；深刻领悟马克思主义及其中国化创新理论的真理性，增强自觉贯彻落实党的创新理论的坚定性；深刻领悟中国特色社会主义道路的正确性，坚定不移走中国特色社会主义这条唯一正确的道路。

四个“深刻领悟”哲理深刻，是新时代马克思主义总的世界观和方法论，是历史理性、实践理性和价值理性的统一，是新时代高校思政课培养大学生历史思维与批判性思维的基本原理。实现客观历史规律与历史逻辑相一致，从而达到历史的意义追求，从历史是什么转变为现实应该怎么做的价值观明示②。

---

① 习近平：《学史明理、学史增信、学史崇德、学史力行》，《求是》2021 年第 13 期。

② 张雄，魏南海：《“学史明理”思想内涵的深度解读》，《马克思主义理论教学与研究》2022 年第 3 期，第 96 页。

历史理性，是尊重历史事实、掌握历史规律，将认识世界、改造世界的主观能动性运用于社会实践。实践理性，是用马克思主义理论改造世界，是马克思主义世界观见之于客观世界的活动，是社会实践视域中的马克思主义认识论的发展过程。这一过程中，历史选择了中国共产党、实现了马克思主义理论中国化、走出了中国特色社会主义道路。价值理性，是党史中中国共产党鲜明的马克思主义价值判断，是新中国史中中华民族伟大复兴的价值判断，是改革开放史中新时代理想信念的科学阐释，是社会主义发展史中无产阶级运动的信念力量。

高校党史教育始终坚持实事求是的原则，不回避问题，直面社会关于中共党史历史事件、历史人物的褒贬，用中国共产党的伟大思想、中国共产党的丰功伟绩、中国共产党对人类进步的历史贡献予以澄清，谣言不攻自破。培育大学生马克思主义唯物史观，树立正确的历史观和信仰，使其对待各种社会思潮具有清晰的识别和判断力。

第二章　口述党史应用于思政课教学的现状分析

调查显示，高校党史思政课教学的内容和方法是大学生党史学习普遍关注的方面。提高党史思政课教学的感染力、亲和力，必须在教学内容与方法上有所创新。将口述党史应用于高校思政课教学，正是基于二者在立德树人方面的契合点。口述党史作为思政课教学内容和方法的创新探索，因深受口述历史研究方法影响，存在诸多问题和不足。笔者深入剖析其应用于思政课教学中问题的成因，并提出针对性对策建议。

第一节　思政课教学内容与方法

2021 年 11 月，为进一步加强高校思政课教学的宏观指导，教育部在 2015 年以来高校思政课组织管理、教学管理、队伍管理和学科建设改革试点的基础上总结经验，颁布了《高等学校思想政治理论课建设标准（2021 年本）》（以下简称《标准》），对课程设置的目标要求是“积极创造条件开设本科生和研究生层次思想政治理论课选修课。要重点围绕习近平新时代中国特色社会主义思想，党史、新中国史、改革开放史、社会主义发展史，宪法法律，中华优秀传统文化等设定课程模块，开设系列选择性必修课程”。这为高校思政课更好地设计教学内容，贯彻落实党对大学生思想政治教育的要求提供了根本标准，同时也对高校思政课教师的史学素养提出了要求。

一、思政课教学目标

为全面贯彻党的教育方针，2020 年 12 月 18 日，中共中央宣传部、教育部联合印发《新时代学校思想政治理论课改革创新实施方案》（以下简称《方案》）。该方案的核心是充分发挥思政课在立德树人中的关键课程作用。围绕大学阶段重在增强学生使命担当的要求，该方案规定了大学思政课的育人目标。

重点引导学生系统掌握马克思主义基本原理和马克思主义中国化理论成果，了解党史、新中国史、改革开放史、社会主义发展史，认识世情、国情、党情，深刻领会习近平新时代中国特色社会主义思想，培养运用马克思主义立场、观点、方法分析和解决问题的能力；自觉践行社会主义核心价值观，尊重和维护宪法法律权威，识大局、尊法治、修美德；矢志不渝听党话、跟党走，争做社会主义合格建设者和可靠接班人。本科及高等职业学校专科课程重在加强理论教育和学习，高等职业学校专科课程还要体现职业教育特色。《方案》中，专门对本科及高等职业学校专科课程规定了“马克思主义基本原理”“毛泽东思想和中国特色社会主义理论体系概论”“中国近现代史纲要”“思想道德与法治”“形势与政策”为中心的课程内容，对每一门课程均设置了育人目标。

《高等学校思想政治理论课建设标准（2021 年本）》详细设定了教学管理标准，内容包括管理制度、课程设置、教材使用、课堂教学、实践教学、改革创新、教学成果 7 个二级指标和 12 个三级指标，其中对思政课的改革创新设定了 3 个三级指标。在贯彻新时代思政课“八个统一”的原则下，强调建设“大思政课”，调动各种资源用于思政课建设，把思政小课堂与社会大课堂相结合，突出实践教学，将生动鲜活的实践引入课堂教学，将课堂设在生产劳动和社会实践一线，全面提升育人效果。各高校根据上述《方案》和《标准》，因地因时制宜，将人才培养目标具体分解为政治素养、理论涵养、教学能力、人文情怀、持续发展等方面，并列入学校本科专业人才培养方案。

口述党史融入高校思政课教学，对于挖掘党史教学资源、拓展思政课教学方法和党史学习方法，具有重要价值，是对《方案》和《标准》的创新性落实。

二、思政课教学要求

按照思政课育人目标要求，思政课课程设置、教学内容供给、教学方法、教师素质均应作出相应调整和改进。为正确把握思政课课程目标建设标准，进一步提升育人效果，课题援引 B 大学全校本科生思政课学习状况问卷调查数据，重点分析了思政课教学内容的设置，为更好地将口述党史融入高校思政课教学提供依据。

（一）思政课教学内容要求

1. 调查分析

华北电力大学 2021 届研究生何心围绕大学生思想政治理论课学习情况，对 B 大学全校本科生进行问卷调查，有效问卷 2143 份，具有一定的代表性，能够起到“解剖麻雀”效果。本书引用其部分数据进行分析。

表 2-1 表明：绝大部分学生把思政课定位为“完善自我，指导人生道路”和“了解国家大政方针”，也有不少学生是为了考研、考公和“完成学校培养计划，获得学分”。由于是多选题，有的同学可能会同时选（1）（2）（3）（4）选项。这说明，绝大多数大学生对思政课的价值定位既有较为远大的完善自我的需要，也有眼前较为功利性的一面，二者兼顾，符合实际，也说明大学生对思政课在自我成长过程中的重要作用给予肯定。

表 2-1　大学生对思想政治理论课定位调查

选项	小计/人	比例
（1）完善自我，指导人生道路	1806	84.27%
（2）了解国家大政方针	1630	76.06%
（3）对相关考试有用（考研政治、公务员）	1259	58.75%

续表

选项	小计/人	比例
（4）完成学校培养计划，获得学分	1078	50.30%
（5）不切实际，学了没有实际用处	64	2.99%

数据来源：何心《高校思想政治理论课教学满意度调查研究——基于B大学本科生视角》。①

大学生对思政课的定位正确，那么，思政课的教学效果怎样呢？从表2-2可以看出，通过学习思政课：一是可以掌握基本知识，通过研究思政课内容拓展思维；二是可以提高综合分析能力和实践能力。总体来讲，学生认为思政课能够丰富知识体系，锻炼科学的思维方式，提高综合分析能力和实践能力，对思政课教学效果的满意度是很高的。

表2-2　大学生对思想政治理论课教学效果满意度调查

选项	小计/人	比例
（1）掌握基本思政知识	1592	74.29%
（2）培养综合分析能力	1336	62.34%
（3）深入学习研究思政内容，开拓思维	1323	61.74%
（4）为开展实践做好知识与技能的准备	941	43.91%

数据来源：何心《高校思想政治理论课教学满意度调查研究——基于B大学本科生视角》。②

大学生对思政课教学效果满意度高，主要是受哪些因素影响？我们从课堂教学和实践教学两个方面来讨论。课堂教学方面，学生关于教学内容的满意度调查中，“非常满意”和“满意”占比88.43%，“一般”“不满意”和“非常不满意”占11.57%，说明大部分大学生对思政课课堂教学内容予以肯定（表2-3）。同时，也应看到，那既不肯定亦不否定持“骑

① 何心：《高校思想政治理论课教学满意度调查研究——基于B大学本科生视角》，硕士学位论文，华北电力大学（北京），2021年，第42页。

② 何心：《高校思想政治理论课教学满意度调查研究——基于B大学本科生视角》，硕士学位论文，华北电力大学（北京），2021年，第35页。

墙”态度的 10. 59%的同学，其态度值得关注和引导，力争使他们的态度也转变为“满意”及以上。

表 2-3　大学生对思想政治理论课教学内容满意度调查

选项	小计/人	比例
非常满意	825	38. 50%
满意	1070	49. 93%
一般	227	10. 59%
不满意	15	0. 70%
非常不满意	6	0. 28%

数据来源：何心《高校思想政治理论课教学满意度调查研究——基于 B 大学本科生视角》。①

思政课实践教学中，大学生比较注重哪些因素？关于大学生对思政课实践教学满意度调查（表 2-4）表明，实践教学中对理论教学内容的理解，对思政内容的学习兴趣，以及走出校门，接触社会等，这些是大学生在思政课实践教学中比较关注的“实践教学内容”，只有理论联系实际，才能提高实践能力。然而，由于形式单一，难以吸引学生参加，体验感不足；由于资金、安全等限制，只允许小部分人参加，受教育主体范围缩小；由于实践教学的教学体系不够科学化，使学生获得感不强。

一些学校存在“新瓶装旧酒”，教学形式刻板、僵化的问题，主要以撰写报告、观看影片等单一的形式敷衍学生，致使学生们对思政课不感兴趣，更有甚者产生厌烦心理。由于资金不足、管理体制不够完善等诸多原因，有些课外实践活动只留给学习成绩优异的学生，这对思政课的育人效果和范围产生不利影响。在实践教学中，有些教师并没有发挥引导作用，有些实践活动只是走马观花，学生获得感不强。

① 何心：《高校思想政治理论课教学满意度调查研究——基于 B 大学本科生视角》，硕士学位论文，华北电力大学（北京），2021 年，第 26 页。

表 2-4　学生对思想政治理论课实践教学满意度调查

选项	小计/人	比例
促进对理论教学内容的理解	1495	69.76%
增强对思政内容的学习兴趣和积极性	1374	64.12%
通过实践走出校门，接触社会，开拓了眼界	1246	58.14%
促进理论与实践相结合，提高应用实践能力	1108	51.70%

数据来源：何心《高校思想政治理论课教学满意度调查研究——基于 B 大学本科生视角》。①

在对学生关于教学方法、教学内容、教学能力及教学效果的调查中，各项满意度依次占比为 51.61%、48.44%、46.99%以及 40.32%。教学方法、教学内容、教学能力是教学工作中比较重要的方面，也是相得益彰的三个要素。表2-5说明，大学生不仅对思政学科有正确的认识，而且对思政课教学质量的制约因素也有较深入的思考。现实中的思政课教学方法创新方式就是走出课堂，深入社会实际，在实践中接受教育。但在思政课教学过程中存在着形式主义的现象，归根结底，还是由于对其重视度不够，致使实践教学浮于表面，仅仅是为了完成任务。现在，社会调查仍是思政课实践教学的主要方式，但是由于社会调查过程管理学生难度大，且存在安全隐患和资金不足等问题，大部分学校让学生在寒暑假进行社会调研。一些学生自觉性不高、意志力不强、主动性不高等，致使社会调查效果不好。还有一些学生以网络资料代替实地考察，随意撰写数据，也存在抄袭的问题。对于思政课的实践教学环节，现实中不少高校并非没有引起重视，但却只停留在口号上；并非没有相关政策制度，而是没有贯彻落实；并非没有足够的经费，而是有而不用或挪作他用。思政课是落实立德树人的关键课程，其受众群体应该是全部学生。但是现实并非如此，由于人数过多难以管理、资金缺口大，所以社会实践活动只允许一部分人参加，变成精英实践活动。有些学生认为这些实践活动仅仅是为了完成任务，甚至

① 何心：《高校思想政治理论课教学满意度调查研究——基于 B 大学本科生视角》，硕士学位论文，华北电力大学（北京），2021 年，第 36 页。

浪费时间。这些活动都属于短平快的“快餐式”实践范畴，且覆盖面小，缺乏相对稳定的长期性、常态化的平台作为支撑，参与群体难以长期受益。

由于上述原因，致使实践教学只能停留在表面，不能深入。

表 2-5　学生对思想政治理论课教学满意度最大的因素调查

选项	小计/人	比例
教学方法	1106	51.61%
教学内容	1038	48.44%
教师能力	1007	46.99%
教学效果	864	40.32%

数据来源：何心《高校思想政治理论课教学满意度调查研究——基于 B 大学本科生视角》。①

上述分析得出的启示是，无论是课堂教学还是实践教学，大学生是非常注重教学内容的，正是内容的知识性、科学性、历史性、趣味性、生动性、实践性、价值塑造性等特点，使大学生对思政课有正确的价值判断，从而有较高的满意度。内容为王，教学方法、从业技能与经验、教育技术的运用及熟练程度，均是在好的思政课教学内容且对思政课教学内容有较为深入的理解与研究的基础上才能发挥作用，而教学技术与手段本身则是次要的。调查结果对思政课教学作出了指引，同时也标注了可能会出现的问题。那就是在思政课教学中，首要的、根本的、重要的是教学内容，且必须从学术研究上加强教学深度，教研相长。对于那些花里胡哨的、使学生上课时心潮起伏、热血沸腾，下课后一反常态、头脑空空如也的花边技巧，要禁入课堂。

出现上述问题的原因，一是没有将学生作为学习主体；二是教学以传授知识而不是培养学生科学的思维方式为主；三是功利性思想均不同程度地存在于部分教师和学生认识中，从而影响了教师教学、学生学习。学生

① 何心：《高校思想政治理论课教学满意度调查研究——基于 B 大学本科生视角》，硕士学位论文，华北电力大学（北京），2021 年，第 41 页。

参加种类繁多的技能比赛，获得不同级别奖项，就业时能够得到不同的政策兑现，教师也能够因为指导学生参加职业技能赛事获得不同级别的奖项，而在职称评定中得到不同的政策体现。因此，相当数量的教师与学生并不能沉下心去教研思政课、学习思政课。

2. 内容要求取向

口述党史融入思政课堂教学，是一种新的教学方法。这一方法具有传统教学方法所不具有的优势，能够突出学生主体性教学理念。20 世纪 60 年代，传统的课堂教学中开始采用新式教学方法——口述历史教学法。埃利奥特·威金顿带领学生对当地居民进行口述史访谈，探索本地的历史发展，被视为现代口述历史教育正式进入课堂的开端，后被广泛引进美国各地学校。改革开放以来，随着现代口述历史不断被国内学界认同和接纳，口述历史教学才逐渐进入课堂。党史研究纳入口述历史研究方法所形成的口述党史，在大学生思想政治教育中具有突出优势和价值。

思政课实践教学是提升教学质量和实效的重要途径。从狭义上来讲，思政课实践教学是区别于传统的思政课课堂理论教学的一种教学模式，坚持课堂教学和实践教学相统一。广义的思政课实践教学是指除了进行理论教学之外的所有与实践相关的教学方式，如研究讨论、田野调查、参观历史博物馆及志愿服务等，它既可以体现在思政课的课堂教学之中，又可以体现在思政课的课堂教学之外。

一是思政课教学应突出本土性和地方性。习近平总书记指出："'大思政课'我们要善用之，一定要跟现实结合起来。上思政课不能拿着文件宣读，没有生命、干巴巴的。"① 将中华优秀传统文化、革命文化及社会主义先进文化融入思政课实践教学中，思政课教师不仅要讲授理论，更要引导学生实地考察。

每所学校所在的地区都会有自己独特的地域文化，充分挖掘并利用当地的地方文化使思政课更具有亲和力。地方文化为思政课实践教学提供丰富的资源，如风土人情、乡风习俗、革命文化及模范人物故事。以山东泰

① 习近平：《"大思政课"我们要善用之》，《人民日报》2021 年 3 月 7 日第 1 版。

安为例，在讲述抗日战争时，可将八路军 115 师陆房战役、徂徕山抗日武装起义等纳入课堂教学中，这样既能让学生有效掌握知识，又能以此提高学生的认同感，树立正确的价值观。

地方文化为思政课注入鲜活的生命力，为思政课实践教学提供场所。将课堂学习与课外探索相结合，定期带领学生去红色教育基地，让学生身临其境，深刻体会红色文化的精髓。将地方文化融入校园文化建设，通过宣讲活动、艺术节等形式生动地展示中华优秀传统文化。将一些校园文化活动开发成具有思政课教学指向的活动，进一步增强校园文化活动思想性和教育力，提升对学生理想、道德和纪律的重塑能力，以及对学生知识和技能的构建能力。①

二是思政课教学具有多样性。随着时代的进步和社会的发展，思政课实践教学的教学内容、教学方法和教学形式都在不断地创新发展。教学内容不仅限于课堂讲述的理论知识，还包括参加思政课教学实践活动。教学的形式也是多样的，包括课上与课下、校内与校外、网内与网外。首先是课上与课下相结合。课上以老师讲授为主，以课堂实践为辅。课下实践是将理论知识付诸实践的过程，大部分以研究性学习、案例分析等形式提高发现问题与解决问题的能力。其次是校内与校外相结合。将文化资源、时事新闻、社会热点纳入校园文化建设中去，逐步涵养学生强烈的责任意识和主人翁精神，拥有心系天下的家国情怀。开展校外实践，发挥社会大课堂的功能。例如，著名思政课教师闵绪国教授将思政课搬到“人人屋”党群服务站，开启“边走边学”的教学模式，将学生置身社会大课堂中，深刻把握时代脉搏。最后是网内与网外相结合。一方面，通过网络大平台如慕课、电子报刊、微博、微信公众号等延展实践教学的范围、丰富教学资料，拓宽学生的视野。另一方面，利用互联网和虚拟仿真技术，建设思政课虚拟仿真实践教学项目，实现基地教学资源的空间转换，推动课堂教学

① 马福运，侯艳娜：《深度整合：“四位一体”立体化实践教学模式探索》，《河南社会科学》2020 第 5 期，第 118—124 页。

与基地教学的有效整合。[①] 这种思政课实践教学方式，使学生足不出户便可了解大千世界，深受学生的喜爱。

三是思政课教学是理论性与实践性的统一。习近平总书记指出："要高度重视思政课的实践性，把思政小课堂同社会大课堂结合起来，在理论和实践的结合中，教育引导学生把人生抱负落实到脚踏实地的实际行动中来。"[②] 传统的思政课以课堂讲授为主，重理论轻实践，使理论与实践脱钩。初期的思政课实践教学不同程度地存在此问题，如注重社会调查等课外实践，轻视理论的学习，导致课外实践只流于表面，还停留在课内实践，没有真正投身社会实践中。"大思政课"之大不只是理论之"大"，更有天地之"大"。我们应将思政小课堂和社会大课堂有机融合在一起，将课堂上所学的理论知识应用于社会实践，解决实际问题。在重视实践的同时，也不能放松对理论的学习，要用正确理论指导社会实践。

（二）思政课教学方法要求

思政课教学内容决定教学方法。在明确了思政课内容的要求之后，接下来探究一下思政课教学方法有什么要求。思政课教学方法无论如何设计，均围绕一个中心，就是增强思政课教学魅力，提高学生思政课学习兴趣。笔者借鉴两组调查数据加以说明。

一是费英秋、闫昭宁就高校思政课获得感提升，对北京市 15 所高校进行问卷调查。其中关于思政课教学方法的数据是：54. 43%的大学生认为"教学趣味性感染力不够，缺乏互动"；53. 53%的学生认为"理论灌输多于启发性与实践性教学"。[③] 也就是说，目前高校思政课教学存在着缺乏互动性、启发性与实践性的缺点。

课堂教学是思政课教学的中心环节，课堂教学必须与实践教学相统

---

① 马福运，侯艳娜：《深度整合："四位一体"立体化实践教学模式探索》，《河南社会科学》2020 第 5 期，第 118—124 页。

② 习近平：《习近平重要讲话单行本（2020 年合订本）》，人民出版社 2021 年版，第 290 页。

③ 费英秋，闫昭宁：《新时代高校思政课获得感提升研究——基于北京市 15 所高校的调查》，《未来与发展》2024 年第 5 期，第 86 页。

一，这是大学生思政课获得感提升的关键环节。互动性、启发性和实践性的缺乏，是思政课普遍存在的问题，只是程度不同而已。互动性是老生常谈的问题，其缺位是因为教师没有转换角色认知，没有体现学生主体地位的教学理念。启发式教学是引导学生发现问题、分析问题、解决问题的重要方式。启发式教学的前提要求，是教师必须首先具备问题意识，在解决了问题之后，再将这一问题用设问的方式引导学生思考。教师因思考上的惰性而依赖填鸭式教学完成课时，而填鸭式教学的最大弊端就是使大学生逐渐丧失对思政课的兴趣。实践性的缺乏有诸多客观原因，但根本的原因是教师马克思主义认识论的缺失。须知实践是认识的来源，是认识发展的动力，是检验认识正确与否的唯一标准。思政课堂实践性缺失的表现就是教师不能能动性地创造条件，不能使学生实现理论认识与客观实践的统一。在现有课堂教学中，存在部分教学方式缺乏趣味性、感染力、互动性等现象，导致思政课的理论教学难以与学生的情感体验、实践感知实现有机结合，降低学生的课堂学习效果。

二是戴艳军、赵宇就高校思政课认同问题，对全国53所高校所做的问卷调查。其中关于教学方法的数据如下：

表2-6：大学生对高校思政课教学方法认可度

	很不认同/%	不认同/%	一般/%	认同/%	非常认同/%
案例教学法	0.7	0.4	11.2	64.3	23.4
专题教学法	0.6	0.6	16.0	66.4	16.4
实践体验教学法	0.9	1.0	15.4	61.7	21
情景模拟教学法	1.0	1.1	16.6	61.2	20.2
研究讨论教学法	0.9	1.2	19.0	63.1	15.7

数据来源：戴艳军，赵宇：《大学生思政课认同状况的调查——基于全国53所高校的问卷数据》。①

表中数据显示，5种教学法是目前高校思政课教学采取的主要方法。

① 戴艳军，赵宇：《大学生思政课认同状况的调查——基于全国53所高校的问卷数据》，《科学决策》2021年第9期，第97页。

案例教学法的认可度是 87.7%（认同及非常认同），从专题教学法至研究讨论教学法的认可度依次降低。说明教学方法存在的问题较为严重。笔者将表中“一般”认同归入否定性评价中，因为从大学生客观态度看，持“一般”态度的学生在思政课学习中表现得很被动、消极。学生的评价为我们改进教学方法明确了方向。访谈得知，学生认同度低的原因有：有的老师想讲好，但整体素质太差，力不从心；有的老师过于严谨，学究气浓厚，课堂缺乏活力；有的老师仅仅局限于书本讲解，不能拓宽专业领域，“学生吃不饱”等。上述现象均不符合思政课教学要求。

把上述两次问卷调查合并考察，不难发现，案例教学法、专题教学法、实践体验教学法、情景模拟教学法及研究讨论教学法，均是由于缺乏实践性、趣味性、启发性和互动性，而导致学生的认可程度低。

第二节　口述党史与思政课教学的契合

口述党史与思政课教学契合，一是基于口述党史作为党史研究方法和学科分支的含义、特点、育人价值；二是基于高校思政课在育人目标、教学内容和教学方法上的需求。二者的契合，既有理论依据，又有实践要求。

一、理论依据

党史教育与高校思政课教学的育人目标是一致的，是培养德智体美劳全面发展的人。马克思主义关于人的全面发展的观点，突出学生的主体地位，是中国教育事业的指导思想。国外学者关于“以学生为中心”的观点愈来愈受到中国教育界的重视和使用。这是开展课题研究的理论依据。

（一）马克思主义关于人的全面发展的观点

马克思主义关于人的全面发展的理论观点包括：人的发展是一个永无止境的过程，也是一个螺旋式上升的过程；人的发展和进步离不开社会的发展和进步。人是一切社会关系的总合，人的发展与社会的发展有着密切的关系。社会的发展在不断满足人的自身发展需要的基础上，人的劳动能力才得以发展和提高。人们在不同的社会发展阶段，对于自身的全面发展的内涵会表现出不同的要求。马克思主义理论关于人的发展的根本观点是人的自由而全面的发展；个体首先对自身生存发展得到满足之后，才能去追求精神上的满足和发展。人的自由而全面的发展随着物质生活条件的逐步提高而迈向更高级阶段发展——寻求个性、能力等精神世界的充分彰显。最终实现个体的全面发展。

关于人的全面发展的思政课教学方法论意义。由马克思主义关于人的全面发展理论可以得出，教育是促进人的全面发展的社会行为，在人的全面发展中起着至关重要的作用。思想政治教育更是彰显人在接受教育的过程中的政治功能。马克思主义关于人的全面发展的理论为实现思想政治教育的育人目标提供了理论指导。思想政治教育的宗旨与马克思主义关于人的全面发展理论的要义高度契合。口述党史对于立德树人、培养大学生良好的思想道德素质、健全学生人格、引导学生把实现自身价值与促进社会发展相统一，进而追求精神世界的崇高价值，具有重要的现实意义。

（二）“以学生为中心”的教育思想

“以学生为中心”的教育思想的理论基础，是二十世纪五六十年代兴起于美国的人本主义学习理论。其核心要义是强调人的价值和尊严、注重研究人的主体性，关注人的潜能和本性的发展。卡尔·罗杰斯是这一理论的代表人物。他进一步对这一理论进行了阐释，提出“以学生为中心”的教育思想，指出每个人都有自我发现、自我尊重和自我指导的发展潜能。

卡尔·罗杰斯“以学生为中心”的教育思想主要观点是：①有意义的自由学习。其含义是以构建良好的健全人格为核心，实现个人情感与价值、思想和经验、观念和行动等高度统一的创造性学习过程，表现形式是个人主动投入学习、全身心投入学习、全面渗透性学习和自我评价学习。②以学生为中心的非指导性教学。用以学生为中心的教学取代传统的以教师为中心的教学理念，强调教师通过创设学习情境和氛围，构建良好的师生关系，以学生的自我成长为中心，促进学生自我发展。

树立主体性思想政治教育观念，这一观念是以人为本教育理念在思想政治教育中的体现，通过启发、引导大学生内在的思想政治需求，培育他们的主体性——主体意识、主体能力和主体人格综合的提高，以促进学生自由而全面的发展。在实际教学过程中，一是采取启发诱导式教学。以学生为主体，通过培养或调动学生学习的积极性和主动性，引导学生主动学习、全身心学习、全渗透性学习，提高认知能力和学科素养。二是创造学生学习的良好氛围。注重学生的真实情感体验和价值塑造，让学生在学习中涵育自我真实情感。①

总之，马克思主义人的全面发展理论和“以学生为中心”的教育思想给予我们的启示是，在思政课教学中，慎重使用填鸭式教学方法，要明确教学目标，以培养全面发展的人为中心；转变教学理念，变“让你学”为“我要学”；以学生为主体，构建有效互动教学模式。

二、实践要求

马克思主义实践观认为实践涵盖了人的全部生活，是人类的根本存在方式。实践作为人的活动方式和存在方式，能动地作用于外界对象，成为人的本质力量的确证。实践在不断寻求新的发展的过程中创造新的自我。坚持理论与实践相统一是马克思主义认识论的根本要求，也应当成为新时代思想政治理论课的基本原则。

习近平总书记在关于思政课要坚持理论性与实践性相统一的论述中指出，用科学的理论培养人，重视思政课的实践性，把思政小课堂同社会大课堂结合起来。这里讲的“小课堂”就是在学校里所学的理论知识，“大课堂”就是社会实践。高校思政课不仅要在理论上使学生掌握认识世界的科学理论，更要引导学生投身社会实践，运用所学理论去认识和改造世界，并在实践中检验理论的科学性。这是马克思主义认识论的内在要求，也是思想政治理论课真正实现育人效果的重要方式。习近平总书记的阐述强调的就是要把理论与实践结合起来。

大学生实践于中国社会主要矛盾统一体中，运用理论观察社会，思考

① ［美］卡尔·罗杰斯，杰罗姆·弗赖伯格：《自由学习》（第 3 版），王烨晖译，人民邮电出版社 2015 年版，第 21 页。

和研究社会问题，验证理论的科学性，这对促进大学生社会化进程、提高其思想政治素质具有重要意义，是对马克思主义实践观的具体运用。

思政课既是理论课，也是以实践来支撑理论的课程。这里的实践，包括两方面，既包括教育者——思政课教师自身的实践，在实践中积累丰富的素材支撑理论；也包括受教育者——大学生的亲身实践，在实践中磨砺品行意志。最终实现思政课实践教学体系化、实效化、生动化、有趣化。《标准》对思政课实践教学专门制定一项指标，将“实践教学纳入教学计划，统筹思想政治理论课各门课的实践教学，落实学分（本科 2 学分，专科 1 学分），教学内容、指导老师和专项经费”。并规定了实践教学学分。“实践教学覆盖全体学生，建立相对稳定的校外实践教学基地。”

口述党史是一门实践性很强的学科。该学科的一项基本要求，就是深入社会实际，通过访谈、调查来搜集和挖掘党的历史资料。在这个学科实践中，一方面，学生能够验证课堂上讲的党史知识是否正确；另一方面，通过亲自观察，深化对党的历史的认识，进一步涵育爱党爱国情怀。党史教育与思政课教学在课程目标上以立德树人为共同目标；在课程内容上以党的诞生、发展和历史性成就为共同内容；在课程价值上以思想教育和政治教育为共同价值。因而，党史学习教育与思政课教学有高度的契合性。

毛泽东在《实践论》中说：“实践、认识、再实践、再认识，这种形式，循环往复以至无穷，而实践和认识之每一循环的内容，都比较地进到了高一级的程度。”口述党史纳入思政课教学，所遵循的正是这一理论和过程。

第三节　口述党史应用于思政课教学存在的问题及成因

口述党史融入高校思政课教学是一个新课题，也是一个创新性尝试，必然存在一些问题。这些问题的出现，一方面是因为口述历史方法的应用本身就存在一些需要探讨的问题，将这种研究方法适用于党史学科中，存在学科之间的对接与契合问题；另一方面是因为党史是政治属性很强的学科，运用口述历史研究法进行党史研究时，由于口述历史研究法运用于其他学科领域不怎么受局限的惯性做法，便很自然地进入党史研究中，然而这是党史学科所不容许的；再一方面，还有来自社会自媒体、历史虚无主义以及教学中各种因素的影响。对此，文中提出的对策建议中，把口述党史资料库的建设作为重点内容进行阐述，具有示范性。

口述党史存在的问题很大部分来自口述历史研究法存在的问题，这主要是因为治学者的态度与学养欠佳。口述党史运用于教学，也遇到了教学因素中向来存在的问题，比如师资水平、教学方法、教学环境、学生重视程度、课程考核与评估等问题，下文将详细指出问题并针对问题分析原因。

一、存在的问题

两方面的主要原因使口述党史出现不尽如人意的地方（有的称之为“乱象”）。一是口述历史的社会认同程度低。作为历史创造者的人民群众，尚缺乏参与口述历史的自觉性；而从事口述史实际应用的人，还没有深厚的口述历史素养。在对中国历史做口述史研究时，访谈人员发现人们往往囿于革命史而使口述历史带有浓厚的政治色彩。受此局限，调查人员难以将口述历史研究方法与党史研究把握得恰到好处。二是从口述历史学科层面上讲，口述历史是专业性很强的工作，访谈后的录音整理、校对、考证、增补、删减等工作，需要有深厚的口述史学素养和学养。目前，口述史存在被误用、乱用的现象，甚至出现冠以口述史之名，实为访谈录、回忆资料乃文件汇编的情况，[①] 这些问题较为严重。台湾口述史学者许雪姬曾讲：“存真是口述史的最高原则。”[②]

（一）良莠不分，口述历史“注水”

有的口述史内容并没有经过严格的学术处理，没有体现口述史学科的特点。比如，关于抗战时期日军强迫泰山挑山工为其运送给养、武器弹药

① 王宇英：《近年来口述史研究的热点审视及其态势》，《重庆社会科学》2011 年第 5 期，第 107 页。

② 陈柳燕：《许雪姬谈台湾 30 年口述史——让小历史对应大历史》，《香港商报·生活与人文周刊》，2015 年 12 月 27 日。

等物资，以及日军强迫泰山石匠篆刻“皇道无边”侵华标语。这些口述史料，都是通过访问挑山工的后人获得的。这个选题应该说是非常有新意的，也是对日军侵华期间奴役中国人民研究的拓展。因为是间接访谈，更有必要对获取的口述史料进行严格的推敲、比对、考证、辨误。但是，有的访谈者认为反正资料缺乏，难以查证，就想当然地把个人的主观推断、没有依据的结论、想象的情节，从情感出发把对日本侵略者的痛恨写进去，夸张历史真相，甚至把自己的观点添加进去，出现真伪杂糅问题，大大降低了选题的质量，损害了口述历史的学科声誉。

（二）专题文件或工作总结汇编，冠以“口述历史”

党的历史发展中，文件、会议纪要、工作总结等是重要的党史研究资料，含有重要的历史线索，具有重要的党史口述历史研究价值，但这些资料本身并不是口述历史。有学者将某一个历史阶段关于某一项工作的文件、领导讲话、工作总结罗列成册，在这些资料的文末编写题注，使之看上去有口述史的“味道”，书名冠以“××口述历史”，或者打口述历史擦边球，冠以“口述实录”“口述史料”等。“口述史是研究者对口述史料的加工、整理、研究和提升，而不是口述史料的简单复原。”[①] 上述情况是一种对待口述历史不严谨、不慎重的态度。

（三）浅尝辄止，草率定论

口述史是历史与现实的交融，要整合历史研究、理论探讨和实践研究，耗时耗力，工作艰苦，如果没有深厚的史学素养是难以完成的。做口述史“可能是一言难尽的绝大错误”，是“默默无闻、薪金低微、福利全无、对本身职业前途有害无益的苦差事”。[②] 这本是口述史的魅力和价值，但有些口述史作者却望而却步，浅尝辄止，完全没有遵守口述史学术规范便草率定论。如日军侵占泰安时，在山东省泰安地区泰莱平原设置特务机构“泰莱特别自治实验区”。关于这一实验区的罪行，党史文献资料和当

① 王宇英：《近年来口述史研究的热点审视及其态势》，《重庆社会科学》2011年第5期，第109页。

② 唐德刚：《史学与红学》，广西师范大学出版社2008年版，第124页。

事人的回忆资料都有明确的记载和阐述，广为人知。但是，这一作为日伪反共的重要机构，其成立时间、撤销时间、撤销后日伪人员流转及最终灭亡时间，资料记载出入极大，这些都是应该搞清楚的问题。但由于资料缺乏，当事人均已离世，有些做“泰莱特别自治实验区”口述史的人，就不再钻研，而采取“推定”方法，大体“定论”上述历史问题。结果把本来就难以搞清楚的历史问题搞得更加复杂，干扰了研究的正常进行。

（四）访谈史料当作口述历史，学科界限模糊

有些口述史实践者，仅仅停留在访谈录和口述史料的搜集与整理上，未对其进行口述史研究。如对山东抗日根据地地下情报工作的口述史研究，有的著书将参加过地下情报工作的不同层面的人物谈话录音整理成文档，在经过简单的编纂之后，加上前言和后记，一本关于地下情报的“口述史著”就出炉了。其实，这些成果只是访谈资料集，是“口述资料”，离口述历史的学术水准尚有很大的差距。“口述史固然是访谈的结果，但并非所有的访谈都是口述历史。”①

（五）“大家”都能做口述史，口述史实践者泛化

2019 年，唐纳德·里奇的《大家来做口述历史》（第三版）由当代中国出版社出版，此书推动了口述历史研究的发展。但这本书也让人产生错觉：似乎各行各业的人都能够做口述史。需要明确的是，此书是想推动口述历史研究的普及，含有口述历史并非少数史学家专属、研究的队伍和人员要广泛的愿望，同时也强调了口述历史更要提倡实践性和大众化。在这里，不能对唐纳德·里奇所讲的“大家”，庸俗化地理解为所有社会成员。“大家”并非指所有人，这里隐含的意思是做口述历史，要具有史学素养，并知悉口述历史的学术规范。没有经过学术训练，不懂得口述历史规范的人，应不属于唐纳德·里奇所说的“大家”。如果由这样的“大家”来做口述历史，成果必然是不规范、可信度低的。② 实践中经常遇见想做口述

① 王炳林：《中共党史学科基本理论问题研究》，北京人民出版社 2021 年版，第 306 页。

② 王宇英：《近年来口述史研究的热点审视及其态势》，《重庆社会科学》2011 年第 5 期，第 110 页。

历史的人，但当他们听说做口述历史是一项耗时又耗力的艰苦工作，难以在短时间内出成果时，便“知难而退”。原来，他们眼中的口述历史，只是将口述人说的话转换为 Word 文档而冠以“口述历史”而已。他们试图推出“快餐式”成果，带有极强的功利性。

口述历史对相关问题进行实证性探究，不仅有利于推动中共党史口述研究的健康发展，也能增进我们对“以人为本”“底层关怀”的深入理解和践行。[①] 口述党史资料能够增强党史研究的完整性，有利于增加党史研究的地方特色，有助于增强党史研究的生动性。[②] 正如胡乔木所讲：“从大量的史料中去选择、去剪裁。书中有一些历史发展过程中的直接镜头，让人看了以后有一种身临其境的感觉，有一种历史再现的感觉。”[③] 但是，目前口述历史出现的上述问题，如果不认真地矫正，就会影响口述历史的良性发展。

（六）学生党史学习参与度不高

口述党史是口述历史研究方法在党史研究中的应用和实践。大学生对党史学习认同与否，直接反映大学生对口述党史的学习是否有积极性。2024 年，长江大学马克思主义学院刘小燕、黎娟对武汉大学、华中师范大学、湖北大学、长江大学等 6 所高校的大学生，围绕党史学习的态度、意义，党史知识的了解等现状做了问卷调查。党史学习动机和态度数据分布如表 2-7 所示。

① 王炳林：《中共党史学科基本理论问题研究》，北京人民出版社 2021 年版，第 299 页。

② 彭建伟，郑艳丽：《编写地方党史正本如何合理利用口述历史资料》，《红广角》2013 年 8 期，第 47 页。

③ 《胡乔木传》编写组：《胡乔木谈中共党史（修订本）》，人民出版社 2015 年版，第 291 页。

表 2-7：大学生党史学习动机与学习态度数据表

选项		占比
动机	关心党和国家大事	79.00%
	提高政治素质	79.33%
	职业发展需要	49.00%
	应付考试需要	30.67%
	兴趣爱好	34.00%
	其他原因	9.67%
态度	积极主动、追求进步	77.00%
	主动性一般，听学校安排	41.67%
	看别人学，自己也跟着学	5.00%
	打发时间或结交朋友	5.00%
	被迫学习	3.33%

数据来源：刘小燕，黎娟《大学生党史学习教育的现状调查与优化举措——基于湖北六所高校的调查分析》。①

选择“关心党和国家大事”的占 79.00%，选择“提高政治素质”的占 79.33%，由于是多选题，二者的选择可能存在交叉。但“职业发展需要”“应付考试需要”“兴趣爱好”及“其他原因”不能被认为是思政课意义上所讲的正确的党史学习的动机。“关心党和国家大事”及“提高政治素质”的选择均不到 80%，说明还有相当多的学生党史学习的动机带有很强的功利性。在功利性驱使下，大学生学习党史的参与度不会高。在关于大学生学习党史的态度调查中，只有 77.00%的学生是积极主动的，其中部分学生同时选择了“主动性一般，听学校安排”。可以断定，20.00%以上学生学习党史的态度是被动的，主动性欠缺。在对党史的了解程度的调查中，“基本了解”和“非常了解”占 80.66%，值得注意的是，“不太了解”和“完全不了解”的竟达到 22.00%，甚至有 12.00%的学生竟不知

① 刘小燕，黎娟：《大学生党史学习教育的现状调查与优化举措——基于湖北六所高校的调查分析》，《决策与信息》2024 年第 7 期，第 96 页。

道中国共产党的诞生的年份。

部分大学生学习党史的出发点和态度不端正、学习党史的积极性不高、党史知识匮乏的现象较为严重，这使高校开设党史学习具有急迫性、必要性，且高校党史教学水准整体性有待提高。

二、原因分析

产生上述问题有几方面的原因：一是从口述历史研究方法的理解和运用来讲，在指导思想和使用上出现偏差；二是从高校思政课教师自身来讲，要提高将口述历史研究方法运用于党史教学中的自觉性；三是自媒体相关内容也对口述党史产生一定影响。

（一）口述历史研究思想方法方面

1. 研究思想方面

“没有科学的历史观，很难有正确的历史研究。”① 习近平总书记指出：“有的夸大党史上的失误和曲折，肆意抹黑歪曲党的历史、攻击党的领导；有的将党史事件同现实问题刻意勾连、恶意炒作；有的不信正史信野史，将党史庸俗化、娱乐化，热衷传播八卦轶闻，对非法境外出版物津津乐道，等等。”② 前述种种问题的出现，真正原因是研究者应秉持的正确的立场和原则尚未完全形成，没有树立正确的党史观。在中共党史研究中，必须坚持马克思主义辩证法。毋庸置疑，口述党史研究亦应遵循马克思主义辩证法。目前，口述党史方面出现的种种问题，从某种程度上讲，都是在整体上偏离了马克思主义辩证法所导致的。历史观是基础，辩证法是核心，二者统一于马克思主义辩证法中。马克思主义历史观确立了对待历史的基本态度，决定如何解释历史，不同的历史书写基于不同的历史观；马克思主义辩证法运用于马克思主义历史观，研究人类社会历史的演进、形态和规律。马克思主义辩证法使生产力与生产关系、经济基础与上层建筑历史发展的根源和动力问题得到了科学说明。作为整个社会科学的方法

① 王炳林，石卓群：《运用口述史方法深化中共党史研究》，《中国青年社会科学》2021 年第 4 期，第 6 页。

② 习近平：《在党史学习教育动员大会上的讲话》，人民出版社 2021 年版，第 24 页。

论，同样适用于党史研究，将马克思主义辩证法贯穿到党的历史研究中以探求历史发展规律。

党的革命和建设历史是马克思主义辩证法的研究对象之一。党史学的研究意义在于通过研究党的历史过程、现象和事实，揭示党的历史发展规律，不断提出和解决问题。而马克思主义辩证法作为科学的历史研究方法论，通过研究历史现象和过程，来揭示客观真理。在这里，党史学的研究意义与马克思主义辩证法的研究任务是一致的。把马克思主义辩证法贯穿于党史研究中，要对历史事实作出说明并在此基础上揭示历史发展规律。党史研究需要借助马克思主义辩证法用科学辩证思维去归纳概括客观规律，实现主观与客观的辩证统一。马克思主义辩证法在党史研究中提供给我们的范畴是历史如何在对立统一中运动，如何在质量互变中转化，如何在否定之否定中前进，只要遵循，就能使我们揭示党史发展规律。

对党的历史发展的主题和主线的研究要运用马克思主义辩证法。中国共产党自成立以来，就把领导中国人民争取民族独立、人民解放和实现国家富强、人民富裕作为自己的两大历史任务，这是党的历史发展的主题和主线。经过艰苦卓绝的奋斗，推翻了帝国主义获得民族独立，推翻了封建主义、官僚资本主义获得了人民解放，经过社会主义革命和建设、改革开放，逐步实现了国家富强、人民富裕。这是中国人民近代以来持续奋斗的产物。只有把党领导人民实现民族独立、人民解放，国家富强、人民富裕的奋斗过程置于整个近代以来历史发展的背景之下，才能认识构成党的整个历史发展的矛盾运动，才能抓住历史发展的脉络，准确把握党的历史发展的主题和主线。同时，也只有运用马克思主义历史辩证法，才能对近代以来历史事件、历史人物、社会群体之间的矛盾运动进行归纳、分析，综合、抽象的辩证逻辑思维过程，也就是从普遍到特殊，再从特殊到普遍的过程，从而对党的历史主题和主线作出最一般、最基本的本质抽象。否则，就会偏离科学的辩证思维方法，就不可能对党的历史进行科学的认识和归纳。①

马克思主义辩证法在中共党史研究中的功能，要求进行中共党史研究应该有更加广阔的视野，只要是坚持马克思主义辩证法，只要是反映党的革命和建设重大成就和历史经验，只要是准确把握党的历史发展主题和主线的研究，就都应该进入历史学家、党史研究学者的研究主页。那么，在进行党史研究时，就应该摒弃传统思维定式的影响，敢于、甘于并以欣赏的态度去发挥口述历史研究法的作用，而不是对口述历史研究法求全责备。我国港澳台地区及国外很多著名史学家，在口述历史研究方面卓有建树，就是以开放而不是保守的姿态接纳口述历史研究法的成果。

2. 慎重处理口述史料

一是区别对待回忆录、访谈录等史料。有的回忆录、访谈录并不符合史料学规范，尤其是非权威出版机构出版的著述。著者并未按照历史学规范著述，故有的回忆录、访谈录粗糙不堪，不符合口述史规范。如果引用或将此类资料作为史料对待，不仅会降低口述历史的史学价值，也会贬损史著者的史学素养。二是史料互证。如果口述史料的主观性更加突出，那么人们更加习惯于质疑口述史料的真实性。如何处理这个矛盾？应将二者平等地对待，不能先入为主地认定一个是真实的，而用另一个来证实、证伪。二者均有各自的局限性，其关系应是互补的。历史过程的丰富性、复杂性使这种互补只能是也应该是有限的、接近真实的。“一个全面的历史是终极目标，但是永远不可能实现。”② 不断地去接近真实，是口述访谈的魅力。对同一问题有不同的口述史料结论，就要将这个口述资料与档案、其他口述资料、文献资料进行比对、推敲，以求准确。如果出现不同类型史料对同一事件的阐述不一致，文字资料就具有一定的权威性，但也不是绝对的。文字资料的权威性依次为原始档案、文件、中共领导人及各方面活动家的选集（文稿、文集）、报刊、年谱、日记、回忆录、研究论文等。三是史料搜集中的“拿来主义”，将史料不加区分地拿来。只要是口述史

① 王炳林：《中共党史学科基本理论问题研究》，北京人民出版社 2021 年版，第 196—198 页。

② 李向平，魏扬波：《口述史研究方法》，上海人民出版社 2010 年版，前言第 2 页。

料，“便和朋友们像白菜萝卜一样吃掉”，便是精华与糟粕混为一谈。这样的口述史料鱼龙混杂，使党史研究庸俗化①，结果是“说了许多历史，反而看不到历史”②。上述问题的出现，根源在于没有正确的史学观，或者讲，是在错误的历史研究思想指导下进行的口述历史活动。

已有历史信息和史料是按照一定的时间序列和因果逻辑编纂而成的。存在于一定时间序列和因果逻辑之外的历史信息，往往不被“列入”史料编纂。然而，它们仍有流传后世的价值。如何保存这类史料呢？口述历史工作者要另辟蹊径，冲破固有的“结构化”的史料生产机制，运用口述访谈方式，挖掘与搜集冰山一角之外的丰富的史料。冯筱才教授讲，研究者要敢于打破固有的史料产生机制，重构史实。否则，就只是重复文字史料的内容。

（二）思政课教师学科素养方面

1. 思政课教师党史教学素养有待提高

一是戒躁。躁，在学术研究中的表现就是难以秉持“十年磨一剑”的执着精神，试图推出“快餐式”成果，以满足功利性需求。在目前口述历史理论研究成果落后，对口述历史的学科性质及口述历史学术规范尚处在进一步深化研究并完善的情况下，一些人便借口“边研究边提高边规范”，将与口述历史相关的资料、史料冠以“口述历史”，迅速推出“口述史”研究成果。将历史文件、讲话稿、日记等辑录成册，且美其名曰“某某口述历史”，这是不尊重历史、阉割口述历史学科含义的急功近利之作。

二是提升史学素养，重点是史学敏锐性。做口述历史，如果没有史学素养，便是瞎子摸象，难以把散乱的口述史料用历史的逻辑形成整体。基于史学素养的敏锐性，是形成口述历史研究成果的关键，能够校订口述资料的谬误，洞察口述史料的价值，理解口述人的情感，标注口述史料的背景。③

---

① 王炳林，石卓群：《运用口述史方法深化中共党史研究》，《中国青年社会科学》2021 年第 4 期，第 8 页。

② 《胡乔木传》编写组：《胡乔木谈中共党史》，人民出版社 2015 年版，第 61 页。

③ 王炳林：《中共党史学科基本理论问题研究》，北京人民出版社 2021 年版，第 312 页。

例如，在对红军老战士进行访谈时，他谈到遵义会议是中国共产党独立自主地解决中国问题的一次重要会议。这里为什么说是“独立自主”？经查阅史料得知，当时中共中央是在与共产国际失去联系的情况下召开的遵义会议。因为当时的电台功率太小，中共上海中央局又连续遭到国民党白色恐怖的迫害，故与共产国际失去联系。在此之前，作为共产国际的一个支部，中共中央召开重要会议必须征得共产国际的同意后才能进行。又如，在访谈一位党史理论工作者时，他说，中共二大确立了反帝反封建的革命纲领，经过28年艰苦卓绝的奋斗，终于推翻了“三座大山”，成立了新中国。出于学术敏感，作者提出了这样一个问题：推翻“三座大山”中的推翻官僚资本主义，是在什么时间被确立为党的革命路线的？中共二大确立的是反帝反封建的革命纲领，里面并不包含“反对官僚资本主义”。这是一个重要问题，同时也是一个很有价值的学术问题。当时口述人没有回答。访谈后，经过查阅《毛泽东选集》《毛泽东文集》等党的历史文献，答案是毛泽东在1947年12月《杨家沟中共中央扩大会议上的讲话》首次提出“反对官僚资本主义”：“反对美帝国主义，打倒官僚资本主义，打倒封建主义，这三个目标是立得正确的。”① 1948年4月1日，毛泽东在《在晋绥干部会议上的讲话》中，将“反对官僚资本主义”正式作为新民主主义革命的内容，阐述了中国新民主主义革命的含义：“无产阶级领导的，人民大众的，反对帝国主义、封建主义和官僚资本主义的革命，这就是中国的新民主主义的革命，这就是中国共产党在当前历史阶段的总路线和总政策。”② 如果没有史学敏锐性，就不能捕捉到口述人所阐述的信息，也难以发现有价值的问题。

2. 思政课教师口述党史教学自觉性偏低

口述党史高质量融入党史教学，首先要具备主观能动性。口述党史融入党史教学意识强、思维新、视野广，是发挥教师主导作用，增强课堂吸引力与感染力的首要前提。

---

① 《毛泽东文集》第4卷，人民出版社1996年版，第334页。

② 《毛泽东选集》第4卷，人民出版社1991年版，第1316—1317页。

首先，要有围绕口述党史教学开阔视野的意识。具有广阔的视野、纵深的党史知识背景是思政课教师提升教学水平的必备素质。自觉学习百年党史奋斗重大成就和历史经验，将党在百年奋斗中在政治经济文化等各个领域取得成就和经验，通过自我领会变为课堂教学内容。对于党史问题、现实热点问题要放在建党百年甚至整个中国近现代史的历史视野中进行阐释和考察，就会有清晰的轮廓和脉络，就不会迷失方向。

其次，要有搜集与整理口述党史教学内容的意识。信息技术的发展促进了多途径、多视角呈现口述党史的实践。只要有搜集意识，便能捕捉较为丰富的内容。一是信息平台来源。抖音、快手、博客、微信等自媒体平台有非常多的口述党史资料。“学习强国”更是口述党史的宝库，且权威，可直接用于课堂教学。二是口述史文稿等来源（这部分在“口述党史资料库建设”一章中详论，此处略）。

再次，要有鉴别口述党史史料真伪的意识。思想上的懒惰或者大意，甚至些许的想当然，便会暴露出口述历史研究的痼疾——真实性缺失。一些所谓传统的严正的“史家”，常常抓住口述历史的这一小辫子展开攻讦。这一攻讦益于口述历史日臻完善。从权威学习平台、权威出版物等途径获取的党史口述史料，只要适合党史教学需要，便可直接引用。从自媒体得来的口述史料，新颖、生动、珍贵，但应给予高度警惕，要仔细查阅历史资料，慎重审校，万不可想当然。

最后，要有运用口述党史资料的自觉。这种自觉基于对口述党史教学价值的深刻领悟和欣赏，对于党史与口述党史研究差异的准确辨析，以及对通过自我劳动获取的口述党史史料的钟情。学生在课堂上对口述党史教学内容的认同和积极反应，也激励了教师的这一自觉。

3. 口述党史教学内容挖掘不足

目前，高校党史教学内容尚无统一教材，任课教师根据上级相关文件精神和所在马克思主义学院制定的人才培养方案要求，结合自己对党史课的理解，组织教学内容。有的教师（占大部分）直接将“中国近现代史纲要”“社会主义史”“改革开放史”的内容搬到党史教学中。造成所选内容不统一、内容重点不统一、考核标准不统一，教学效果参差不齐。但在此情势下，口述党史内容的教学应用不仅不能列为“遑论”言说，而且要予以足够重视。

高校思政课的育人宗旨、教学效果、课堂魅力要求口述党史必须进入党史教学日程，并落到实处。口述党史教学内容必须在党史教学中发挥积极作用。

传统的党史课教学，主要是讲党的历史上的重大事件、决策，重要人物和重要会议，如西安事变，讲授的内容不外乎背景、导火线、时间、发生地、内容（过程），最后是历史意义。学生为应付考试去死记硬背，枯燥得很，哪有什么学习的积极性。但如果将《张学良口述历史》（唐德刚撰写，中国档案出版社2007年版）中关于西安事变时周恩来在西安谈判过程中精彩绝伦的外交才华、劝阻张学良切勿陪同蒋介石去南京的殷切挽留引入教学，会极大地引起学生的兴趣，增强西安事变内容讲解的吸引力和感染力。

由于种种历史原因，党史重大叙事的一些文献和史料缺乏的历史细节需由口述党史来完成。党史教学意义上的口述党史内容包括：①党史宏大叙事中经常被覆盖的党史人物的精神风貌、人生体悟和心路历程，这些细节充盈着革命烈士、英雄人物、先进模范所铸就的共产党人精神谱系和时代价值；②普通民众眼中的党史，是鲜有文献记录的对党史研究有重要价值的史料；③当事人、目击者、知情人的口述史料，是党史史料的重要组成部分和补充。

口述历史研究法与众多学科领域的结合，使口述历史已经形成兼具传统和创新特征的多元呈现与传播形式，主要有书籍出版、报纸连载、纪录片、广播节目、音频与有声读物、语音导览、舞蹈设计与网络平台、博物馆与多媒体展览、戏剧作品、文化保护与遗产计划等。[①] 在这些口述历史载体与传播形式中，党史内容丰富，教学及研究价值极高，但尚未挖掘、整理、保存，并用于教学。

① 杨祥银：《以口述历史加强党史学习教育》，《中国社会科学报》2021年7月1日A07版。

（三）社会自媒体口述党史资料的真实性参差不齐

数字技术的快速迭代更新，尤其是AI技术的飞速发展，大大促进了口述历史研究的发展。抖音、微博、博客等自媒体平台不乏严谨的历史爱好者，其关于某一方面历史问题的研究甚至可能超过历史学家，正所谓“高手在民间”。他们所用史料的稀有性和真实性、引经据典的规范性、引人入胜的趣味性，以及新颖的研究视角、精准的遣词造句、严密的逻辑思辨、迥异的叙事风格等，使他们成为“热搜”“网红”，赢得了社会的广泛赞誉。另一方面，这些作品也掺杂着个人的主观判断，有的甚至歪曲历史，鱼目混珠，良莠不齐。这类史料的大量出笼和广泛传播，对思政课教师、大学生均产生不良的误导与影响，这也是大学生对党史课堂教学参与度低的原因。但作为思政课教学资料来源，师生对丰富多彩、纷繁复杂的“民间资料”要本着去粗取精、去伪存真的态度去筛选。

高校思政课是大学生思想政治教育的主渠道，是提高大学生思想政治素质的主阵地。习近平总书记在《思政课是落实立德树人根本任务的关键课程》讲话中指出，办好思政课，要放在世界百年未有之大变局、党和国家事业发展全局中来看待，要从坚持和发展中国特色主义、建设社会主义现代化强国、实现中华民族伟大复兴的高度来对待。必须强调思政课建设，要从维护国家意识形态安全、培养社会主义建设者和接班人的高度来抓好思政课建设。高校思政课的重要性无论怎样强调都不过分。2021年，成都中医药大学马克思主义学院的阳李、杨茗和苏森森3位教师，为了解高校思政课的建设状况，采用问卷调查方式，对全国13所高校的1323名大学生进行调查。调查结果表明：由于党中央长期以来高度重视，我国高校思想政治理论课建设已取得巨大成就，大学生对思政课的设置意义、目的和重要性有了正确的认知，总体上对思政课的满意度高。例如，对于“思政课的满意度”调查数据表明，“非常满意”占36.51%，“比较满意”占40.44%，“一般满意”占18.67%，满意以上的达95.62%；“非常不满意”和“不太满意”占4.38%。这表明，绝大多数大学生对思政课建设是满意的。[①] 但不容忽视的是，对于占 18.67%“一般满意”态度的大学生，说明思政课尚未完全入心入脑；占 4.38%“非常不满意”和“不太满意”态度的大学生，对思政课“不喜欢”甚至“排斥”。这就应该主要从学生、教师和学校层面分析原因。

① 阳李，杨茗，苏森森：《新时代高校思政课建设成效及其影响因素研究——基于全国 13 所高校的实证分析》，《潍坊学院学报》2022 年第 4 期，第 83—86 页。

第三章　口述党史融入思政课教学的创新探索

口述党史既是党史研究的方法，也是党史学科的一个分支，内容相当丰富。故口述党史宜作广义而不是偏狭的认识和理解。直接就口述人口述内容整理而成的文稿是口述资料，而就实地访谈调研资料整理而成的著述、党史人物言论、回忆录、回忆文章、访谈录、日记、书信、报告、讲话等亦属口述党史史料。之所以可以将上述多种文稿形式视为口述史范畴，是因为其产生的方式、过程及风格特点不同于单纯的理论论证，且记录史实。

唐纳德·里奇在《大家来做口述历史》中强调的是“做”，也就是实践性，也可以理解为大众化、人民群众性。这应该是唐纳德·里奇的本意。在历史研究传统思维定式的影响下，底层人——小人物陈述历史的能动性和历史的具象往往被忽略掉，底层社会看历史的自觉常常被“自上而下”书写、诠释历史的惯性所屏蔽，带有时代感的人生细节，历史的鲜活、杂糅与丰满也被淡化甚至被淡出，口述历史的探索兴趣和价值就这样荡然无存。口述历史“是革命性的，它给了普通人话语权，它从下至上解读历史，改变了解读历史的方式”，即“话语权的大众分享”。[①] 大众重获口述历史话语权，可以使普通人的生活、社会的变迁、人民大众对历史的

① 席郁兰：《口述历史核心是话语权分享——“对话历史学者李娜”》，《重庆青年报》2014年8月28日第4版。

认识更多地走进史学领域，从而有助于：①把“自上而下”与“自下而上”的历史叙事贯通起来，使历史变得“骨感”且“丰满”；②由简单的“证伪”“证实”历史研究考证层面向口述历史学科整体研究层面抬升。在课堂教学中，如能将诸如此类的史料作为口述史料加以援引，便可显著增强党史教学效果。

第一节 口述党史教学内容创新

党史教学内容立足于党史史料，尤其是宏大的党史叙事史料，但这有局限性。本书从思想理论、事件、人物、实物四个方面对口述党史史料进行分类，并做了初步分析。文中记述的党史史料，部分是根据自媒体平台资料整理的，较为珍贵，对口述党史教学具有借鉴作用。

微信公众号“红船融媒”平台播出曾任少共国际师政委萧华之女萧霞关于萧华与少共国际师的口述访谈；“司马南频道”视频号中“一个你不知道的宋美龄”等；“有故事老王”栏目的“一号档案库”中“最危险的叛徒顾顺章”“中印边境自卫反击战”等；“红雨煮剑”视频号中“最先攻入汉城——志愿军50军脱胎换骨，从杂牌到封神”等；“探影局档案”以收藏记忆、经典和有价值的影像为主，开设“历史人物”“历史影响”“日军暴行”“奉天往事”“铭记历史”“勿忘国耻”“志愿军”“朝鲜战争”“战犯”“历史名人”栏目，播出珍贵的历史资料；“明哥——江湖往事”讲述青岛黑社会性质组织历史，是研究党和国家开展扫黑除恶专项斗争的重要口述史料；等等。

自媒体制作人为了专业兴趣、展示史学素养、增加播放量等原因，对制作的栏目可谓精益求精、一丝不苟，虽算不上是严格意义上的口述历史，但仍有极为重要的价值和意义。一是历史研究大众化程度提高。小人物阐述自身历史有了资格和平台，民众研究历史有了推介研究成果的媒介。社会公众参与历史研究的广度和深度在加强，历史研究已不再是史学家专属。二是为历史研究提供了稀有的、丰富的珍贵史料。自媒体人借助AI技术手段，将老化的、濒临灭失的影像制品复原，永久保存。借助大数据、云计算技术手段，可以很便捷地检索到相关口述资料、口述访谈视频、影像资料，可谓“音像资料数据库”。对这些资料的真实性加以考证后，是完全可以作为党史教学素材的。

一、思想理论史料

口述党史史料意义上的思想理论，是指对党史、社会历史发展的本质和规律性认识。口述党史亦为思想理论的存在方式，同样具有抽象性与逻辑性的理论特点。口述党史思想理论又分属不同领域，在思政教学中可援引。结合教学实际，主要有以下应用。

（一）历史自信的史料

习近平总书记指出：“让正确党史观更深入、更广泛地树立起来，让正史成为全党全社会的共识，教育广大党员、干部和全体人民特别是广大青年坚定历史自信、筑牢历史记忆，满怀信心地向前进。”① 为使广大青年学生通过学习党的历史，加深对中国共产党的认同，铸牢历史记忆，在进行思政课教学中，尤其是在党史教学、中国近现代史纲要课教学、国史教学、毛泽东思想和中国特色社会主义理论体系概论教学中，结合这些课程的具体章节内容，恰如其分地把中共党史口述史料切入进来，会刷新学生党史观、党的思想理论观等。

从1840年鸦片战争到1919年五四运动的时期，既是中华民族的屈辱史、抗争史，更是中国人民革命道路的探索史。这一时期，国家蒙辱、人民蒙难、文明蒙尘。十月革命后，李大钊最先由民主主义者转变为共产主义者，在中国大地率先举起马克思主义旗帜。1918年12月，李大钊在《布尔什维主义的胜利》一文中自信地响亮地预言：“试看将来的环球，必是赤旗的世界!”对共产主义在全世界的胜利展现出巨大的历史自信。在共产国际的指导下，1920年2月，陈独秀、李大钊交换了建党意见，相约在上海和北京进行建党活动，史称“南陈北李，相约建党”。

土地革命战争时期，当革命的力量还是星星之火的时候，当社会环境

① 《习近平谈治国理政》第4卷，外文出版社2022年版，第546页。

充满国民党白色恐怖的政策时，毛泽东用无产阶级的宇宙观作为观察国家命运的工具，作为分析中国革命发展的方法论，自信地提出“星星之火，可以燎原”，满怀信心地预见革命高潮的到来。他说：“它是站在海岸遥望海中已经看得见桅杆尖头了的一只航船，它是立于高山之巅远看东方已见光芒四射喷薄欲出的一轮朝日，它是躁动于母腹中的快要成熟了的一个婴儿。”①

（二）组织建设的史料

1938年9月29日至11月6日，中共中央召开六届六中全会。这次会议是中共党史上一次非常重要的会议，毛泽东将其与遵义会议并列为党史上“两个重要关键的会议”，甚至强调“六届六中全会是决定中国之命运的”②，为什么？1938年9月14日至27日，中共中央召开政治局会议。这次会议是为中共六届六中全会预备的。会议第一天，王稼祥传达了共产国际总书记季米特洛夫的口信，其最重要的内容就是承认毛泽东是中共领袖。季米特洛夫的口信是：“中国党在毛泽东朱德同志的领导下，路线是正确的。中国党的领袖是毛泽东同志。全党应该团结在毛泽东同志的周围。王明同志不要再玩花样。”③ 季米特洛夫的这些话在当时是对毛泽东的最大支持，这是确定无疑的。据李维汉回忆：“季米特洛夫的话在会上起了很大作用。从此以后，我们党就进一步明确了毛泽东的领导地位，解决了党的统一领导问题。”④ 1938年9月29日，中共中央召开六届六中全会，会议批评了王明在抗日民族统一战线中的右倾错误，确定了毛泽东在全党的领导地位，并形成会议决议。遵义会议解决了迫在眉睫的党的军事路线和组织路线问题，事实上确立了毛泽东在中共中央的领导地位，在生死攸关的关头挽救了党，挽救了红军，挽救了中国革命。党的六届六中全会后，王明共产国际钦差大臣的身份被否定，政治地位式微，撤销中共中央

① 中共中央文献研究室，中央档案馆：《建党以来重要文献选编（1921—1949）》（第7册），中央文献出版社2011年版，第10页。

② 罗平汉：《中共百年若干重大事件述实》，人民出版社2021年版，第130页。

③ 中央文献研究室第一编研部：《话说毛泽东》，中央文献出版社2000年版，第10页。

④ 李新芝，郑俊明：《毛泽东纪事》上卷，中央文献出版社2018年版，第263页。

长江局书记职务，确定了毛泽东在中共中央的统一领导地位，结束了王明抗战初期在统一战线问题上的右倾错误，其错误影响也得以纠正。避免了第一次国内革命战争时期陈独秀右倾错误再度发生。

（三）思想理论建设的史料

第二次国内革命战争时期，教条主义在党内有着较为广泛的影响，唯苏共经验和共产国际的指示是瞻，在革命工作中照抄照搬，甚至以牺牲民族利益为代价。博古在延安整风的自我批评中将“左”倾错误思想路线总结为：“凡是马恩列斯讲的话必须遵守，凡是共产国际的指示必须照办。”教条主义者认为“山沟里出不了马克思主义”，并没有把毛泽东看成理论工作者，反而嘲笑他只懂得《孙子兵法》。山沟里的马克思主义也是马克思主义，只要能够解决中国革命的实际问题，就是应该坚持的马克思主义。中共六届六中全会上毛泽东提出的“马克思主义中国化”重大命题，就把第一次国内革命战争时期以来形成的思想理论观点赋予马克思主义理论阐释，是力图独立自主地构建中国共产党自己的理论体系的开始。中共六届六中全会之前，中共中央派任弼时去共产国际汇报工作，也是中国共产党正确路线的展示，是中国共产党自信和成熟的彰显。

关于“左”倾教条主义给中国革命带来的危害，每每受到毛泽东的尖锐批判。在延安整风运动时期，毛泽东曾写过计有 5 万多字的 9 篇日记。他在 20 世纪 60 年代又对它加以修改，为这 9 篇日记加了一个总题目《驳第三次“左”倾路线——关于一九三一年九月至一九三五年一月期间中间路线的批判》。在这 9 篇日记中，毛泽东对教条主义进行过辛辣的讽刺和嘲讽，非常尖锐。他说：“我常觉得，马克思主义这东西，是少了不行，多了也不行的。中国自从有那么一批专门贩卖马克思的先生们出现以来，把个共产党闹得乌烟瘴气，白区的共产党为之闹光，苏区与红军为之闹掉百分之九十以上……全都是吃了马克思主义太多的亏。这批人自封为‘马克思主义理论家’，家里有成堆的马克思主义出卖，装潢美丽，自卖自夸，只此一家，别无分店，如有假冒，概不承认……直到被人戳穿西洋镜，才发现其宝号里面尽是些假马克思，或死马克思、臭马克思，连半个真马克思、活马克思、香马克思都没有，可是受骗的人已不知有几千几万，其亦可谓惨也已矣。”①

（四）武装斗争的史料

第一次国内革命战争时期，面对国民党新老右派的反共行径，党内以陈独秀为首的右倾机会主义分子，不敢支持已经发展起来的农民革命斗争，反而将其污蔑为“痞子运动”“糟得很”等。面对对农民运动的种种责难，毛泽东经过32天的实地考察，撰写了《湖南农民运动考察报告》，指出：“革命不是请客吃饭，不是做文章，不是绘画绣花，不能那样雅致，那样从容不迫，文质彬彬，那样温良恭俭让。革命是暴动，是一个阶级推翻一个阶级的暴烈的行动。农村革命是农民阶级推翻封建地主阶级的权力的革命。”② 第一次国内革命战争失败后，中国共产党人和中国人民面对国民党反动派的极端白色恐怖，“没有被吓倒，被征服，被杀绝。他们从地下爬起来，揩干净身上的血迹，掩埋好同伴的尸首，他们又继续战斗了”③。1927年召开八七会议，毛泽东在会上提出“枪杆子里面出政权”，确定了开展武装斗争和土地革命的方针。这里，讲清楚了掌握武装的极端重要性。

洛川会议后，面对敌强我弱的形势，既不能被强敌各个击破，又要打击敌人、壮大自我力量。那么，克敌制胜的法宝不是集中进行运动战，而是分散与动员群众相结合，使敌人处于游击战的四面包围之中。1937年9月21日，《毛泽东关于实行独立自主的山地游击战方针给彭德怀的电报》中指出：“今日红军在决战问题上不起任何决定作用，而有一种自己的拿手好戏，在这种拿手戏中一定能起决定作用，这就是真正独立自主的山地游击战。”④ 解放战争初期，国民党倚仗美国军事援助和数量优势，攻城略地，屡次得手，竟破坏政协决议。其骄横和恣意妄为遭到全国人民的反对和抵制，渐失民心，国民党的反动统治被淹没在人民战争的汪洋中。

---

① 罗平汉：《党史细节——中国共产党90年若干重大事件探源》，人民出版社2011年版，第104—105页。

② 《毛泽东选集》第1卷，人民出版社1991年版，第17页。

③ 《毛泽东选集》第3卷，人民出版社1991年版，第1036页。

④ 中共中央文献研究室，中央档案馆：《建党以来重要文献选编（1921—1949）》第14册，中央文献出版社2011年版，第523页。

1950 年 6 月 25 日，朝鲜战争爆发。10 月 5 日，中央讨论要不要向朝鲜派兵的问题时，彭德怀说："出兵援朝是必要的，打烂了，等于解放战争晚胜利几年。"毛泽东针对林彪提出的美军高度现代化，还有原子弹等观点，说："它有它的原子弹，我有我的手榴弹，我相信我的手榴弹会战胜它的原子弹，它无非是个纸老虎。"① 第二次阐明了他的论断。

（五）民族解放、民族尊严、国家主权的史料

1935 年 7 月，何应钦代表国民政府与日军华北驻屯军司令官梅津美治郎签订了《何梅协定》，紧接着在 1935 年底日军策动"华北五省自治"，汉奸殷汝耕企图成立"冀东防共自治政府"，华北人民面临着做亡国奴的命运。国民政府、汉奸的倒行逆施激起北平各阶层人民的极大愤慨。在中国共产党的领导下，1935 年 12 月 9 日，爆发了"一二·九"运动。

西安事变后，国共两党停止内战，一致抗日。在中国共产党的积极倡议与推动下，建立了抗日民族统一战线，实现了全面的全民族的抗战局面。那么，这是一种什么局面？1937 年 9 月 23 日，蒋介石发表谈话："战端一开，那就是地无分南北，年无分老幼，无论何人，皆有守土抗战之责，皆抱定牺牲一切之决心。"②

（六）外交战略的史料

新中国成立之初，中国共产党实行了三大外交方针，其一为"一边倒"。对于此外交方针，可以结合口述史料，从以下几方面来教学。一是确立"一边倒"外交方针的基础是孙中山 40 年和党 28 年的革命经验，是历史已经证明过了的，不是仅仅因为苏联是社会主义国家。二是"一边倒"不是照抄照搬苏联的经验，是在联合起来的社会主义阵营中保持中国独立自主的外交政策。三是新中国成立之初，要采取什么样的外交方针，世界各国包括帝国主义国家都在观望，是不是有向帝国主义国家靠拢的可能呢？"一边倒"方针的确立，旗帜鲜明地站在和平民主阵线一边，打破

① 中共中央文献研究室：《毛泽东年谱（1949—1976）》第 1 卷，中央文献出版社 2013 年版，第 205 页。

② 谭虎娃：《历史的转折：中共中央在延安十三年》，人民出版社 2018 年，第 44 页。

了帝国主义的幻想。

“另起炉灶”方针，就是不承认国民党政府与各国建立的旧的外交关系，在新的基础上与各国另行建立新的外交关系。以这个方针为指导，在新中国建立新的外交关系时，凡是要同中华人民共和国建立外交关系的国家，必须与国民党断绝外交关系；必须支持中华人民共和国恢复在联合国的合法席位；必须尊重中国主权。周恩来讲：这一方针使中国“在政治上建立了独立自主的外交关系”，“这是一百多年来旧中国的政府所没有做到的”。①

“打扫干净屋子再请客”。就是把屋子里的脏东西先清除掉，先把帝国主义与旧中国签订的不平等的条约废除掉，再与愿意本着平等态度与中国建交的国家建立外交关系。不然，帝国主义会借口与旧中国签订的条约残留搞破坏或捣乱，“打扫干净屋子”就断了帝国主义的这一念想。这一方针的最初确定是在党的七届二中全会上。周恩来解释说：“我们要在建立外交关系以前把‘屋子’打扫一下，‘打扫干净屋子再请客’”。②

二、事件史料

与党史相关的事件类历史活动多种多样，口述史料也极为丰富。截至目前，尚无对教学涉及的历史事件进行分类。结合教学实践，本书尝试对历史事件作如下划分，并示例课堂教学中口述史料的引用。

（一）爱国运动类

1935年，日军侵入华北。学生救国会为唤起民众，大声疾呼：“华北之大，已经安放不得一张平静的书桌了！”在华北冀察政务委员会行将成立时，爆发了“一二·九”爱国运动。面对国民党反动当局对学生爱国激情的涣散、压制与软化，清华大学学生认为运动过后不能就此沉寂，决心到农村去，到广大农民中宣传抗日！在中共地下党员蒋南翔、姚依林、黄华、黄敬等的领导下，清华大学生在钱伟长等人的发起下，决定组织自行

① 《周恩来选集》下卷，人民出版社1984年版，第85—86页。
② 《周恩来选集》下卷，人民出版社1984年版，第87页。

车队南下宣传。

1935年12月25日，四五十人的自行车队成立后，带着《罢课宣言书》《告民众书》等宣传品和文具纸张，顶着凛冽的寒风，从校园出发，机智地冲破北京军警阻挠，向天津进发。绕过通州，直抵香河，夜宿河西务。翌日进入北洋大学，夜里摆脱军警的追捕，在北洋大学同学帮助下，27日凌晨到达子牙河。从子牙河经过静海县，沿运河前进，经沧州、泊头、南皮、东光、吴桥，在31日到达德州。宣传队一行从天津到德州骑行近250公里，除了宣讲党的抗日主张、国民党不抗日的卖国政策，还看到了日寇肆虐下的乡村凋敝、民不聊生、田野抛荒、山河破碎的景象，现实的凄惨，更加坚定了南下抗日宣传队声讨国民党卖国行径、唤起民众抗日觉悟的信心！

从德州南行一百多里到达济南。第二天来到齐鲁大学。齐鲁大学的学生是抗日救亡运动的发起者，颇具革命精神。清华大学宣讲车队的到来，给齐鲁大学很大的鼓舞，斗志及信心倍增。这时，中共北平地下党负责人从北平赶到济南，向宣传队传达了新的任务。蒋介石为欺骗视听，在1935年12月末电令全国专科以上学校，每校派学生代表1~3人，由校长、教务长带队，到南京“聆训”，限定1月14日前到南京，15日开会。宣传队新的任务就是沿途进一步宣讲，并按期到达南京，抗议伪代表，揭露蒋介石破坏爱国学生运动的阴谋。1月7日，宣传队连自行车被何思源派人“请”上火车，并“护送”到徐州。

在徐州中学及徐州省立女中，宣传队向学生讲了平津学生的斗争、反动派的迫害、宣传队沿途见闻，宣传效果明显。后继续南行，经宿县、灵璧，过唐河、沱河，到达固镇，为了抢时间，从蚌埠乘火车到滁州，又从滁州骑车直奔浦口，经过1300多公里的艰难路程才到南京。在中央大学、金陵女大进行了广泛的宣传，为抗议伪代表做了充分准备。1月14日，宣传队训斥了伪代表，揭露了他们的伪抗日的嘴脸。宣传队骑着自行车在南京敏感地带大发传单，公开抗议，造成很大影响。他们准备在15日冲击“聆训”。不料被国民党宪兵拘押，从南京经徐州，沿陇海线西行，从郑州北上，一路被宪兵“护送”，1月26日回到北平。返校后不久，车队成立

“车社”，加入“中华民族解放先锋队”。①

“一二·九”运动之后，爱国学生尤其是津浦沿线的学生纷纷赴南京请愿，质问国民政府抗日诚意，抗议国民党当局卖国政策，沿途经过广大的农村，对农民进行广泛的宣传。表现出了国家兴亡、匹夫有责的担当精神、爱国情怀和民族解放的使命感。面对民族危机，清华大学自行车南下宣传队、平津学生南下扩大宣传团、中华民族解放先锋队等学生爱国组织纷纷成立，积极投身伟大的民族解放战争中。当下部分大学生的爱国情怀、担当精神与挺身而出的勇气有所弱化，更应该从中华民族青年运动史中汲取感召和启示。

（二）建党整党类

1921 年 7 月 23 日，中国共产党第一次全国代表大会正式会议在李汉俊家召开，大会进行到第四天，即转移到浙江嘉兴南湖的一条游船上继续进行。为什么转移？为加深对中国共产党建立时复杂恐怖的社会环境的认识，可引用陈潭秋②口述史料。“下午 8 点钟……主席刚刚宣布继续开会，楼上，客堂发现了一个獐头鼠目的穿长衫的人。当时李汉俊到客堂去询问他，他说是找各界联合会王会长，找错了房子，对不起，说毕扬长下楼而去。离李汉俊寓所的第三家，确实是上海各界联合会的会所。但是上海一般人都知道，各界联合会没有会长，也没有姓王的人。于是我们马上警觉到来人的可疑，立即收检文件分途散去……果然，我们走后不到十分钟，有法华捕探等共九人来李汉俊家查抄，但除了公开出版的马克思主义的书籍以外，没有发现其他可疑的东西，所以并没有捕到人。”③

在新中国成立后三年经济恢复时期，中国共产党进行了针对党自身建设的反贪污、反浪费、反官僚主义的“三反”运动。在党史课、中国近代史纲要课上要结合两方面进行讲解。一是结合中国共产党敢于、勇于清除

---

① 高原，钱伟长，彭平：《“一二·九”清华大学自行车南下宣传队》，载《革命回忆录》（第 20 辑），人民出版社 1986 年版，第 31 页。

② 时为武汉共产主义小组成员，中共一大代表。

③ 陈潭秋：《伟大的政党正式产生了》，载鲁林、陈德金：《红色记忆：中国共产党历史口述实录（1921—1949）》，济南出版社 2002 年版，第 12—13 页。

病症、纠正自身错误的自我革命来讲；二是结合毛泽东在党的七届二中全会的讲话，阐述毛泽东的高瞻远瞩，也使学生在学习知识中前后贯通。

（三）事件惨案类

1926年7月9日，北伐军誓师。在北伐胜利进军的过程中，发生了济南惨案，又称“五三”惨案。

1928年4月9日，蒋、冯、阎、李组成4大军事集团北伐张作霖。日军为保护其在华北、东北的既得利益，以保护日本侨民为名，抢先出兵济南，意图阻却北伐军讨伐张作霖。日军侵入济南后，构筑工事、肆意残杀中国军民，挑起事端。5月3日，南京政府战地政务委员会委员兼外交处主任蔡公时，随行18名署员，抵达位于济南市经四路的山东交涉署。5月3日早，山东交涉署被日军围困，电话线被切断，与外界失联。下午4时，日军一个班闯进交涉署，缴了交涉署自卫队的枪械，并役使几名外交官员充苦力搬运枪支弹药。晚9时，又有日军50余名闯进交涉署，大肆抢掠、焚烧文件及孙中山画像。日军遭到蔡公时训斥，就用枪托将蔡公时打翻在地，又将署内18人一起捆绑，剥去衣服，毒打后用刺刀戳捅。蔡公时痛骂日军暴行，被日兵用刺刀先是割掉双耳，后是割掉鼻子，挖掉双眼，血肉模糊，惨不忍睹。这时蔡公时骂道：“野兽们，中国人可杀不可辱！”日军便将刺刀刺入蔡公时口中转了两圈，将舌头割掉。后蔡公时、张麟书、姚成义等被枪杀。蔡公时是民国以来第一位抗日烈士。5月3日这一天，日本侵略军杀死我国军民共约4000多人。①

据红十字会济南分会调查，“五三”惨案中，中国军民死亡6123人，伤1770人，奸杀无数妇女儿童，财产损失无数。②

引用这一史料的意义在于：一是揭露日军的残忍和暴行，这是日军欠下的一笔血债；二是揭露日军对国际公约的践踏和对中国主权的蔑视；三是暴露蒋介石对于日军的肆意杀戮采取容忍和妥协态度，以完成所谓统一中国“大业”为理由，置国家主权、民族利益于不顾。

---

① 苏友文：《“五三”惨案见闻》，载济南市档案馆编《毋忘国耻 济南“五三”惨案档案文献选辑》，济南出版社2003年版，第398页。

② 孙竹兮：《济南老街老巷》，山东人民出版社2005年版，第129—132页。

(四) 政变事变类

皖南事变后的中共南方局。南方局是在国统区的共产党公开机关，是中国共产党在国民党统治区的前哨，主要职能包括了解敌情、宣传动员和组织群众。南方局处于抗日民族统一战线的第一线、同国民党斗争的前线，是国民党各方面情势包括军事部署和调动的侦察员，是党的抗战政策的宣传员。对这样一个重要机构，蒋介石当然视之为眼中钉、肉中刺。所以，皖南事变爆发后，南方局时刻处于被国民党袭击破坏的危险中。

皖南事变发生后，重庆原本就紧张的形势更为严峻了。1 月 11 日，周恩来在南方局宣布了皖南事变发生的经过、项英的错误，并对南方局如何应对紧急状况作了紧急部署：①国民党亲日派的反攻，使国共关系存在分裂的可能，但由于八路军新四军力量的存在，以及英美集团与亲日派大资产阶级的矛盾，又制约了国民党反共的嚣张气焰。所以，在这种情况下，国民党要反共，但又不敢全面反共。②鉴于此，我们要坚决反对国民党的反共政策，维护统一战线，以避免对日、对国民党两面同时作战的被动局面。但是，鉴于蒋介石的流氓本性，我们要做好应对突然事变的准备。③防备反动派的突然袭击，来抢我们的机密、密码、文件、地下党员名单等等。如果国民党来了，寡不敌众，要进行必要的抵抗，为销毁机密文件争取时间，销毁机密文件后，就准备去坐牢。有的重要机密，就放在一个火柴盒里。④在狱中，要严守党的秘密，男同志都承认自己是共产党员，女同志说自己是家属。如果逼问党的组织情况，就是党中央在延安，主席是毛泽东。支部书记是周恩来，还有董必武、邓颖超是负责人。再问，就说不知道。要做好牺牲的准备。⑤只要国民党还没有把我们抓起来，我们就坚持工作，必须疏散一些同志，以减少牺牲。要留的坚决留，要走的坚决走。红岩，曾家岩一百多人，只留下四五十人坚持工作。其余人员全部疏散。[①]

从周恩来的讲话可以看出，南方局所有人包括周恩来本人已经做好了

① 廖隆富根据访问记录整理。朱语今：《回忆皖南事变后周恩来同志在南方局的几次讲话》，载《革命回忆录》（第 4 辑），人民出版社 1982 年版，第 141—142 页。

随时慷慨就义的各方面准备。但是，只要一天没有被捕，就要为党工作一天。这段口述史料，细致记载了中共南方局这一公开机构在国统区险恶环境中的秘密战线工作。

（五）思想解放类

1978 年春夏之间，由邓小平启动的思想解放潮流，终于进入了同“两个凡是”[①] 正面较量阶段，争论是从一个普通的哲学常识开始的。此前，南京大学哲学系教授胡福明写了一篇文章，寄给了《光明日报》，题目是《实践是检验真理的标准》。胡福明回忆说：这篇文章本身是时代的要求，是在人民的要求下产生的，当时考虑这个问题，就是批判“两个凡是”的同志很多，应该说，有的同志也已经意识到要用实践标准来批判“两个凡是”。所以，这篇文章的出现，它不是偶然的，我不来写，张三李四早晚有人来写。同时，中央党校的理论工作者在副校长胡耀邦的主持下，也同样在酝酿一篇关于“实践是检验真理的标准”的文章。沈宝祥[②]回忆说：耀邦同志说，要从真理越辩越明说起，历史潮流不可阻挡，我们的国家，我们的民族，经过这么一场灾难，反面教育如此之深，谁要阻挡历史前进是不可能的。人民觉醒了！

人民的觉醒，理论的反思，形成了一股巨大的合力。1978 年 5 月 10 日，中央党校主办的《理论动态》刊登了《实践是检验真理的唯一标准》文章，5 月 11 日，《光明日报》以特约评论员的名义公开发表，5 月 12 日，《人民日报》《解放军报》全文转载。

思想解放的闸门一旦打开，谁也无法阻挡，随后进行的一场全国性的大讨论引发了整个民族积蓄多年的智慧和活力。

三、人物史料

党史人物是研究中共党史的重要内容。党史人物的经历镌刻着党的历史发展过程。党史人物口述史料，不仅仅是中共党史正面人物，也包括背

① 指的是“凡是毛主席做出的决策，我们都坚决维护；凡是毛主席的指示，我们都始终不渝地遵循”。

② 时任中共中央党校《理论动态》组成员。

叛了中国共产党信仰的反面人物、党外民主人士、国民党人物。通过学习党史人物口述史料，能够更全面立体地学习和认识党的历史，形成正确的党史观。

（一）中共人物

毛泽东紧紧依靠人民群众的思想由来已久。早在长沙求学期间，毛泽东就和好友一起“游学”调研。途中，他深入接触广大百姓的生存状况，对中国国情有了更直观、更全面、更深刻的理解和认识。他说：“为什么要革命？为了使中华民族得到解放，为了实现人民的统治，为了使人民得到经济的幸福。”① 在漫长的革命工作中，毛泽东时刻关心着百姓的疾苦。1936年7月初，党中央迁到了陕北保安。这里，山大沟深，没有一家商店，日用品奇缺，哪怕是一盒火柴，老百姓都需用十几个鸡蛋从小贩手里换，一些生活必需品，乡亲们甚至要翻山越岭去外地买。看到这些，毛泽东心里十分沉重。他把中央贸易部和宝安县政府的负责人请到他的窑洞里说：“在宝安城里办一个购销合作社，你们看这样可以吗？”这些负责人都赞同毛泽东的意见。毛泽东接着说道：“办供销合作社，就是群众最迫切需要解决的问题。你们要到群众中调查研究，看群众最迫切需要哪些东西，比如布匹、火柴、食盐。你们要注意工作方法，关心群众生活。”②

新中国成立后，作为党和国家最高领导人，毛泽东始终不忘同人民群众保持密切联系。1950年，毛泽东收到一封反映北京大学学生功课负担太重、营养不足、健康水平下降的通信。很快，他致信时任中央人民政府教育部部长马叙伦：“此事宜速解决，要各校注意健康第一，学习第二。营养不足，宜酌增经费。学习和开会的时间宜大减。病人应有特殊待遇。全国一切学校都应如此。”③

人民的来信，力重千钧。据不完全统计，仅1950年5月上旬，毛泽东就回了将近80封群众来信。在这份关于重视群众来信的批示上，毛泽东写

① 中共中央文献研究室，中央档案馆：《建党以来重要文献选编（1921—1949）》第2册，中央文献出版社2011年版，第616页。

② 陈冠任：《毛泽东的斗争艺术》，中央文献出版社2003年版，第336—337页。

③ 中央文献研究室：《毛泽东书信选集》，中央文献出版社2003年版，第381页。

道："必须重视人民的通信，要给人民来信以恰当的处理，满足群众的正当要求。要把这件事看成共产党和人民政府加强和人民联系的一种方法。不要采取掉以轻心置之不理的官僚主义的态度。"①

（二）党外人物

1917 年 1 月，蔡元培任北京大学校长，聘陈独秀为文科学长。《新青年》编辑部随之迁至北京大学。陈独秀延揽文化思想界知名人士来校任教，并成为《新青年》撰稿人。鲁迅、胡适、李大钊成为主要撰稿人。最初，鲁迅的一些白话文小说和杂文都发表在《新青年》杂志上，毛泽东阅读《新青年》，知道了鲁迅。他称鲁迅是"党外的布尔什维克"。

虽然不是共产党员，鲁迅却一直关注着共产党的革命事业。红军长征胜利到达陕北后，鲁迅十分欣喜，专程发电报给党中央和毛泽东，"全国民众期待着你们更大的胜利，全国民众正在努力奋斗，为你们的后盾，为你们的声援"②。鲁迅去世前夕，拿出自己主持出版的瞿秋白遗著《海上述林》，以及购买的火腿，交给好友著名诗人、文艺理论家冯雪峰，让他送给"M"和周恩来。"M"是那时鲁迅对毛泽东的简称。鲁迅的作品，充斥着他对于压迫人民势力的蔑视和要为人民大众鞠躬尽瘁的理想追求。

1937 年 10 月 19 日，延安陕北公学举行纪念鲁迅逝世周年大会，毛泽东在大会上发表了《论鲁迅》的讲演，"我们纪念他，不仅因为他的文章写得好，是一个伟大的文学家，而且因为他是一个民族解放的急先锋，给革命以很大的助力。他并不是共产党组织中的一人，然而他的思想、行动、著作，都是马克思主义的。他是党外的布尔什维克"③，"鲁迅的骨头最硬"④。1942 年 5 月，毛泽东在延安文艺座谈会上说道："'横眉冷对千夫指，俯首甘为孺子牛'，应该成为我们的座右铭。'千夫'在这里就是说敌人，对于无论什么凶恶的敌人我们绝不屈服。'孺子'在这里就是说无产阶级和人民大众。一切共产党员，一切革命家，一切革命文艺工作者，

① 《毛泽东文集》第 6 卷，人民出版社 1999 年版，第 164 页。
② 程中原：《说不尽的张闻天》，中央文献出版社 2008 年版，第 473 页。
③ 《毛泽东文集》第 2 卷，人民出版社 1993 年版，第 42—43 页。
④ 中央文献研究室第一编研部：《话说毛泽东》，中央文献出版社 2000 年版，第 450 页。

都应该学鲁迅的榜样，做无产阶级和人民大众的‘牛’，鞠躬尽瘁，死而后已。”①

鲁迅先生辞世时，中共中央发布的《为追悼鲁迅先生告全国同胞和全世界人士书》提出：“鲁迅先生一生的光荣战斗事业，做了中华民族一切忠实儿女的模范。做了一个为民族解放、社会解放，为世界和平而奋斗的文人的模范。”②

1958 年 12 月 1 日，毛泽东在为著名越剧演员邝健廉题字时，引用了鲁迅的“横眉冷对千夫指，俯首甘为孺子牛”。这是毛泽东鲜有地引用他人文字题词，表达了他对鲁迅先生和所有为人民服务的人们最高的致敬。

在新文化运动几个重要人物中，鲁迅的思想轨迹同中国共产党，特别是与毛泽东的主张颇为接近。毛泽东也频繁在自己的著述中引用鲁迅的作品，两人都同样重视社会底层的受压迫者，而对反动势力高高在上、蔑视目不识丁的穷苦人的姿态，他们同样深恶痛绝。“鲁迅先生的第一个特点，是他的政治的远见。他用望远镜和显微镜观察社会，所以看得远，看得真。第二个特点，就是他的斗争精神。他看清了政治的方向，就向着一个目标奋勇地斗争下去，决不中途投降妥协。第三个特点是他的牺牲精神。他一点也不畏惧敌人对于他的威胁、利诱与残害，他一点不避锋芒地把钢刀一样的笔刺向他所憎恨的一切。”③

（三）中共叛徒人物

1. 顾顺章叛变，供出绝密情报。中央特科，是党中央的情报和保卫工作机关。其主要任务是打入敌人内部，及时了解敌情，营救被捕同志和镇压叛徒特务。中央特科由向忠发、周恩来和顾顺章领导，顾顺章具体负责日常工作。顾顺章，出身流氓无产者，吃喝嫖赌样样都干，腐化堕落，引

① 中共中央文献研究室，中央档案馆：《建党以来重要文献选编（1921—1949）》第 19 册，中央文献出版社 2011 年版，第 313 页。

② 中共中央文献研究室，中央档案馆：《建党以来重要文献选编（1921—1949）》第 13 册，中央文献出版社 2011 年版，第 356 页。

③ 中共中央文献研究室：《毛泽东思想年编：1921—1975》，中央文献出版社 2011 年版，第 172 页。

起中央的警惕。中央曾派聂荣臻到中央特科，约束顾顺章的放荡生活。

1931 年 4 月，顾顺章护送张国焘、陈昌浩去鄂豫皖根据地。在完成任务后，本应按照组织纪律立即返回上海，但顾顺章在武汉逗留，为捞取外快，竟用曾用名化广奇在新世界游乐场表演魔术，结果被叛徒尤崇新认出被捕[①]。顾顺章被捕后立即叛变，给中共中央的安全造成重大危险。身为中央特科负责人，又长期具体负责执行工作，对中央机关的情况，中央领导同志的住址、办公地点、生活方式等非常清楚。顾顺章的家人、亲戚、佣人也都认识中央负责同志。

顾顺章被捕后，国民党特务何成浚、蔡孟坚接连向南京发了 3 封要徐恩曾亲译的绝密电报。万幸的是，特务头子徐恩曾的机要秘书钱壮飞是中共地下党员。钱壮飞在破译了几份绝密电报后，立即派他的女婿刘杞夫连夜乘火车去上海将情报交给李克农。在周恩来的果断、周密安排下，中共中央迅速转移，并采取相应安全措施。当武汉特务押解顾顺章到南京，在 28 日展开全程大搜捕时，中共中央早就转移，敌人扑空，什么也没捞着。周恩来在特务到达前 15 分钟撤离！周恩来多次谈道："如果没有钱壮飞，我们这些人早就不在了！"[②]

顾顺章的叛变，使革命遭受严重危害。一是指出了即将被中共解救出狱的恽代英的身份，导致其被国民党杀害；二是破坏了几处中共在上海的秘密机关；三是有些与顾顺章认识的中共特科人员，有的被捕就义，有的叛变。因顾顺章叛变而被捕的共产党员达 800 余名。

可耻的叛徒顾顺章，于 1935 年被秘密处死。钱壮飞在千钧一发之际使中共中央避免了一场重大灾难。

2. 向忠发叛变，供出中共中央核心机密。1931 年 6 月 22 日，时任中共中央总书记的向忠发被捕。这是顾顺章被捕叛变的连锁反应。顾顺章叛变后，供出了向忠发的住址和右手食指残缺半截的特征。由于周恩来及时对向忠发采取保护措施，国民党未能找到向忠发。

① 关于顾顺章被捕地点，说法不一，此为一种说法。

② 北京晚报《江山》特刊创作团队：《江山：百年中国史补白》，人民出版社 2013 年版，第 227 页。

由于敌人已经盯上向忠发，中央决定将向忠发转移到苏区。周恩来又一次安排向忠发更换住处，让他搬到自己住的地方，同时更换了向忠发的姘头杨秀贞的住处。1931 年 6 月 21 日，向忠发趁周恩来和邓颖超外出之际，偷偷溜出住处，到旅馆与杨秀贞私会。22 日早，向忠发从宾馆出来打车时，被埋伏的国民党特务逮捕。

向忠发一夜未归，周恩来心急如焚。当中央特科的黄慕兰将向忠发被捕的消息通过康生向周恩来报告后，周恩来立即销毁了一批机密文件，迅速转移。

在侦缉队的刑讯室，向忠发在敌人的威逼利诱下，尚未动刑，即刻叛变，供出了中共中央秘密机关和周恩来的住处。当向忠发带领特务围捕中共中央机关工作人员和周恩来时，由于周恩来做了周密安排，提前转移，敌人一一扑空。

向忠发将中共中央政治局委员分工、特委机构设置、各苏区省委负责人、红军将领信息、党团员人数及分布等核心机密全数泄露给了敌人，并对特殊部门人物还作了重要附记。① "有的机密只有中央少数人知道，却都一一在口供中暴露了。"②

1972 年 6 月，周恩来在一次讲话中说："向忠发这个总书记，在上海搞了一处好房子，弄了一个妓女（指杨秀贞），吃喝玩乐。敌人发现后抓到妓女，她还不承认向忠发是党员，可是向忠发被抓到，立即承认自己是党员，叛变了。他的节操还不如一个妓女。"③

（四）国民党人物

皖南事变后，为防止蒋介石暗算，周恩来曾告诫工作人员说，蒋介石是个流氓，惯用反革命两面手法。我们可以用蒋介石本人的一段话来印证周恩来说的是事实。1925 年下半年，蒋介石公开发表《告黄埔同学书》，说："现在听说校内部分青年军官，风气很坏，嫖赌成风，这是最不好的。但人只要能改过，就能成为正人君子。我本来的名字就不叫蒋中正，而叫

① 王相坤：《危机处理中的中共领袖们》，四川人民出版社 2011 年版，第 63 页。
② 穆欣：《隐蔽战线统帅周恩来》，中国青年出版社 2002 年版，第 380 页。
③ 穆欣：《隐蔽战线统帅周恩来》，中国青年出版社 2002 年版，第 278 页。

蒋志清。我和总理（孙中山先生）相处很久，他知道我有许多不检行为，挟妓纵游，我年轻时确实如此。妨碍我的人格、品行，总理赐我名为‘中正’。我现在不是好了吗？你们为什么不能改呢？现在总理逝世了，我视总理为父亲。总理生前嘱咐我：‘我把革命的大业交给你了，我死后你要听鲍顾问（鲍罗廷）的话。’所以我现在视鲍先生视同总理。”①

第一次国内革命战争时期，1926 年 3 月 18 日，蒋介石发动了“中山舰事件”反共行为，5 月 15 日，又通过“整理党务案”排挤打击革命统一战线中的中国共产党。反共气焰越发嚣张，最终于 1927 年发动四一二反革命政变，与发动七一五反革命政变的汪精卫沆瀣一气，宁汉合流，彻底沦为反革命魁首。

蒋介石的反共思想，并非心血来潮，而是有一个逐步演化的过程的。1923 年 8 月，孙中山派蒋介石率代表团访苏，考察党务、军事、政治、工厂、农村等，并受到托洛茨基接见。蒋介石考察苏俄后认为，苏俄对代表团实施分化，使中共党员与国民党员对立。苏俄的方针在于造成中共为正统，决不信共产党与国民党可始终合作。一旦苏俄政权强固，势必复活帝俄时代的野心，不只要使满洲、蒙古、新疆、西藏成为苏维埃，且将染指中国本部。所谓国际主义与世界革命，不过是帝国主义的易名，与英、日无别。对于联俄、容共政策遂少信心。② 这是日后蒋介石反共的思想基础。

蒋介石之所以能够得出这样的结论，对所考察的过程进行这样的分析，是由他早期投机行为、做掮客的经历、所代表的阶级利益以及与上海青帮一丘之貉的纠缠所致。在讲述国民党蒋介石的反共行径时，通过对这种史料的讲解，有利于学生的学习。

四、实物史料

历史实物，蕴含着丰富的历史信息，有的甚至就是首次发现的珍贵史

① 胡允恭：《中山舰事件纪实》，载《革命回忆录》（第 12 辑），人民出版社 1984 年版，第 11 页。

② 郭廷以：《近代中国史纲》第 3 版，格致出版社，上海人民出版社，2009 年版，第 374 页。

料。实物，也是历史的有力佐证资料。将党史实物运用到课堂教学，往往具有身临其境之感，恍若身处产生实物的历史背景中。

（一）“反内战，反饥饿”的大字报

在平津战役纪念馆内，陈列着一张南开大学“反内战，反饥饿”大字报，用毛笔书写，用民谣的方式生动而直白地表达了“反内战，反饥饿”主张，对蒋介石国民政府充满了咒骂和讽刺。内容是：“白天打，黑夜打，内战的地方愈来愈大。大洋枪，不长眼，把你送到阎王殿。阎王爷，对你说，你是一个傻家伙。因为你当兵，大炮有点心，因为你要粮，大炮才发狂。好！咱们就不当兵，咱们就不缴粮。有人来抓兵，有人来要粮，咱们就反抗。你反抗，我反抗，看他怎样再打仗！看他怎样再打仗！”

1947 年，因国民党政府只顾发动内战，不断增加军费开支，致使国统区经济、政治、教育危机日益严重，人民生活十分困苦。特别是学生，因物价飞涨，出现吃不饱饭的情况。学生们提出了“反内战、反饥饿”的口号，并举行了大规模的游行活动。5 月 20 日，南京、上海、苏州、杭州的游行学生遭军警殴打，这就是五二〇血案。国民党的暴行更加激起了学生的愤怒，他们继续以游行罢课等行动同国民党反动派进行坚决的斗争。

这次运动是中国学生运动史上规模最大的一次，天津的大学和中学也进行了“反饥饿、反内战”游行。1947 年四五月份的一天，就读于天津育德学院的进步学生于文汉，与几名同学在南开大学参加会议。会后，发给他们每人一张大字报，要求到大街上张贴。于文汉他们来到罗斯福路张贴大字报，他们从中原公司向劝业场方向沿途张贴，后发现有特务跟踪，就暂停张贴，撤离。第二天形势更加严峻，不能再继续张贴大字报了，于文汉就将剩下的大字报放在家中。后来于文汉也被党组织转移到了解放区，逃离了特务的追捕。天津解放后，于文汉回到家中，竟意外地发现了当年贴剩下的一张大字报。于文汉觉得这份大字报非常珍贵，一直珍藏着。1997 年 9 月捐给平津战役纪念馆。

这张大字报是这场声势浩大、遍及全国的爱国学生运动的有力物证。

（二）陆房突围战斗情报

在山东省肥城市陆房突围胜利纪念馆，陈列着一张残缺的纸片，隐约透露出敌情危急、日军进攻时间、兵力数量及配置等信息。

这就是在 1939 年 5 月 11 日，为八路军 115 师胜利突围提供准确信息的情报。陆房突围战斗的胜利，是 115 师进入山东后进行的第一次战役性战斗，是继平型关大捷后取得的又一个重大胜利。2021 年 6 月 28 日，《人民日报》头版登载了中共中央党史和文献研究院编写的《中国共产党一百年大事记（1921 年 7 月—2021 年 6 月）》之一，文中讲："5 月，在泰（安）肥（城）地区取得陆房突围战斗的胜利，毙伤日军 1300 余人。"

1939 年初，八路军 115 师主力进入山东泰西，冀鲁豫军区和 115 师司令部为加强对泰肥地区情报工作的侦察、收集、传递，实现对各县情报站统一领导，决定在肥城四区闫屯村建立泰西地下情报总站。郭长灿为首任站长，胞兄郭长信任汶上、宁阳地下情报站站长。情报总站下辖肥城尚里、泰安夏庄、东平丁家坞、平阴衡鱼、长清宋林 5 个分站，负责收集山东泰西地区情报工作。

为了加快情报传递速度，确保总站的安全，1938 年 12 月，决定在其他掩护设备基础上，在总站开设自行车修理铺。郭长灿以修自行车为名，既可以掩护各分站及网点情报员来往联系，又能加快情报传递速度，大大加快各类情报收集和传递工作。

1939 年 5 月初，泰西地下情报总站通过秘密关系，从驻济南日军翻译口中获悉：驻山东日军最高指挥官尾高龟藏亲率济南、兖州、济宁、泰安及泰西 5 县，日军 5000 余人和近 3000 名伪军分 9 路向泰肥山区合围，决定"围剿"这支八路军主力部队。5 日晚上 8 点，接到情报后，郭长灿立即令情报员曲振甲把情报迅速报送 115 师司令部，情报总站及各分站人员及时到达军区指定地点，为部队突围作向导。10 日，与日军在陆房山区相遇。11 日，经过一天激战，趁夜幕在郭长灿胞兄郭长信等情报人员的带领下，分 3 路突围，安全跳出了日军的铁壁合围。陆房战斗不仅取得突围胜利，保存了八路军有生力量，还毙伤日军 1300 余人，战果堪比"平型关大捷"。

（三）半条被子

在湖南省汝城县沙洲红色旅游景区纪念馆中，陈列着半条棉被革命文物。

1934 年 11 月，中央红军主力部队长征途经汝城，在汝城沙洲瑶族村进行了长征半个月来的首次较长时间的休整。

红军到达沙洲村时，由于国民党的反动宣传，许多人都上山躲起来了。村民徐解秀因为生小孩坐月子，一家人就留在村子里。一天，有 3 位女红军来到她家，跟她拉起家常，宣传红军是穷人的队伍，叫老百姓不要害怕，回到村里来。晚上这 3 位女红军就借宿在徐解秀家。徐解秀家里外两间房子，里面的一间厢房大约 15 平方米，开着一扇小窗户，房里摆着一张 1 米多宽的木床，床上只有一块烂棉絮和一件旧蓑衣。11 月的南方天气湿冷，不能御寒。

看到这情形，3 位女红军就打开她们行军时背着的一条被子，同徐解秀母子一起 5 个人横盖着这条被子挤在床上睡觉，徐解秀的丈夫朱兰芳则在外屋为女红军放哨。3 天后，3 位女红军随部队长征出发，临走时，她们要将被子留给徐解秀一家，徐解秀执意不要，推来推去相持不下，一位女红军就找来一把剪刀把被子剪成两半，留下半条给徐解秀。3 位女红军对她说："红军是共产党的军队，打敌人是为了老百姓能过上好生活。等革命胜利了，我们会给你送一条新被子来。"

红军离开沙洲村，又踏上了漫漫长征路。

1984 年 10 月，红军长征 50 周年之际，《经济日报》记者罗开富发现了这个感人的故事。徐解秀说："什么是共产党？共产党就是自己有一条被子，也要剪下半条给老百姓的人。"

为有牺牲多壮志，敢教日月换新天。或许 3 位女红军早已牺牲在长征路上。虽然没有找到她们，但她们已经成为每一个红军将士，成为每一个共产党员，成为每一个为民族独立和人民解放而奋斗的中国人，她们已经成为一种革命精神。红军与沙洲村老百姓和汝城人民这种鱼水情深、血肉联系，正是党领导人民进行革命斗争并最终取得伟大胜利的力量源泉。

正是因为 3 位女红军战士对徐解秀讲红军是穷人的队伍，叫老百姓不要害怕，村子里的老百姓才真正了解红军是劳苦大众的队伍；正是因为红军女战士剪下半条被子给徐解秀，老百姓才认识到红军与他们心连心、根连根；正是因为长征中红军与老百姓结下的军民鱼水情，才使徐解秀即使在50年后也要找寻3位红军战士，报答红军的恩情。

1935年12月27日，毛泽东在《论反对日本帝国主义的策略》一文中讲道：长征又是宣言书。它向全世界宣告，红军是英雄好汉，帝国主义者和他们的走狗蒋介石等辈则是完全无用的。长征宣告了帝国主义和蒋介石围追堵截的破产。长征又是宣传队。它向十一个省内大约两万万人民宣布，只有红军的道路，才是解放他们的道路。不因此一举，那么广大的民众怎会如此迅速地知道世界上还有红军这样一篇大道理呢？长征又是播种机。它散布了许多种子在十一个省内，发芽、长叶、开花、结果，将来是会有收获的。①

长征精神的一个重要内涵，就是紧紧依靠人民群众，同人民群众生死相依、患难与共、艰苦奋斗的精神。

第二节 口述党史教学方法创新

历史研究的基本原则、方法是依据史实、史料来说明历史真相，是从史实、史料出发，要经得起历史检验。口述党史教学方法也离不开历史研究的基本原则。以学生为中心，创造条件，营造环境，使学生感受真实的历史，感同身受中国共产党的历史。

一、大学生党史情景剧排演

这里讲的情景剧，是党史情景剧，是党史实践教学的一种形式。在老师的指导下，大学生自己确定剧情、组织素材、编写剧本、确定角色、制作和购买道具、排练。在学生排练成熟之后，举行全校范围内的比赛，正式演出，并评出奖项。在党史情景剧整个排练过程中，均贯穿着党史教育。

从几届情景剧编演过程看，一是学生很喜欢这种党史课教学方式。因

① 成仿吾：《长征回忆录》，人民出版社1977年版，第166—167页。

为他们入情入景，在靠近历史真实的背景下，去模仿体会党史人物、党史事件的过程，沉浸式投入剧情中，产生身临其境的真切感悟。这是一种真正以学生为中心，发挥学生主观能动性的教学方式。二是教育效果显著。学生从课本上了解了党史知识后，党领导人民站起来、富起来、强起来的伟大历程就影像般地印在学生脑海中。那么，情景剧的编演，使他们以自身的情感表达与重现历史情景，使大学生尤其是大学生演员受到了深刻的教育。三是在历史情景剧的创意、编剧、排练、演出整个过程中，大学生的收获有以下几方面：①端正全身心投入的做事态度。②怀着崇敬的心情去表达历史。③培养并加深了对团队协作精神的认识。④有很深的代入感。学生全身心地投入，感动了自己，也感染了他人。⑤情感的升华。学生通过沉浸式表达，深切体认到我们生活在当今这个和平的时代，是前辈用身躯为我们铺平了道路的道理，大学生普遍感到，要将革命历史的峥嵘岁月、革命前辈的鲜血和生命化作努力学习、报效祖国的动力。这正是思想政治理论课所要达到的目标。

2024 年上半年，泰山学院马克思主义学院中国近现代史纲要教研室又举行了“历史情景剧”展演。其中《风雪长征路》历史情景剧获得特等奖，演出结束后，参演大学生尚未从剧情中走出来，依然沉浸在那段恢宏的史诗中。他们情不自禁地表达了自己的深切感触，没有丝毫的矫揉造作，皆为真情实感的真切流露！下面是参演大学生的深切体会（顾冉冉供稿）：

顾冉冉（饰演彭焕生）：在确定情景剧主题时，我看到了一个视频，把我感动哭了，我就提议说演长征吧，最后讨论确定长征的故事。紧接着我们开始在网上收集资料，修改剧本，最后组合成一个完整的作品。剧本确定的当天晚上，所有人到一个空教室，凭能力选角色，每个人把想演的角色说出来，再演一遍这个角色。我们十个人一起投票，如果大家都觉得他可以演这个角色就通过，如果想演的角色有冲突，那就进行演技对决。并且跟大家说明，后期在排练时，大家觉得哪个角色并不适合某个人，也是会换的，一切以呈现的效果为主。随后第二天，我们便开始制作背景 PPT 和背景音乐。团队十个各司其职，每人负责搜索一小段背景音乐，最后由我完成合成。有一个重要的问题要注意，团队里一定要安排一个人，在演出时控制音乐、PPT、灯光。

排练《风雪长征路》的过程本身就是一次“长征”。我们面临的第一个挑战就是如何真实地再现那段历史。所以，我们查了很多历史资料，观看有关长征的纪录片和电影，我们逐渐在脑海中构建起了那个时代的风貌和人物的形象。如何将这些理解转化为舞台上的表演？我们借鉴了很多视频里的技巧，反复地观摩视频体验情绪，每一句台词、每一个动作都要表演到位。作为队长的我负责整体规划，修改大家的动作表情还有台词的意蕴，然后大家逐渐找到了感觉，开始能够自如地驾驭角色。

在排练过程中，我们也遇到了不少困难。比如，如何在舞台上表现出长征途中的恶劣环境和艰苦条件？如何让观众感受到红军战士那种坚忍不拔、不屈不挠的精神？这些问题一度让我们感到很困惑。幸运的是，在队友们一起讨论下，我们逐渐找到了解决问题的方法。我们通过灯光、音效、道具等多种手段来营造环境氛围，同时通过细腻的表演来刻画人物的心理活动和情感变化。

演出，是对我们精神的洗礼。这是一次非常重要的演出，不仅是对自己几个月来辛勤付出的检验，更是对那段伟大历史的致敬！

我们完全沉浸在了角色之中，仿佛自己真的成了那个红军战士，亲身经历了那段艰苦卓绝的岁月。在舞台上，我与战友们一起翻越雪山、穿越草地、躲避敌人的围追堵截……为红军女战士生下孩子而感到欣喜；为几百名小红军饿死在草地上而感到痛心疾首，为司务长冻死在雪地里而泪流满面。演出结束后，观众的掌声如潮水般涌来。我知道，我们的努力没有白费，我们成功地将那段历史重现在观众面前了。

演出获得成功！获得唯一特等奖！这个奖项不仅是对我们表演水平的认可，更是对我们团队精神和合作态度的肯定。在排练过程中，我们每个人都付出了巨大的努力和汗水，大家相互支持、相互鼓励，共同克服了一个又一个的困难。这个奖项是我们团队精神的结晶，也是我们共同努力的结果。

作为一名扮演彭焕生的演员，在排练的过程中，我不断地将自己置身于那个风雪交加的长征路上，每一次的呐喊，都仿佛穿越时空，与历史中的彭焕生同呼吸。在舞台上，我尽力让自己的每一句台词都充满力量，让观众能够感受到那个时代人们的信念与决心。当我扮演的彭焕生面对着几百名红军小战士再也受不住饥寒交迫，体力透支，都在睡梦中死去时，悲伤地喊出："他们还是一群孩子啊！"我能感受到观众席上传来的共鸣。那一刻，我知道我的表演触动了他们的心灵。通过这次参演，我对长征这段历史有了更加深刻的认识，也对那些为国家和民族解放事业献身的英雄们充满了敬意。我相信，这种精神将会激励我在未来的学习道路上不断前进，无论遇到什么困难和挑战，我都会像彭焕生一样，勇往直前，永不放弃。

马振华（饰演排长）：饰演排长，我深感责任重大。排练中，我反复揣摩角色心理，力求将那份坚定与悲壮传达得淋漓尽致。过程虽艰辛，却也让我学会了如何在逆境中鼓舞士气，如何在绝望中找寻希望。这个角色让我深刻理解到，真正的领袖不仅要有勇气，更要有牺牲精神。老张的牺牲让我动容，也让我更加珍惜现有的和平与幸福。演出成功，荣获奖项，是对我们努力的肯定，更是对那段历史的致敬。我深知，这份荣誉不仅属于我个人，更属于我们团队每一位成员。未来，我将继续用心演绎每一个角色，传承红色基因，弘扬长征精神。

于辉（饰演红军 A）：我饰演的是过草地的小战士，拖着疲惫的身体过草地，和同伴谈论，如果战争胜利了，有什么打算……深感如今的和平真的是来之不易。一次次的排练，从上场到完全投入角色，每个人都在相互磨合相互配合，呈现出的舞台效果是大家一起努力的成果，演出后大家仍沉浸其中，久久不能平复心情。我们生活在当今这个和平的时代，不是机遇好，而是前辈用身躯为我们铺平了道路。在舞台上，真的仿佛身临其境，在那个战火纷飞的年代，那些黑暗的过往、饥寒交迫的痛苦，前辈们替我们经历了，如今的一切都来之不易。这次演出我深有感触，日后一定更加勤勉。

张欣婷（饰演红军 B）：我在此次情景剧中扮演的角色是小雪和通讯员。当大家第一次见面的时候还不熟悉，带有一些尴尬。后来排练的次数越来越多，大家慢慢变得默契，互相配合。排练的中间伴有欢声笑语，大家都在全力以赴拿出最好的状态。在表演的过程中我体会到，角色间情感交织，让我成长于理解与共鸣中。演出时，我看到台下大家认真的神情和渐渐湿润的目光，我知道这次演出是成功的。表演时仿佛穿越时空，亲历那段峥嵘岁月。获奖瞬间，首先是不敢相信，但是又非常确信，荣耀与感动并存，这是对我们努力的最好回馈。这段经历，让我对角色有了更深的敬畏，也让我获得了并肩作战的小伙伴！

风雪长征路，不仅是一段珍贵的历史记忆，更是我人生旅途的一段宝贵财富！

张萌萌（饰演红军 C）：有幸参演长征情景剧中第三幕的战士，让我深入了解了长征这段历史。在排练和演出的过程中，我们不仅仅是简单地表演角色，更是通过深入学习和理解历史背景、人物命运，从内心感受到了当时革命者们的信念和牺牲精神。情景剧里每一幕都是对历史的一次再现，每一次台词的念诵都是对革命志士精神的传承。仿佛长征的画面就在眼前，我好像真的看到了女战士在长征路上分娩的惨烈画面，我好像真的看到了一群红军小战士背靠背死去的悲惨画面，我好像真的看到了司务长为了战士脱下自己的棉衣，衣着单薄被冻死的画面。太艰辛了！太壮烈了！我心里十分感慨！

总的来说，参演《风雪长征路》情景剧是我人生中一次难得的历练和体验。通过这段经历，我不仅增长了见识，提升了能力，更深刻理解了历史的重要性和我们每一个人肩负的责任。这将是我人生中一段珍贵的记忆，也将继续激励我在今后的道路上勇往直前，为梦想奋斗。

张好秋（饰演红军 D）：我所参演的长征情景剧能够获得这个奖项，离不开我们团队每一个人的辛勤付出和对长征精神的深深敬意。当我第一次接到这个任务时，我对长征的历史背景和红军战士们的英勇事迹进行了深入的了解。我饰演的是红军中一个三过草地的战士，经历了九死一生的险境，他的坚韧和不屈不挠的精神让我深受感动。我还了解到长征途中红军战士们面临的艰难困苦，他们以大无畏的革命英雄主义精神战胜了一切困难，他们的事迹让我感到无比震撼。在排练过程中，我尽力去感受那个年代红军战士们的心情，去理解他们的信仰和决心。

我试图通过我的表演，让观众看到红军战士们的坚韧不拔和无私奉献的精神风貌。我们的努力得到了大家的认可，我感到非常荣幸。这个奖项对我们来说，不仅是一种肯定，更是一种激励。它激励我们继续努力，用我们的表演去传承和弘扬长征精神！

李鑫蕾（饰演红军 E）：扮演长征红军的经历让我受益匪浅。在排练过程中，我不断深入角色，模拟行军跋涉、克服艰险的场景，这种经历极大地锻炼了我的意志力和团队合作能力。同时，通过不断地钻研红军战士的心理和行为，我对这个角色的理解也越来越深刻。演出时，我感受到了红军战士们的坚韧与勇气，他们的形象在我心中愈发鲜活。这种身临其境的体验让我对长征精神有了更深刻的理解。获奖不仅是对我个人演技的认可，更是对全体剧组付出的肯定。我感到十分自豪和骄傲，这份荣誉让我更加坚定地将长征精神传承下去，激励我在未来的日子里更加努力奋斗。

武新如（饰演红军 F）：穿上那身略显沉重却又充满荣誉感的军装，我仿佛穿越了时空，回到了那个烽火连天的年代。当我穿上红军服，戴上八角帽，手持简陋的武器，站在舞台上，那一刻，我仿佛真的成为一名小战士，与战友们并肩作战，共同面对饥饿、寒冷、伤病以及敌人的围追堵截。在表演过程中，我被红军战士们之间的深厚情谊所感动。他们相互扶持，共同面对困难，即使在最艰难的时刻也不放弃彼此。演出结束后，我久久不能平静。这次经历让我对长征有了更加全面和深刻的认识。我相信，在未来的日子里，我会带着这份宝贵的经历和感悟，勇往直前，不断前行。

马旭业（饰演老张）：在表演完长征情景剧并荣获特等奖的此刻，我的心情久久难以平静。回想起排练的时光，我们反复揣摩角色，精心设计每一个动作和台词。汗水浸湿了衣衫，但没人喊累。舞台上，我们仿佛穿越时空，与英勇的红军战士们并肩同行。重现他们的坚韧、他们的信念，每一刻都充满力量。这份特等奖，是对我们努力的最好肯定。它让我深刻领悟到长征精神的伟大，也让我明白，只要心怀信念，勇往直前，就能战胜一切困难。今后，我会将长征精神铭记于心，在生活和学习中不断砥砺前行，创造更多的精彩！

田宇（饰演营长）：比赛当天，我站在舞台上，感受着台下的目光和期待。随着剧情的推进，我仿佛置身于那个风雪交加的长征路上，感受着红军战士们的艰辛与坚持。我尽我所能去表达他们的情感，去传达他们的信念，让我更加深刻地认识到长征精神的伟大和珍贵。这次参赛经历也让我更加明白了一个道理：只有经过努力和付出，才能收获成功和认可。在准备过程中，我付出了大量的时间和精力去学习和排练，正是这些努力让我能够在舞台上自信地表演。这种经历让我更加珍惜每一次机会，以及挑战自己的勇气。

二、地方党史人物进课堂

地方党史人物进课堂，并与大学生进行党史学习互动，使得课堂成为口述党史的访谈现场，课堂上的大学生是群体采访人，口述人与大学生在互动中共情共鸣，使大学生对党史学习产生很强的代入感。并且，进课堂的党史人物能够与思政课教师相得益彰，共同发挥育人作用。

（一）人员

从社会发展阶段上讲，目前能够请进课堂的尚有健在的部分抗战时期、解放战争时期老战士，抗美援朝老战士，以及参加过抗美援朝运动的各行各业人员，等等。这部分人已经年迈，需进行抢救性利用。从行业上讲，主要是作出过重要历史贡献的领导干部、革命军人，资深党史研究人员、地方关心下一代工作委员会老干部、工人及村干部等。

（二）内容

一是以党史、新中国史、改革开放史、社会主义发展史、中华民族发展史为指导，从地方党史视角展现中国共产党百年奋斗重大成就和历史经验。二是从普通农民、村干部、普通革命军人、工人等“小人物”的视角来看党史。这样才能使党的方针政策、历史作用、丰功伟绩从不同的层面得以阐释，使大学生对党史有一个完整的、立体的认识，从而加深对祖国的认同、对中华民族的认同、对中华文化的认同、对社会主义道路的认同。

（三）功能

地方党史人物进课堂，为大学生党史课开创了鲜活的视角。突破了课本呆板的陈述，更换了老师的面孔，讲课的风格、语言、神态、趣味，甚至与学生的互动方式都发生了变化，给学生带来的是耳目一新的感受。地方党史人物进课堂，侧重的是史料的挖掘，注重的是“小人物”的感知，凝炼的是社会层面的共识，激发的是学生对党史的深刻理解。

地方党史人物讲党史，个人价值判断多一些，记忆欠准确，理解欠深刻，表达欠确切，讲课的逻辑性、条理性、知识性、信息量等欠缺一些。这需要事先与进课堂的地方党史人物沟通，向他们提出注意事项，有必要的话，要事先审阅他们的讲话提纲或稿子。同时，也要告诉学生，对地方党史人物的阐述，出现一些瑕疵甚至个别不准确的地方，是正常的，要一分为二地对待地方党史人物的讲述。

三、大学生革命历史遗址遗迹田野调察

田野调察是社会科学研究中一种重要的数据采集方法，主要是通过直接观察和面对面访谈，获取一手资料，尽可能多地获取详细信息和数据。田野调查的目的是收集确凿、全面、鲜活的数据，以满足研究问题的需要。田野调察是在没有相关研究资料，或原资料不能满足需要的前提下进行的，基于田野调察资料的科学研究，或者是对原有资料的拓展，或者是对原资料的超越。田野调查的功能有以下几个方面：

（一）补充和丰富目前相关史料

史料有一个不断丰富和完善的过程。先前已有史料受社会发展局限，只停留在那个阶段，形成史料的停滞状态，不能满足科学研究的需要。通过田野调查，会发现新的资料，或者深化原有资料，使已有史料不断得到补充和丰富。

（二）对原有史料的考证作用

有些史料，由于历史局限性，不同程度地存在真实性不足的问题，往

往影响科学研究的权威性。田野调查，可在一定程度上弥补这一缺陷。田野调查发现的一手资料，可以对原有史料起到证伪、证实、补充等作用，起到考证作用。

（三）田野调察实现直接与间接的统一

对事物的认识，大部分源自课本，所形成的概念是间接的、不完整的、肤浅的，那么，基于这种形象判断的研究输出，其确定性就会欠缺。田野调查，将对某事物形成的间接形象投放在实际场景中对标，自然会得到进一步丰富、深化、完整，实现主观与客观、感性与理性、直接与间接的统一。如我们对黄河、长江、长城、泰山等的认识，只有亲临现场，才会深化认识。书上得来终觉浅，绝知此事要躬行。只有把理论知识与客观实践结合起来，才能比较准确、真实地了解、认识客观世界。

田野调察的功能决定了其内容：为了对现有资料进行补充、丰富、考证、印证，田野调察的内容包括：革命历史遗址遗迹，社会主义革命和建设时期的工厂、科研院所、水利设施、军工建设、场馆等。这些历史遗存均是田野调察的对象和内容。

四、大学生参加地方党史学术研讨会

大学生参加地方党史学术研讨会，是一种学术体验和训练。通过研讨会，大学生能掌握党史学习和基本方法：为何学、学什么、如何学。培养党史学习的问题意识，在解答这些问题的过程中，提高党史研究能力，完成党史学习的任务。

（一）大学生参加学术研讨会的缘由

大学重在培养学生构建完整的知识体系的过程中，形成科学的思维方式。所以从某种程度上讲，形成科学的思维方式，要比掌握知识本身更重要。而科学思维方式的形成路径多种多样，课堂是主渠道，学生可以从授课教师讲课时的逻辑、课本知识的前后联系与贯通，以及在与学生互动过程中通过对所提出问题的探析，获得启发与深思。

让大学生参加学术研讨会（包括学术沙龙等），也是一种培养科学思维方式的途径。对于大学新生来讲，他们的知识体系虽然不够完整，几乎不了解什么是科学研究，研讨会专家学者的议题对他们来讲也许很晦涩，但是他们可以在聆听专家学者的报告中，体认逻辑关系、理性分析、学术表达、学理内涵，对他们的学术素养至少能起到启蒙、启发的作用，尽管这种感受最初只是感性的。高年级的同学，经过了公共基础课、选修课、专业必修课等学科的训练，知识结构基本形成，基本具备提高认知的能力，而且初步具备了科学的思维方式和概念形成能力。在这种专业积累基础上，大学生参加学术活动，会引起自我知识积累与学术研讨的契合与共鸣，会增强学术研究的兴趣，增强学术研究自觉。那么，提高他们的学术素养，助力培养他们发现问题、分析问题和解决问题的能力，就成为亟须实施的关键环节。

所以，大学生应积极参加学术研讨会、学术讲座等学术活动，高校应积极组织大学生参加学术活动。

（二）大学生参加学术活动的动员与组织

为什么要动员？因为大学生尚缺乏学术研究的自觉，尤其是低年级的学生。因此，要动员，要拉，有时甚至要通过考勤等强制方式组织学生参加。

首先，在相关专业学生群中发布关于学术研讨会、学术沙龙等活动的预告，包括主题及简介、讲解人及其主要学术成就简况、主办单位及时间地点等。有时，为增强学生参加学术活动的积极性和主动性，还要就所举行的学术活动进行介绍性动员。

其次，向学生介绍所举行的学术活动主题的要点。结合学生的专业领域，预先提炼学术思想和要点，使学生明了主题框架、主要内容和讲述的重点，使学生预知所学专业与报告主题的衔接点，解决听什么、如何听的问题。

最后，预先设计互动题目。为拓展与丰富报告内容，可预先安排专业基础扎实、学术素养较好的学生就报告内容准备议题，与专家交流互动。这个环节的主要功能，就是深化报告内容的理解、丰富报告内容，启发学生多视角观察问题，激励学生敢于质疑，逐步培养不断超越经典的科学研究精神。

（三）主持人提纲挈领，突出重点

学生听完报告，或许是一顿学术盛宴，或许满脑子没个头绪，或许压根就没入耳入脑。这时，主持人的作用就凸显出来了。主持人要对报告内容的主线有清晰的理解，结合自己的认识与体会，或从研究思想，或从学术成就，或从研究方法，或从学术资料使用等方面进行总结，引领学生深入认识报告的学术价值

（四）撰写学术报告反思

报告后，要求参加学术活动的学生每人写一篇学术报告认识，可以从不同的角度撰写。篇幅不一定太长，但要结合报告要点，切中关键。要求学生理清思路，深思报告内容，用学术语言将思考认识表达出来，这是一种基本的学术训练。

五、革命历史场馆参观

革命历史纪念馆、展览馆、博物馆、遗址遗迹、碑文碑刻，储存并蕴含着丰富的史料；社会主义革命和建设时期等留下了大量的见证历史的遗物，蕴含着丰富的时代信息和印记。对上述历史场馆、遗址遗迹进行研学、田野调察，会获得党史教科书上没有的珍贵史料。按照历史研究的基本原则和方法，说明任何问题，得出任何结论，必须摆出具体史料、史实。例如，1938 年 1 月 1 日，中共山东省委在徂徕山领导发动了抗日武装起义，关于其起义的旗帜名称，有些资料包括影视片载明是“八路军山东人民抗日游击队第四支队”，当参观了徂徕山抗日武装起义纪念馆，见到馆藏起义的旗帜后，方知正确的名称应该是“八路军山东人民抗日游击第四支队”。

第三节　口述党史教学评价创新

口述党史作为党史教育教学内容纳入高校思政课教学，与传统党史教

学中基本概念、原理、思想、方法等的教学内容一致。口述党史教学非党史教学的补充和参考，而是党史教学内容的拓展、方法的创新。口述党史应与传统党史学习教育一并纳入高校思政课教学的课程体系、教材体系、教学体系和考核评价体系。

课程考核是包括教师、学生在内的导向性评价，是增强学生知识体验感、学习体验感和课程获得感的拉动力。课程体系、教材体系和教学体系并不决定采取何种考核评价体系，但考核评价体系设计合理与否，会反过来影响学生对课程体系、教材体系和教学体系的认知和认同。目前学者关于党史融入高校思政课教学的研究成果汗牛充栋，大都聚焦于意义、价值、目前存在的问题、融入的路径或解决的对策，鲜有成果对党史课程考核评价进行阐述，成为高校思政课教学被遗忘的角落。合理的考核评价既是口述党史教学的指挥棒，也是教师了解教学目标达成度的有效方法。

目前党史课程考核方式仍是传统的考试方式，题型为填空、单选、多选、名词解释、简答、论述或材料分析题，此种方式中的过程性考核片面地设定为日常学生考勤，或者让学生提交一篇课程论文，占总成绩的 20% 或 30%，忽略了“以学生为中心”的教育思想，不能很好地体现新时代人才培养的模式。① 使党史考核仍拘泥于传统的方式，注重结果考核而非过程性考核。

有的党史课程考核走向了另一个片面，完全依赖某“智慧”网络平台，将学生个人信息导入系统，在网络中观看网课、视频、刷题、完成教师网上布置的作业，网络会将学生的学习过程按照设定的打分标准直接生成成绩。依托信息技术、网络衍生的各种令人眼花缭乱的冠以“智慧××”的教学平台，未能客观反映教学水准。这样就形成了教师在课堂上讲，学生在网络上“练”两个互不相干的环境。学生只要在网络上完成了学习任务，也就意味着这门课程学习的结束。

两种考核方式存在的问题，均没有体现“以学生为中心”的过程性学

① 王磊磊：《基于智慧教学的“四史”融入高校思想政治理论课研究与实践》，《科教文汇》2024 年第 16 期，第 69 页。

习和考核，是应该深刻思考的问题。实现科学的效果评价，要充分利用大数据累计评价整个学习过程，把以往难以纳入评价体系的课堂评价、过程评价综合起来，改变传统、单一的考试评价机制，增强学生的学习获得感①。

完整的考核方式应该是充分发挥智慧教学系统，实现三个过程的结合，一是课堂评价，包括积极回应教师提问、对讨论的问题提出有价值的观点、具有良好的课堂操行；二是考核评价，包括课程论文，如调查报告、考察报告、读书体会、观后感、情景剧排演、短视频制作等；三是综合评价，包括期末考试、网络平台学习情况。将三个构成部分按合理占比纳入课程考核。

口述党史既是一种党史研究方法，也是党史学科的一个分支。按照党史党建学科要求、大学生人才培养的思想政治教育要求，以及培养学科素养的需要，应对口述党史采取灵活而又适当的方式进行必要的考核。主要有以下几种方式：

一、答辩式

答辩式考核方式，学生现场即时回答有关提问，可以测试学生对党史知识掌握的熟练程度和深度，还能够就答辩题目展开探讨。师生间用考试的方式来讨论问题，是口述党史教学评价机制的创新。

（一）考试流程

公布考试说明，包括公布考试时间及考试要求、成绩划分依据和等次、考试地点及分组、考试评委。

考生进入考场后，先从候选题中抽取试题，在备考室进行 5 分钟准备时间。答辩开始前，向评委（监考老师）自报姓名、学号及所抽取题目的序号和名称，后在规定的时间内完成陈述。评委根据学生回答的情况进行提问，进一步考查学生的学科素养，或者根据题目延展内容做进一步

① 王磊磊：《基于智慧教学的“四史”融入高校思想政治理论课研究与实践》，《科教文汇》2024 年第 16 期，第 71 页。

提问。

（二）考核标准

表 3-1　口述党史考核（口试）赋分参考①

序号	考核项目	评分标准及占项目总分比例（分）				项目总分值
		优（>90）	良（80—90）	中等（60—80）	差（<60）	
1	回答问题情况	准确流利地回答提出的各种问题	恰当回答有关的问题	基本答出有关的问题	不能正确回答提出的问题	30
2	知识掌握情况	掌握坚实的基础理论和系统的专门知识，知识面宽广	掌握扎实的基础理论和系统的专门知识，知识面较宽	基本掌握扎实的基础理论和系统的专门知识，有一定的知识面	基础理论和专门知识掌握一般，知识面较窄	30
3	口头表达情况	规定时间内，能简明扼要、重点突出地阐述问题的主要内容。表达能力强	规定时间内，能较流利、清楚地报告问题的主要内容。表达能力较强	规定时间内，能够基本叙述出问题的主要内容。有一定的表达能力	规定时间内，不能阐明问题的主要内容。表达能力较差	30
4	仪态表现情况	沉着、稳重、大方、有礼貌	自然大方、有礼貌	较紧张、有礼貌	紧张、没有礼貌	10

来源：依据口述党史考试资料自绘。

① 课题组成员郭慰慰提供。

（三）考核内容

1. 口述党史史学思想的考核。其分两个方面，一是口述党史中所蕴含的党的思想理论发展史。这方面的题目解答范围比较宽泛，关于党的百年奋斗重大成就和历史经验，尤其是党在新民主主义革命时期思想理论的发展，均是考试参考的内容。例如，党的三大优良传统、三大法宝等。这一部分考察的内容还应包括党的历史文献，尤其是毛泽东在新民主主义革命时期的著作，如《中国社会各阶级的分析》《中国的红色政权为什么能够存在?》《井冈山的斗争》《湖南农民考察报告》《关于反对党内的错误思想》《新民主主义论》《〈共产党人〉发刊词》《改造我们的学习》《整顿党的作风》《反对党八股》《论联合政府》《在中国共产党第七届中央委员会第二次全体会议上的报告》等。二是口述党史研究所体现的指导思想。这方面的内容必须把党的思想理论、方针政策、历史功绩和经验作为考核重点，也就是说，口述党史研究必须贯彻马克思主义唯物史观，将上述几方面作为研究的指导思想，不能偏离。否则，就会有违史学品格、学术品格，误入史学实用主义。

2. 口述史学价值的考核。史学价值比较抽象，是比较综合的考察。其主要是考核口述党史研究相比较之前的研究有什么突破，现有研究在横向上有什么超越，占有什么样的历史地位。例如，著名历史学家、传记文学家唐德刚，历经数年精心整理录音资料，著成《张学良口述历史》。此书以张学良的自述为主要内容，全景式地展现了张学良的百年风云际会，展现了张学良的人格魅力，再现了张学良的精彩人生，纠正与弥补了以往各种相关图书的错谬与不足。

3. 口述史学方法的考核。其主要考察在口述历史研究中，是不是实事求是（实事求是是唯物史观方法论，是史学研究方法），是不是史论结合，引经据典是不是得当。“实事”就是客观存在的事物，“求”就是探索、研究，“是”就是客观存在的规律和本质，也就是历史规律。史论结合，论从史出，结论不能脱离史料，否则，就是违背历史研究规律的妄议，必然陷入形而上学史学研究的泥淖。如果完全用权威结论来认识历史，来述史论史，就容易走向教条式的史学研究，容易扼杀史学研究、科学研究的创造性。[①]

4. 口述史料内容的考核。中共党史的研究，要将其置于社会史、政治史、经济史、民族史等学科背景下进行，这样才能使中共的方针政策、思想理论研究得以深化。只有从全局出发，而不是仅仅局限于工农运动，才能有全面深入的说明。[②] 也就是要在庐山之外看庐山，才能识得庐山真面目。在考核过程中，有意倾向于史料的宽广度考察，对于培养学生从宏观上把握和研究问题，大有裨益。

案例："中国共产党思想政治教育史"口试试题、考核设计[③]：

1. 结合自己学习体验，谈谈你对于"中国共产党思想政治教育史"这门课程学科属性及学习意义的理解。

考核设计：与所学"中国共产党历史"及"思想政治教育学原理与方法"课程的关系是怎样的？课程对未来发展的影响是什么？在学习过程中采取的学习方法是什么？

2. 为什么说黄埔军校是将帅的摇篮，它是如何开展思想政治教育的？

考核设计：孙中山所说的"军队之能不能革命，是在乎各位将士之有没有革命志气，不是在乎武器之精良不精良"中蕴含的思想政治教育作用是什么？黄埔军校所开展的思想政治教育对今天的启示是什么？

3. 如何评述中国共产党历史上两次古田会议的内容及思想政治教育意义？

考核设计：两次古田会议的异同是什么？你认为两次古田会议的最大亮点是什么？

4. 如何理解中国共产党人精神谱系之长征精神？

考核设计：红色资源的思想政治教育作用怎样充分发挥出来？为什么党的二十大报告要求"弘扬以伟大建党精神为源头的中国共产党人精神谱系"，意义何在？

---

① 周一平：《中共党史史学史》，甘肃人民出版社 2001 年版，第 190 页。

② 周一平：《中共党史史学史》，甘肃人民出版社 2001 年版，第 198 页。

③ 课题组成员郭慰慰提供。

5. 从思想政治教育层面谈谈你对中国共产党历史上两次文艺座谈会召开意义的理解。

考核设计：为什么说“文艺舞台的聚光灯必须对准人民”？文学艺术和社会发展的关系是什么？

6. 你怎么看待“打开连队工作之门的三把钥匙”这一表述？

考核设计：对今天的启示是什么？为什么要用“钥匙”这个词？

7. 选取解放战争时期一批典型战犯案例，分析中国共产党是如何对其进行思想政治教育改造的？

考核设计：为什么要在2019年中华人民共和国成立七十周年之际对部分服刑罪犯予以特赦，其思想政治教育意义何在？中国共产党瓦解和改造敌军工作对今天罪犯改造的启示是什么？

8. 如何理解抗美援朝胜利的思想政治教育因素？

考核设计：你怎么看《金刚川》《长津湖》《跨过鸭绿江》抗美援朝题材电影的接续播出？抗美援朝时期的思想政治教育对今天的启示是什么？

9. 谈谈你对“文化大革命”时期思想政治教育的经验教训的认识和看法。

考核设计：你认为“文化大革命”时期思想政治教育的最大失误是什么？说明原因。《关于建国以来党的若干历史问题的决议》是怎样给“文化大革命”定性的？

10.《关于建国以来党的若干历史问题的决议》的主要内容有哪些？你认为它对新时代思想政治教育的指导意义是什么？

考核设计：简要谈谈中共百年党史中的三个历史决议的主要内容是什么？你最关切的内容是什么？

11. 你怎么看待党的十一届三中全会后思想政治教育的历史性变革？

考核设计：谈谈邓小平在思想政治教育领域的拨乱反正是怎么进行的？你认为这个时期思想政治教育的最大变革是什么？

12. 以学校思想政治理论课教师座谈会为背景，谈谈你对于“思政课是落实立德树人根本任务的关键课程”的理解。

考核设计：结合“六个要”“八个相统一”中感受最深的阐述谈谈体会；这些对于你未来的职业生涯有何影响？

13. 如何从整体框架结构上宣讲党的二十大报告？你怎么看待高校宣讲党的二十大的思想政治教育意义？

考核设计：党的二十大报告中你印象最深刻的内容是什么？如果你是宣讲员，想通过什么形式对学生开展党的二十大报告宣讲活动？

14. 你认为中国共产党百年思想政治教育历程中的基本经验有哪些？

考核设计：结合你感悟最深的方面谈谈体会；你怎样看待百年思想政治教育中的信仰教育的力量。

15. 通过学习，谈谈你感悟最深的一个历史时期的中国共产党思想政治教育现实经验和历史启示。

考核设计：你为什么对这一时期的思想政治教育感悟最深？除了教材，你还通过什么方式了解更多的有关这一时期的思想政治教育？

上述口述考核内容，包括对党史知识、党史研究方法、党史史学价值、党史研究思想等方面的测试。这种对话式考核方法突破了传统的考核方式，考试氛围宽松，学生思考空间开放宽阔，陈述活跃，思维敏捷，能够综合利用党史知识储备，同时也锻炼了演讲能力。

二、课程论文式

口述党史课程论文的撰写除符合学术论文的规范以外，还应重点突出田野调察的内容和特点，故在考核时两方面要求均应体现。拟包括以下类别：

（一）革命历史遗址遗迹调查类

1. 基本信息包括：调查人信息、革命历史遗址遗迹名称、地理位置、所属行政区域、现状描述（风化剥蚀及人为损坏状况、修缮情况、人文环境等）、现开发使用状况。

2. 历史遗址遗迹内容：如果没有碑文或遗址遗迹显示的信息少，必须通过访谈、查阅文献等方式，探究遗址遗迹的历史发展脉络。这类考证需要下一番功夫，过程很是辛苦，但这类考证往往是前人研究的薄弱之处，具有很高的学术价值。如碑文中没有句读，可用现代汉语规范进行断句，保证文通字顺。如果有碑文或遗址遗迹承载的信息量丰富，要力争将所有信息进行整理，以形成完整的描述。

3. 在碑文誊抄、信息全部整理后，要对碑文从不同的角度拍照，以作研究参考。

在调查报告中，需要说明的几个问题有：调查的过程、总体情况；在调查中遇到的问题及其解决过程；对本次调查还存在哪些需要解决的问题；对调查资料的真伪、价值、类型等有哪些判断。这样，会便于调查资料的传播和使用，还为进一步丰富和深入研究调查资料提供了便利。考核中，要对这几个方面有所体现。

下文是2019级思想政治教育专业弭晨曦对泰安市岱岳区祝阳镇陈良村“抗日烈士公墓碑”所做的田野调查记录。该纪念碑地理坐标是35°57′N，117°51′E。

碑文：溯自卢沟桥事变，倭奴入寇，不出半年，烽火兽蹄，遍及华北。国民党省主席韩复榘，主鲁八年，拥兵十万，日寇一至，弃甲兵，狼狈逃窜。民国二十六年除夕，整个山东沦于敌人，幸有中国共产党抗日，号召党员脱下长衫，拿起武器，坚决抗日，保卫人民利益。我山东遂有黎玉、洪涛同志，在徂徕山举义旗，登高一呼，全省抗日力量蓬勃四起，我泰安诸山地，即变为抗日武装之先头阵地，在山东共产党领导下，建立起抗日子弟武装，从此即与人民共谋，坚持抗战，未尝一日放弃阵地。其间虽经敌伪顽利用各种方式摧残破坏，残酷烧杀，而我抗日武装英勇奋斗，前赴后继，栉风沐雨，茹苦含辛，然益加锻炼我等抗日之钢铁意志。民国二十八年，敌伪渐次从泰城向外扩张，安设据点，掠夺人民财产。我军为保卫人民财产，坚决予以还击，与（诸）如西张店、芝田河、梁家林、刘家林、石庙子岭、颜张等，几次伏击战斗，初步击溃敌寇实行伪化之阴谋，我范、王两中队长亦于此时壮烈捐躯。至民国三十一年，抗日战争进入严重阶段，日寇对我抗日根据地，实行疯狂扫荡、分割、蚕食、封锁，残酷清剿。只我泰安即有伪据点三十七个之多，而泰莱、泰济公路，徂徕周围，掘以封锁深沟，五里筑以碉堡，旋即实行烧、杀、抢三光政策，其毒辣手段，莫此为甚。然我地方武装出没于据点林立之间，伏击于壕沟围墙之旁，克服困难，坚持阵地。此时战斗最为频繁，其大者有赵家汶歼灭战，尽毙日寇，缴获机枪。大河峪之突围战抗击达八小时，溃其两路增援，终于以少胜多。是役不但粉碎敌寇妄想围歼之企图，且更得到泰北广大人民之拥护，人心得以维系。即年秋，花红峪保安队被围，反击战中均至死不屈，自王队长以下全部壮烈殉国。二王庵之突围战，我九连伤亡三十余人，而敌伪被毙者数百人以上。旋即拔除羊栏沟、西王家庄子、邱家店、崅峪等据点，共毙伤俘敌伪百余名，我军光荣牺牲者亦不少。迨民国三十三年整个敌后对敌斗争胜利下，敌伪被迫撤退上港、下港、麻塔、大津口、旧县、北望、辛庄等据点，使我无后顾之虑，直捣泰莱公路两缘，连克祝阳、杏园、西张店、吴家庄、北石汶等敌伪据点，打开敌对我封锁分割局面，北面使我祝山、黄山、卧龙、岱峰四区，南面使旧县、崅峪两区连成一片，群众翻身生产运动逐渐展开，打下反攻基础。更双面夹击泰莱、泰新公路之敌伪交通，展开梁家林两次战斗，毙敌寇三十七名，缴获机枪二挺，及重要文件等，继伏击吴化文部，缴获军用品甚多。不久苏联对日宣战，日寇投降。总之，我人民武装为民族解放事业，不顾一切困难，奋斗牺牲，始终站在最前线。七年来，终于粉碎敌人之七次强化治安，保卫了人民生命财产，渡过艰苦困难，取得最后胜利，伟大之抗日民族战争于今胜利结束。日寇法西斯终被我们赶出去，八年之苦难枷锁终被打碎，我中华民族从日寇奴役下解放出来，此乃英勇烈士艰苦奋斗、鲜血头颅换来。不有烈士之流血牺牲，何有今日光荣胜利？饮水思源，以砺来兹，我泰安各界人士，踊跃集资，建修烈士公墓，烈士功绩永垂后史。烈士英灵永久安息。

泰安县县长 亓伟敬撰

中华民国三十五年七月七日立

抗战胜利后，各抗日民主根据地为缅怀抗日英烈、记录斗争过程、弘扬民族精神、寄托建立新中国的理想，在不具备建立纪念馆、展览馆、博物馆等的条件下，依据现有条件，在革命斗争遗址遗迹建立了众多纪念标识，比较有代表性的就是纪念碑，并篆刻碑文以铭其志。这份革命文物田野调查信息全，包括地理坐标、战斗过程、立碑时间、烈士简介及烈士家属题字、题词，还包括抗战胜利后对国际国内形势的分析，以及最终战胜国民党反动势力的豪言壮志，并附有图片。碑文誊抄准确，断句恰当，文通字顺，是大学生田野调查的上乘之作。

（二）革命历史纪念场馆参观类

这类课程论文的撰写内容包括：场馆内专门招募的历史见证人的口述、场馆史料的誊抄、场馆讲解员就馆陈史料进行的阐发。此类内容常见于革命历史纪念馆、博物馆，革命历史人物故居、旧居，革命历史旧址、遗址等。这类场馆蕴含着丰富的珍贵的史料，是重要的红色文化资源。如包括徂徕山抗日武装起义纪念馆在内的山东十大抗日武装起义纪念馆、鲁中抗日战争展览馆、莱芜战役纪念馆、中共中央山东分局旧址、冀鲁豫边区革命纪念馆、单拐革命旧址、中国人民抗日战争纪念馆等。

下文为历史学院学生刘英在进行专业考察实习后，撰写的考察报告。

生动的历史教科书——北京专业考察报告

我们的第一站是圆明园，也是英法联军侵华的历史罪证。19世纪中后期是中国的屈辱期。从《南京条约》始，都饱含着中国人民的血和泪，残酷地摆在人们眼前的景象更能给人触目惊心的感觉。圆明园昔日的奢华在那凌乱的断壁颓垣中仍能依稀想见，那些汉白玉上精湛的浮雕也向人们诉说着封建统治者的奢侈无度，让我们不得不感叹：皇家为了给自己建一个休闲娱乐场所所花掉的银子足以救活多少因饥饿而死的人！这些华丽的外表是否就是引起列强对中国垂涎的原因？一个休闲的园子都可以奢华至此，那从中国可榨取的利润该是怎样一个天文数字呢！可谁又会知道在封建统治者富丽堂皇的背后有多少街头露宿者！再往更深处走，英法联军的滔天大罪更是随处可见，他们把能带走的带走了，能抢的抢了，还要放把火彻底把它毁了，不禁想象自己身处那个年代，但又转念一想，如果圆明园还完好如初，它还会有如今的价值吗？那它至多作为一个华丽的建筑群来展示它的不凡。“圆明园的最大价值在于它的惨烈带给人的深思。”所以，我不赞成当代某些人提议恢复圆明园原貌，就像一个古花瓶被打碎了，再造一个，它也不是古花瓶了，充其量是个很不错的赝品，毫无原本的价值。

第二天观看升国旗。来到天安门广场，其雄伟博大让人肃然起敬。虽然很早，但广场上已经站了好多人，其中不乏一些外国人士，不知道他们是怀着怎样的心情来看待一个异国的升旗仪式，但于我而言，这已给了我一种自豪、一种身为中国人的骄傲，随着国歌的奏响五星红旗冉冉升起，目光也随之缓缓上移，我以为这是中国人昂首挺胸最自然的姿势，彰显了中国人的自豪。随后观看毛主席纪念堂，好多老年人都庄重地将鲜花献给敬爱的毛主席，他们亲身经历过那个年代的考验，比我们更加崇敬毛主席。

长城在中国的历史上发挥了举足轻重的作用。从长城脚下仰望，气势雄伟。走在青石条铺就的路上，不得不感慨：如此浩大的防御工事真的就是靠古代人民肩挑背扛筑起来的吗？在如此陡峭的山峰上筑了一道这般绵延的“墙”，长城真不愧为世界八大奇迹之一。它经历了这么多年的洗礼依然屹立于群峰之上，堪称奇迹。站在烽火台上极目远眺，想象着千军万马厮杀的场面，你就会理解长城被谓之“长城”而不是“长墙”的原因了，它是守卫中原的屏障，坚不可摧。爬上顶峰，大好河山尽收眼底。为了眼前这片壮丽山河的安宁，纵使献出自己的一生去守护，也当在所不辞。

（三）口述党史整理文稿类

此类文稿主要包括革命历史事件、人物访谈。无论是哪一类别，必须包含如下内容：访谈主题，访谈目的，访谈提纲，访谈计划等，前已阐述，此处略。

在进行考核时，侧重于文中涉及的事件的名称、时间，出现的人物的所有信息，力求准确。整理后的文稿中，所反映的问题应相对集中，反映历史主题，揭示历史规律，体现史学研究理论和方法论的要求。访谈提纲，是进行口述史访谈的框架和中心思想的体现。主要考核提纲是否紧扣主题，是否会降低口述人陈述历史的积极性，是否全面，等等。禁止网络下载、复制粘贴、抄袭等学术不端行为。

这是本课题关于20世纪50年代农村社会主义改造做的访谈。依据口述历史研究法对录音进行整理。口述人是土改时家里的女孩——王纪爱（文中称小王，生于1935年，时在家务农），临沂费县人。

土改时，家里有六口人，身体健康的父母和三个哥哥。土改时，这是劳动力充盈的农村家庭。

土改时分了四亩地，全是旱田，种谷子、高粱、麦子，靠天吃饭。收成不好时就挨饿。有一种野菜叫灰菜，没啥吃的就到田野里薅灰菜（一种可食用野菜）吃。小王父亲什么活都干，主要是农活。夏天薅草，冬天耧地。小王是家里受宠的女孩，平时摘豆角拾棉花，干点家务事。十天有八天挨饿，粮食不够吃，柴火不够烧。家里干点简单的副业，比如绣花、砍柴，用来换花生和点心，或者用卖柴的钱买盐和洋火（火柴）。有时拿鸡蛋换洋火，一只鸡蛋一毛五，有“地瓜干子当细粮，鸡腚眼子是银行”之说。家里的收入，靠给地多的家庭锄地等农活换一点粮食，干一天活换两碗高粱，条件好点的人家再给斤把花生米，没有工钱，煎饼也吃不上，日子比较清贫。

小王家阶级成分是中农。父亲曾是抗属委员，觉悟高，思想进步。逢年过节，带头给军属送柴火。军属家里需要什么，小王父亲总是想方设法去解决。

家里唯一的牲口是一头小驴，入社的时候，就交给了生产队。各家各户的农具、牲口，经过登记后入社。

土地按股入社，每股有股金，还有土地证。尽管舍不得，加入合作社后，土地就不是自己的了，打的粮食也是由生产队分着吃的。入社的土地、牲口、农具都有股金、补贴，经过一定时间，就去队里领补贴。

入社后，家里还留有一些生产工具，如铁锨、犁耙绳索。犁是主要的生产工具。家里的农具不够用时，就借邻居家的。家里的驴入了生产队，就只好用铁锨翻地。队里的牲口，比如牛、驴，农忙时，牲口轮换着出力，是主要的生产工具。

牲口和大的生产工具，比如犁，都集中放在生产队里，小的生产工具，比如铁锨、锄头、镢、镰等就放在自己家里。饲养牲口的地方叫饲养处，饲养员多是不能正常参加生产劳动的人，工分参照正常劳动力确定。

这个区域进行社会主义改造时，没有经过互助组，就直接入了社。也有不愿意入社的，尤其是地多劳力又充足的家庭，他们担心入社后收入会减少，不如自己干。地少劳动力又不充足的家庭，入社的积极性就高。但是不入不行，上边压着，宣传得很厉害。入社没有分批，是一起入的。村里的所有干部都竭力动员家家入社，“非入社不行”。老百姓对入社心里也没有底，有的担心入了社还会挨饿，还担心会落后——“怕跟不上人家的趟”。入社后，吃得差了，有时候连渣豆腐①也吃不上。

入社后的生产劳动，生产队提供犁耙绳索等工具。种子是自己留的。农民对入社没有什么认识，只是觉得上边要求的，不入不行，随大流。

村里的干部主要有社长、会计、林业队长、生产小队长和民兵队长，都是能识文断字、能说会道的，是经过村民选出来的。生产小队是按人口、土地多少划分的。集体出工，生产队长组织生产，并记工分。村里的干部也干活，没有特殊化，都是按工分吃饭。生产队长根据劳力性别、年龄、生产积极性、劳动成果等因素定工分，自主权比较大。有个别的村干部偷吃队里的东西，还往家偷东西。但总体上讲，村里干群关系是很融洽的，很团结的。

成分高的家庭，都要巴结穷人。因为越穷越光荣，谁家东西多过得富，谁家就抬不起头来。

这篇访谈信息量较大，体现了如下内容：土改时乡村普通家庭的构成、生活状况，入社时农民的态度和对初级社、高级社的认知，牲畜、农具、土地的流转及使用状况，农民生产劳作方式和劳动力待遇，村干部的面貌等。基本上反映了农村社会主义改造时农村家庭的面貌。

（四）口述党史文稿文评、书评类

撰写口述党史文稿的评论文章有一定难度。文评、书评主要本着历史原则、理性原则，从史学思想、史学价值、研究方法三个方面入笔。评论

① 鲁中、鲁南地区一种用野菜、树叶、地瓜叶等掺入少许玉米粳做成的稀饭。

要符合史实，一分为二、客观公正。评论文章要以马克思主义唯物史观为指导，体现党的路线、方针、政策。对一个党史文稿评论者来讲，必须加强马克思主义理论的修养、加强党的路线方针政策的修养、加强习近平新时代中国特色社会主义思想的修养，而且十分重要的。这些方面的理论修养越深，党史文稿评论的质量就越高。

在上述理论原则指导下，撰写党史文稿评论可包括以下内容：对原文稿的简要介绍（中心思想、文本结构）、文稿在史学价值（研究成就）及研究方法方面的独到之处、存在的不足或问题及其产生的时代背景、评论者对文稿研究主题的个人观点。

（五）田野调查日记、访谈日记、报道类

1. 田野调查日记。通常认为，已经对革命历史遗址遗迹进行了系统的整理，就没有再写日记的必要了。虽然田野调查与田野调查日记二者在内容上有交集，但各自毕竟有自身的侧重点，不能用田野调查文稿代替田野调查日记，更不能用田野调查日记代替田野调查文稿。

田野调查日记主要侧重于调查的过程、个人在调查中产生的认识和感悟，以及不宜体现在田野调查文稿中的信息。田野调查日记可作为田野调查文稿的补充或日后查找田野调查文稿的线索。时过境迁，再回头查阅文稿时，其缺失的信息可以从调查日记中得到充实。调查日记实有必要记叙。

2. 访谈日记。访谈日记与田野调查日记不同的是，访谈日记主要面对的是人物，访谈过程中人物的心理状态、表情、言语表达、神态都是影响访谈效果的因素，但这些不能记入访谈文稿中。在后期阅读访谈文稿时，如果发现口述人表述不充分或含糊其词、避重就轻，可从访谈日记中找到口述人当时的心理动态描述，然后再对此进行推敲，重新找到访谈突破口。所以，如同田野调查日记一样，口述访谈日记对口述访谈文稿整理来讲，也是必不可少的。在把访谈日记作为党史口述的考核依据时，宜将其与整理好的口述文稿合并进行。

3. 口述党史的报道。口述党史的报道也可以作为考核的内容。报道是新闻性阐述，但其主要内容应包括口述访谈主题、访谈的基本信息，主要内容、意义和价值。就这些主要内容来看，应列入口述党史研究范围。这种报道，也与访谈日记、田野考察日记一样，是对正式考察文稿的一种补充和索引。沂南常山庄作为爱国主义教育基地，保存了大量的革命遗址、山东党组织办公旧址，收藏了大量革命历史文物。为再现老区人民的革命精神，基地特别招募了亲历革命战争年代的老人、老战士、老党员等，让他们诉说、讲解革命历史过程。再如，基地特别排练了革命历史情景剧《沂蒙山小调》，剧情演出在一农家院落，是在当年战地医院遗址上修复的，以抗战时期沂蒙乡村老大娘凄婉的唱腔为背景，描述了战地医院军民抢救伤员的过程，呈现了面对残暴的日军，军民团结抗日的鱼水情。演员进入角色深，表达真切，观众入情入境，也被深深地感染，整个演出观众、演员融为一体，完全沉浸在剧情中。对这一情景，用新闻的写作手法进行描述，也是生动的口述史料文稿，而且是颇具创新的党史口述文稿。

三、授课式

口述党史的考核还可以通过授课的方式进行。可以将某一次田野考察、口述访谈、口述党史文稿评论作为案例，制作成课件，通过现代教学手段进行展示。课件的制作，可以将文字资料、实物景观、见证人口述场景、档案卷宗、影视资料、背景音乐等素材整合。在学生展示课件讲解时，能够根据研究过程把握讲解节奏、突出重点、展现亮点，声情并茂。

查看学生根据党史口述史料撰写的教案，需包含以下内容：说课、学情分析、培养目标、教学重点难点、教学方法、教学过程、课堂总结、课堂反思、板书设计。重点考核教学过程的设计和课堂反思。

不要求学生完全按教案的设计进行讲课，那样会限制学生课堂临时发挥，讲课过程中只要体现教案的主体设计即可。主要考核学生对口述党史史料是否经过严谨的考证和辨析。讲课内容必须正确。说课环节，考核学生口述党史资料的产生过程：主题、访谈计划、访谈过程、文稿整理情况。

这种考核方式，使传统的较为呆板的方式变得活泼生动起来，既锻炼了学生口语表达能力、专业教学技能，又考核了学生社会实践能力，灵活而有效，自然受到学生的欢迎、教师的好评，这是口述党史考核形式的创新。

四、自媒体制作式

自媒体制作是学生普遍欢迎的自我展示、个性张扬的新形式。大学生在制作自媒体节目时，在技术手段、内容设计、视觉传达形式及表达效果等方面，均是用心设计，精心打造。我们把党史学习教育融于大学生自媒体制作中，能够借助学生的兴趣爱好，潜移默化地加强思想政治教育。

例如，学生在临沂进行《沂蒙山小调》著名民谣的诞生田野调察后，制作了《红色之声——沂蒙精神在红色民谣中传唱》的视频。视频借助《沂蒙山小调》产生的历史背景和经久不息的传唱，将沂蒙精神的传承融入其中，揭示沂蒙精神传承的音乐表达方式。田野调察课题组以此为中心，到临沂《沂蒙山小调》的诞生地，查阅了历史档案及大量文献，参观了临沂革命纪念馆和华东革命烈士陵园，走访了抗日老战士和《沂蒙山小调》传唱人，获取了大量的一手素材。视频以抗日战争时期沂蒙人民英勇抗击日本侵略者的民族解放战争为背景，揭示《沂蒙山小调》的产生、传唱过程对沂蒙精神的传承所起的作用。抗日战争中，《沂蒙山小调》发挥着瓦解敌人、凝聚抗战力量、鼓舞我军斗志的重大作用。在视频内容设计上，将上述素材有机融合在一起，以《可爱的中国》为背景音乐，诉说着：这首优美动听的歌曲，曾伴随《大众日报》将党中央的指示传向每一个抗日健儿；这首如诉如泣的民谣曾凝聚临沂人民铸成势不可挡的滚滚铁流，将侵略者吞没；这首蕴含老区人民家乡情怀的小调，曾伴随摩尔斯密码，将山东抗战捷报传向延安。视频结构严谨、重点突出、素材衔接自然流畅、效果表达强烈。视频对青年大学生的当代启示：青年要秉承革命先烈遗志、弘扬传承沂蒙精神，不断赋予这首红色民谣新的时代内涵，唱响在祖国的每一寸大好河山！

该作品获得第十八届“挑战杯”山东省大学生课外学术科技作品竞赛红色专项一等奖。

对学生提交的各类课程论文，在考核结束后，这些资料应按文献编纂要求进行整理保存。

对于这类文献，目前普遍采用电脑保存。对上述资料进行分类、标题、标引，通过重叠建立文件夹体现文献信息层级。对于学生提交的纸质版材料，为防止文献破损、霉变、虫蛀等，除按照图书馆、档案馆文献管理、保护标准采取的措施进行存放外，应对这些材料进行扫描，信息化处理，分类、分层级建立文件夹，保存在电脑里。尤其是学生讲课课件、制作的自媒体视频，用电脑来保存就更方便安全了。

第四章　口述党史资料库建设

中共党史资料是对中国共产党历史的记录和反映，对中国共产党的历史具有展示、传承和弘扬的重要功能，同时也是研究中共党史的基础和必要条件。陈云曾讲，编好党史，“首先要把党史资料立好，立准确”[①]，详细占有资料。中共党史资料类型多样、内容丰富，是中共党史学科发展的基础。[②] 史料划分的类型庞杂，按史料原始程度，可分为原始史料和非原始史料（二手史料）；按史料存在的形式区分，可分为文字史料和非文字史料（图画、实物等）。[③] 口述党史资料从属于党史文献资料，是历史文献中的一部分。口述党史资料一是可以丰富党史资料内容，二是能够更新研究理念，三是对现有党史资料具有勘误作用，因为“并非所有史书与口述历史都是正确无误的”[④]。

由于党史史料的实物、建筑和历史遗址遗迹非常浩繁，故有多种分类方法。著名党史学者、党史文献学专家周一平在《中共党史文献学》中将中共党史文献类型按文献载体形式、文献内容、文献的加工程度层次、史料的加工程度分为四大类，每大类下又分为若干子类和分支。[⑤] 由于不同种类内容之间相互交叉重合，本书从教学实际出发，只把口述党史资料库

① 中共中央党史资料征集委员会：《中共党史资料》第 1 辑，中共党史资料出版社 1982 年版，第 2 页。

② 王炳林：《中共党史学科基本理论问题研究》，北京人民出版社 2021 年版，第 314 页。

③ 王炳林：《中共党史学科基本理论问题研究》，北京人民出版社 2021 年版，第 316 页。

④ 游鉴明：《她们的声音——从近代中国女性的历史记忆谈起》，台湾：五南图书出版股份有限公司 2009 年版，第 39 页。

⑤ 周一平：《中共党史文献学》，华东师范大学出版社 2002 年版，第 51—96 页。

建设按文稿类、实物用品类、革命历史遗址遗迹类进行划分。

第一节　文稿类

这类资料主要是依据文献载体形式进行的分类。其主要分为文字资料和音像资料。文字史料主要是文字记录、文字材料，包括档案、文件、文稿、文集、报刊、著作、论文等。音像资料主要是以音频画面为内容的音像制品，如纪录片、录像带、录音带、音频等。这类资料不包括照片、宣传画、连环画、大字报等，这类资料归属文物类史料更合适。

一、档案、文件、文集、报刊、政协文史资料、图片、图表

这类资料属原始文稿。原始文稿是与重大历史事件、革命运动和重要党史人物相关的零次文献[①]，包括印刷型和手写型文献。[②]

（一）档案

档案是宝贵的具有原始史料价值的文献。中国共产党自建立以来，就非常重视档案的建立、建设和保护工作。从中央到地方，党的各个部门、各个系统、各个单位都产生、保存了大量的档案，既有集体档案，也有领导人、社会活动家、理论工作者、艺术家、作家等个人档案。档案种类有会议记录、报告、决议、宣言、总结、命令、批示、批复、批语、指示、告示、通知、通告、信函、电报、通牒、手稿及音像制品等。涉及内政、国防、外交、治党、治国、治军各个方面。如中央档案馆保存的档案已有200多个全宗，近60万卷，800多万件。地方档案馆保存的党史资料也非常丰富。例如，截至1990年底，山东省档案馆馆藏档案有240个全宗，排架总长度3206米。其中，革命历史档案（1923年至1949年）有51个全宗，包括中共一大代表王尽美、邓恩铭早期革命活动史料，周恩来、董必武亲笔签署的信件，及山东早期党组织的机关报《红旗》等。1949年以后

① 周一平：《中共党史文献学》，华东师范大学出版社2002年版，第74页。
② 周一平：《中共党史文献学》，华东师范大学出版社2002年版，第51页。

的革命历史档案有138个全宗，包括毛泽东、周恩来、刘少奇、朱德、邓小平、陈毅、谭震林、彭真等党和国家领导人在二十世纪五六十年代在山东视察的照片和讲话等珍贵声像档案。另外，山东省档案馆馆藏部分中华民国时期档案，有国民党山东省党、政、军、警、特机关和日伪山东省公署、各道公署的部分档案28075卷，包括济南“五三”惨案的记载，韩复榘杀害中共山东省委书记邓恩铭，以及刘谦初、吴丽实等22位革命烈士的材料，等等。

除了官方专门机构建立保管的档案，还有民间档案。本书作者所搜集的鲁中地区乡村文书档案，主要是关于“文化大革命”结束至2012年间鲁中乡村经济往来账簿、计划生育、农田基建、家庭联产承包责任制、村庄规划、村级党建、村级领导组织发展等近4000件资料本（册）。

（二）文件

从文件产生的主体来分，文件分为中共中央及其各部门的文件、地方党及其各部门的文件，以及军队、工会、妇联和共青团等系统的文件，中共中央及各部门的文件是党的文件的主干，地方党及其各部门、军队等各系统的文件是党的文件的分支。从文件涉及的内容来看，有政治、经济、军事、文化、教育、外交、社会等，较集中地反映党在各个历史时期的路线、方针、政策、思想和理论。从文件产生的功能来研究，主要有纲领、章程、宣言、总结、决议、指示、报告、计划等。受党组织委托以个人名义发表而产生的报告、演讲、讲话、著作、文章、信件及其他作品，也是党的文件。例如，1945年4月，毛泽东在中共七大所作的《论联合政府》的报告；1949年3月，毛泽东在党的七届二中全会上的报告，都属于党的文件。从文件使用范围上讲，有的作为档案保存，可有条件查阅，有的则印刷公开发行，有的内部传阅。文件是具有原始史料价值的中共党史文献，是中共党史文献中极其重要的部分，既是中共党史研究的基础，也是中共党史研究的对象。

（三）文集

文集也是具有原始史料价值的中共党史文献。中共党史领袖人物、杰出人物，包括军事人物、文化人物，他们的思想理论对党的历史产生过重要影响，他们的历史是党的历史的重要组成部分。其思想理论及对历史的影响，集中反映在他们的生平、思想、实践中，由此形成的文集，是中共党史文献的重要组成部分。如《毛泽东农村调查文集》（中共中央文献研究室编辑，人民出版社 1982 年版），《毛泽东选集》（四卷本，人民出版社 1991 年版），《毛泽东年谱（1893—1949）》（修订本）（中央文献出版社 2013 年版），《建国以来毛泽东文稿》（1—20 卷）（中共中央党史和文献研究院增补修订，中央文献出版社 2023 年版），《毛泽东文集》（八卷本，中共中央文献研究室编，人民出版社 1996 年版）等。此外，周恩来、刘少奇、朱德，以及党的早期领导人的思想言论等也编辑出版了文集、选集。如《周恩来选集》（人民出版社 1997 年版），《刘少奇选集》（人民出版社 1981 年上卷版、1985 年下卷版），《瞿秋白文集》（八卷本，人民出版社 2013 年版）等。

以汇编形式编纂的党史文献资料，是比较综合、系统、全面的党史文献资料。如由中共中央党史和文献研究院、中央档案馆联合编辑的文献集《中国共产党重要文献汇编》（1—12 卷），收入了中国共产党建党前后到 1927 年间产生的各类文献 1109 篇，430 余万字，是党的历史文献最系统、最全面的文献集。

（四）报刊

报纸和刊物统称为报刊，报纸应属原始文稿类，刊物有些内容属于撰述类史料。

报刊真实地记录了党的奋斗历史，是重要的党史文献。中国共产党成立之前，中国共产党早期领袖人物就创办了一些报刊。这些报刊是研究中国共产党成立之前，马克思主义在中国的传播及中共早期党组织的重要史料。如陈独秀于 1915 年创办的《青年杂志》（1916 年 9 月更名《新青年》），是 20 世纪 20 年代中国一份具有影响力的革命杂志。陈独秀、李大钊于 1918 年 12 月创办的《每周评论》，在五四运动中，对传播马克思主义，介绍苏俄及中国工人阶级状况，产生了广泛而深刻的影响。毛泽东在 1919 年 7 月创办的《湘江评论》，热情讴歌俄国十月社会主义革命，倡导民主与科学，反对封建专制与愚昧，发表了大量充满革命激情的文章。1920 年 1 月，周恩来创办《觉悟》，是五四运动时期影响较大的进步刊物之一，反映了当时进步青年由民主主义者向马克思主义者转变的历史过程。

（五）政协文史资料

1959 年 4 月 29 日，全国政协三届一次会议闭幕，时任全国政协主席周恩来提议，把戊戌以来中国社会变化的历史资料从各方面记载下来，并进行整理和出版。这是全国各级政协大规模搜集、整理、出版文史资料的开始。政协章程规定：中国人民政治协商会议和地方委员会根据统一战线组织的特点，进行关于中国近代史、现代史资料的征集、研究和出版工作。截至 2022 年，全国各级政协征集到的近百亿字资料，从不同角度和层面，用翔实的资料反映了近现代中国的发展变化，发挥了存史、资政、团结、育人的功能，是宝贵的文史资料库。

（六）图片

图片包括照片、地图等。一般是具有中共党史史料价值的中共党史文献，真实记录了当时的实际情况。就照片所反映的内容来看，其划分标准与著作这一撰述史料类的划分相似，可以划分为通史型、专史型、阶段型、人物型、事件型、地域型、单位型等。①

除了照片，还有以绘画、影印、拓片等艺术形式呈现的图片，也是与中共党史有关的。如刘凤禄编的卡通漫画《地雷战》（中国电影出版社 2021 年版）、吴印咸的《吴印咸摄影工作 60 年影展作品集》（陕西人民美术出版社 1985 年版）等。

（七）图表

图表包括地图和表格。在新民主主义革命时期、社会主义革命和建设时期、改革开放和社会主义现代化建设新时期及中国特色社会主义新时代，中国共产党在每一个时期都设计绘制了各种地图，在第一个历史时期

① 周一平：《中共党史文献学》，华东师范大学出版社 2002 年版，第 67 页。

有各种军事地图、地下交通线地图，在第二个历史时期有大三线、小三线建设地图、国家物资配置图表，等等。这些地图和表格留下了党革命斗争和社会主义革命建设的足迹，是宝贵的党史资料。

二、文章、诗词、题词、题诗、批示、批注、批语、笔记、日记、书信、年谱等

此类文史资料，体现了笔者的情感世界和对历史的感悟、体察，以及对相关历史事件的态度。口述党史课堂教学，引入这类资料，既能够活跃课堂氛围，又可以渲染党史情节，还能够丰富课堂内容。

（一）文章、诗词、题词、题诗

诗有史，词亦有史，庶乎自树一帜矣。毛泽东诗词当之无愧。毛泽东诗词有一百多篇，是毛泽东在伟大的波澜壮阔的新民主主义革命时期、社会主义革命和建设时期，对中国历史题材的情感写照。史诗合一，是毛泽东诗词的重要特点。毛泽东诗词诞生于血雨腥风的革命征程，淬炼于血与火的疆土沙场，艺术地再现了中国革命历史画面的全貌。毛泽东诗词就是一部无形而又鲜活的中国革命史，蕴含了中国共产党产生、发展、壮大的历史脉络，刻画了屡经险阻、风云变幻，最终成功的宏伟画面。

毛泽东的诗词是认识和研究中共党史的一个向导。这个向导引领我们认识中国共产党人的精神特质："为有牺牲多壮志，敢教日月换新天"；新民主主义革命的历史特征："问苍茫大地，谁主沉浮""数风流人物还看今朝""人间正道是沧桑"；社会主义革命和建设阶段的历史特征："一万年太久，只争朝夕""可上九天揽月，可下五洋捉鳖，谈笑凯歌还"；国际共产主义运动的发展特点："神女应无恙，当惊世界殊""太平世界，环球同此凉热""不许放屁，试看天地翻覆"。毛泽东诗词的思想意蕴和精神境界与他治国理政的理念是一致的。

毛泽东的题词、题诗也反映了党史细节，是宝贵的党史研究资料。例如，1939 年 10 月 4 日，中共中央创办《共产党人》，毛泽东为本刊专门题写并发表发刊词——《〈共产党人〉发刊词》。在国际形势变化、国民党政策变化及中共党内的变化形势下，科学地、系统地、深刻地阐明了中国共

产党对于中国革命及其前途的全部见解，回答了中国的发展方向，阐述了中国革命的独创性经验，为抗日战争的胜利和中国革命最终走向成功提供了理论遵循。《〈共产党人〉发刊词》是党的建设的经典文献和党史研究的重要史料。

（二）批示、批注、批语

作为党史研究范畴的批示、批注和批语，原件实物通常珍藏于档案馆、博物馆，已经刊出的批示、批注和批语，是对原件的审慎再现，体现了编纂者的见地和价值取向。

批示，是公文传阅流程中的环节，指对下级的书面报告批注意见，也指批示的文字。批示，常具有指导性，要求下级根据所做出的批示内容开展工作。例如，1951 年 5 月 9 日，邓小平把他写给党中央和毛泽东的综合报告做了节录，文名《关于西南地区的土改情况和经验》。毛泽东对这篇文稿极为赞赏和重视，5 月 16 日，他向全国各地批转了这份报告："小平同志的报告很好，发给你们研究。我的意见附注在报告各段里面，并供你们参考。"这段文字就是批示，而文中的"附注"就是毛泽东对邓小平所呈交的报告的批注。这份批示，要求全国各地认真研读报告中所反映的情况和总结的经验，按照"附注"要求推动各地土改。

批注，是常用的读书方法，就所读资料的内容、写法、结构、语言等方面，把读书感想、存疑等，随手写在书中的空白处，以帮助理解、深入思考、提炼研究线索。党史范畴的批注，中央档案馆编《毛泽东批注二十四史》（中国文史出版社、北京燕山出版社 2019 年版）堪称典范。《二十四史》记载了中国古代历朝政治、经济、文化、艺术和科技等方面的内容，全书 3213 卷，约 4000 万字，是中国最详细、最权威的一部历史巨著。毛泽东日理万机之余，通读全书，写下大量批注和史论。书中所刊批注，全面反映了毛泽东对中国历代政治领袖、历史名人、重大事件、学术典籍、文学名著等的评论和分析，是毛泽东史评、史论、以古喻今之集大成者。这些批注，反映了毛泽东是以伟大的无产阶级革命家和战略家的眼光去领略历史，展现了毛泽东评史的立场、观点、方法，是开展关于毛泽东研究、党史研究的一手宝贵资料。

批语是对他人所写文稿等的评语。批示中的内容，有时也含有评语之意。例如，1960 年 12 月，中共湖南省委拟在 1961 年春耕之前从根本上扭转当时农村工作的被动局面，并提出了扭转措施，于 12 月 18 日就此向中共中南局并中共中央和毛泽东呈交《湖南省委关于整风整社运动部署报告》。12 月 22 日，毛泽东在阅读这份报告之后作出批语："印发各中央局，各省、市、区党委及参加即将在北京召开的中共中央工作会议的同志，不发西藏。"① 这个批语主要是作出指示和要求，具有批示之意。

泰山学院万里图书馆珍藏着新中国成立以来，尤其是改革开放以来，万里所阅读的书籍的批注、文件的批示，安徽省委工作报告的批语、评语。这些志识记载了万里对我国经济社会发展，尤其是对改革开放之初我国经济社会发展的研究和认识，镌刻着万里锐意改革的思想和历史贡献，珍藏着与邓小平、胡耀邦、田纪云等时任党和国家领导人亲切交往的史料，展现了一代共产党人的优良作风、政治本色、精神特质和家国情怀，是重要的改革开放史教材。

（三）笔记、日记、书信

这类文稿是一种珍稀的史学资料，之所以在历史研究中具有其他史料无法取代的价值，就在于其时间的持续性、内容的真实性、形式的灵活性、记事的典型性。历史人物的日记、书信，是一种个人情感很浓、私密性很强的叙述形式。这些特点决定了历史人物日记的史料价值。持续性和真实性正是史料的核心品质。日记呈现本人思想和行为的持续性，也是本人真实历程的固化记录和镌刻。日记构成的史料链条，能够真切地反映本人的人生历程。如果是历史重要人物，还能够体现本人与社会发展互动的历史状况。日记体现个人性情，书写格式无定式，记事写人直抒胸臆，为后人留下了真实的历史印记。这既是日记的真实性，也是日记的灵活性。日记的典型性，排除了日常简单生活琐事的罗列，记载的是有一定意义和价值的事。如果某一天平平淡淡，宁可不写日记，也不可矫揉造作。大批

① 中共中央文献研究室：《建国以来毛泽东文稿》第 9 卷，中央文献出版社 1990 年版，第 387 页。

党史人物日记的出版，为中共党史研究提供了丰富的宝贵资料。

（四）年谱

年谱是按年月记载某人（谱主）生平事迹的著作，是纪传体、编年体史书的一种演变和发展。年谱以谱主为中心，以年月为轴，记载人物生平事迹，系统地反映历史人物所经历的社会历史过程。个人生平折射社会历史，是年谱的重要价值。对社会政治产生过重要影响的人物，其年谱更能反映社会历史发展的过程，可以讲，年谱就是社会历史发展的个人编年体史书。中共党史人物、国民党历史人物、著名民主党派代表人物、社会活动家的年谱，均是中共党门史研究的重要史料，从中可以了解到社会历史事件发生的过程、结果及其历史影响。例如，中共中央党史和文献研究院编的《毛泽东年谱》是一部全面记述毛泽东生平业绩和思想理论发展的编年体史书。展现了中国新民主主义革命、社会主义革命和建设波澜壮阔的历史过程，阐述了各个历史阶段党的建设、党的思想理论发展的历史脉络，镌刻了新中国成立后中国共产党治国理政、建立社会主义制度、全面推进社会主义建设的历史功绩，记录了毛泽东关于工作方法、思想方法、历史研究、评古论今、诗词歌赋的革命情怀，记载了毛泽东办公场景、读书看报、视察调研、体育运动及与亲朋好友间的亲切场面。

三、口述访谈

前文已提到如何做口述访谈，此处结合口述访谈史料的整理再对前文做相应补充。

著名党史研究学者王炳林在其所著《中共党史学科基本理论问题研究》就口述历史研究作为一种党史研究方法进行了阐述。书中主要指出了口述历史方法存在的诸多问题及解决之道，对口述历史方法的价值阐释尚未充分展开。早在 1948 年，美国哥伦比亚大学就设置了口述历史研究机构，是现代口述史学的起步。口述历史研究在中国的发展起步晚、发展缓慢、社会认同度较低，很多方面不规范。这引起了学界某些偏见和蔑视，因口述历史方法存在的问题而否定其史学研究的价值和作用，略显学科歧视。2004 年，中华口述历史研究会的成立，推动了口述历史研究的发展，很多学科、部门、机构涉猎口述历史，用口述历史研究法追溯某学科、某部门的发展史，以获取鲜活的、曾被忽略或轻视的资料。2012 年，“中国传媒大学崔永元口述历史研究中心”成立，搜集大量口述资料，保存四千人次百万分钟长的口述资料。该中心从 2015 年起每年举办的“中国口述历史国际周”活动，已成为国际口述历史从业者参与的重要学术沙龙，是中国口述史学界的年度重要学术活动。口述历史研究方法作为一种重要的史料搜集和研究方式，越来越受到史学工作者的重视。

四、调查研究报告

作为反映历史的重要方法，实事求是的调查能够形成可靠的调查记录，进而形成宝贵的史料。中国共产党具有实事求是、调查研究的优良传统，形成了大量的调查报告和典型材料，这当然也是宝贵的党史资料。毛泽东指出：“没有调查，没有发言权。”要想获得说服人的结论，必须深入实际，调查研究。社会调查是获取党史资料的重要方法，包括对党史事件的发生地和党史人物曾经的活动地的调查。

调查报告，是有针对性地或有目的性地展开广泛深入的调查研究，对掌握的原始资料通过抽象概括，找出存在的问题，分析成因，提出解决的办法。依据学者王炳林的划分，常见的调查报告有以下 6 种：

（一）反映基本情况的调查报告

第一次国内革命战争后期四一二反革命政变爆发前夕，党内以陈独秀为首的右倾机会主义者，不敢支持已经起来和正在起来的农民革命斗争，他们宁愿抛弃农民这个最主要的同盟军，使工人阶级和共产党处于孤立无援的境地，而去迎合迁就国民党的反动气焰。① 他们污蔑农民运动是“痞子运动”“惰农运动”“糟得很”。为了答复当时党内外对农民革命运动的无端责难和污蔑，毛泽东从 1927 年 1 月 4 日至 2 月 5 日，到湖南做了 32 天的实地考察工作，于 1927 年 3 月，写了《湖南农民运动考察报告》一文。该文基于大量调查资料，深刻地展示了农民所蕴含的巨大的革命斗争

① 《毛泽东选集》（第 1 卷），人民出版社 1991 年版，第 12 页。

的力量，沉重地驳斥和回击了关于农民运动的责难和污蔑。文中大量关于湖南农民革命斗争的调查记录，真实地反映了当时农民生产生活斗争的生动实践，历史资料丰富，说服力强。《湖南农民运动考察报告》是中国共产党领导农民革命斗争的纲领性文件，是党的群众路线工作方法的典型体现。

（二）总结典型经验的报告

1928 年 11 月 25 日，毛泽东以红四军前委书记的名义给中央写了《井冈山的斗争》报告。这篇报告是毛泽东对在井冈山地区开展革命斗争实践经验的总结，深入地阐明了“工农武装割据”是中国红色政权能够继续存在和发展的基础。报告从“湘赣边界的割据和八月失败”的史实进行剖析，全面地总结了割据地区的军事、土地、政权、党的组织、革命性质、割据地区的建设与斗争状况，详细地阐述了井冈山革命根据地的斗争经验。《井冈山的斗争》，虽未被冠以调查研究之名，但文中阐述的内容，无一不是源于革命斗争实践和总结，是中共党史文献学和史料学论著。

（三）介绍新生事物的调查报告

两年徘徊期（1976 年 10 月至 1978 年 12 月）中国政府向国外派出了许多考察团，赴亚洲、北美、欧洲一些先进国家进行考察。这次较大规模的考察，实际是去国外调研，对当时世界先进国家的经济发展状况进行调研，对先进国家的经济管理理念和方式进行调查。当时国外的经济管理理念和方式及发展模式，对于刚刚结束“文化大革命”的中国来讲是新生事物，是先进经验。1978 年 6 月至 10 月间，派出了重点考察国外农业的中国农业代表团。代表团回国后，均提交了调查报告（称之为“考察报告”），如《关于罗马尼亚、西德、法国农业的考察报告》《赴加拿大考察报告》《关于贝尔格莱德农业联合企业的考察报告》《第二批赴日农业代表团考察报告》《美国农业情况报告》《关于日本农业的考察报告》《西欧农业情况报告》《美国六种食品价格构成》《关于赴欧洲考察农业和农业机械化的报告》等。这些报告一是系统地介绍了上述国家的农业发展状况，二是指出了可资借鉴的主要方面，三是结合中国农业实际提出了若干建议。[①] 除此之外，还调查了上述国家的部分工业和其他行业，考察之后也均形成考察报告，这次在两年徘徊时期的出国调研，推动了思想解放，借鉴了新鲜经验，对于尽快结束徘徊期，确定改革开放政策奠定了重要的基础。

（四）考察历史事实的调查报告

20 世纪上半叶，日本侵略者疯狂掠夺东北自然资源，如煤炭、木材、黄金、铁矿石等，日本帝国主义的铁路修到哪里，掠夺财富的吸血管就通到哪里。本溪，是日本侵略者从 1905 年到 1945 年掠夺煤炭资源的重灾地。日本人在肆意开采、疯狂掠夺煤炭过程中，造成大量中国矿工死亡，形成 6 处掩埋死难矿工的万人坑，是日本侵略者侵华的历史罪证。吕东东《日本侵华的历史证明——本溪境内“万人坑”调查报告》，对这一铁的历史事实进行了详细揭露。本溪 6 处万人坑分别是：本溪仕人沟万人坑（“本溪湖肉丘坟”）、本溪煤矿南大门万人坑、本溪湖太平沟万人坑、本溪煤矿矸石山万人坑、本钢一铁厂万人坑、本溪南芬庙儿沟露天铁矿万人坑。6 处万人坑面积共计 37.24 万平方米，埋葬的中国死难矿工从 1905 年至 1931 年本溪煤铁公司约 2837 人，1931 至 1945 年本溪湖煤矿 10 万余人。本溪南芬庙儿沟约 17000 余人，一铁矿在建设厂区初期约 14000 余人。合计死难矿工约为 13.5 万人。此调查报告揭露了日本侵略者造成大量中国矿工死难的原因：“人肉开采”、事故频发、劳累致死、瘟疫爆发、政治迫害、精神摧残、野蛮镇压和屠杀。[②] 本溪万人坑不仅是日本帝国主义对中国经济掠夺的罪证，也是残害屠杀中国人民的铁证。

还有些关于历史问题的调查报告体现在中共中央的重要决议中，如 1945 年 4 月党的六届七中全会上通过的《关于若干历史问题的决议》，1981 年 6 月中共十一届六中全会通过的《关于建国以来党的若干历史问题的决议》等。决议中对历史问题的调查客观公正、实事求是、尊重历史，侧重理论分析、经验总结、教训吸取和未来展望。

---

① 黄一兵：《转折：当代中国改革开放启动实录》，福建人民出版社 2009 年版，第 290 页。

② 吕冬冬：《日本侵华的历史证明——本溪境内“万人坑”调查报告》，《党政干部学刊》2005 年第 10 期，第 37—38 页。

（五）揭露问题的调查报告

为了弄清楚土地革命时期的富农问题和商业状况，以便制定正确的策略原则，1930 年 2 月，毛泽东在寻乌县作了一次大规模的调查研究，后写成《寻乌调查》。他在序言中讲："关于中国的富农问题我还没有全般了解的时候，同时我对于商业状况是完全的门外汉，因此下大力来做这个调查。"① 毛泽东是带着问题进行调查的，这是一篇揭露当时中国农村存在的富农问题及商业运行问题的调查报告。

在新民主主义革命时期，在毛泽东所做的大量的农村调查中，以《寻乌调查》（1930 年 5 月）和《兴国调查》（1930 年 10 月）内容最为详细，堪称中国共产党调查研究的典范之作。两篇调查报告，大量记载了 20 世纪前半叶长江中游农民的政治、经济、思想、文化及生存等状况，蕴含着包括党史、社会史、文化史、"三农"史的重要史料，且这些史料是毛泽东经过亲自调查搜集的，具有彻底的权威性。

（六）其他类型的调查报告

一类报告是以集体单位部门为作者撰写的，反映国家重大政治经济问题，被党和国家主要领导人向全国批转发布，作为开展工作的指示和参照。

另一类是党和国家领导人以调查研究内容为主，以重要报告的方式公布。如《论十大关系》。

五、著作

这一类主要是关于历史事件的、重大运动的、历史人物的著述文稿。中共党史研究著作，是撰述史料类的中共党史文献。这类研究著作，民主革命时期已经有一些成果，如瞿秋白的《社会主义运动在中国》、张太雷的《在共产国际第三次代表大会上的报告》、蔡和森的《中国共产党史的发展》。其中，蔡和森的《中国共产党史的发展》是中共党内较早的较有权威的研究著作。随着中共党史研究的发展和深入，又出现了通史型、专

① 中共中央文献研究室：《毛泽东农村调查文集》，人民出版社 1982 年版，第 41 页。

史型、阶段史型、地域型和单位型[1]。

（一）通史型著作

通史型研究著作主要是对中共党史进行比较系统的总的研究成果。如胡绳《中国共产党的七十年》、胡乔木《中国共产党的三十年》、中共中央党史研究室《中国共产党历史》、中共中央党史研究室《中国共产党的九十年》《中国共产党简史》、中央党史和文献研究院《中国共产党的一百年》、沙健孙《中国共产党通史》等。

（二）专史型著作

专史型著作，是对中共党史某一方面进行专门研究的史著，内容非常丰富，涉及党的建设、宣传工作、思想理论、组织机构、廉政建设、史学、军事、领导工作、民族政策、宗教政策、土地改革、经济思想、思想教育、地下斗争、财政建设，中国共产党领导的工人运动、农民运动、青年运动、妇女运动，以及经济史、社会史、外交史、法制史、文化史、教育史、卫生史、金融史、体育史、科技史、新闻出版史等，均是中共专门史研究成果。围绕中共党史主要领导人物开展的研究，也是党史专史研究。如关于毛泽东军事、政治、哲学、建党、建国、领导、法律、统战、诗词、美学、经济、思想政治教育、民族理论等思想的研究成果。专史型著作比通史型著作涉及的领域具体、研究的程度深入，在一定程度上弥补了通史型研究的不足。故专史型研究成果，是史料价值很高的撰述史料类中共党史文献。

（三）阶段型著作

阶段型著作是对中共党史某一历史阶段、某一历史时期进行研究的著作。例如，新民主主义革命时期可分为对建党的研究，第一次、第二次国内革命战争时期的党史研究，抗日战争时期党史研究，解放战争时期党史研究。新中国成立后至党的十一届三中全会社会主义建设时期可分为三年经济恢复时期的党史研究、社会主义改造时期的党史研究、十年社会主义

① 周一平：《中共党史文献学》，华东师范大学出版社2002年版，第59页。

建设时期的党史研究、“文化大革命”时期的党史研究、两年徘徊时期党史研究。改革开放以来的党史研究又可以分为有计划商品经济时期的党史研究、社会主义市场经济建立时期的党史研究、社会主义市场经济初步建成时期的党史研究和新时代以来的党史研究四个阶段。

（四）地方党史研究著作

地方党史研究相对于全国党史研究来说，具有独特的研究优势，可以就地取材，实地调研、考察便利，便于汇集、整合研究力量，而且，研究程度比较深，对全国宏观党史研究是重要的补充。例如，关于泰安地方党史研究，有牛之营等主编《泰山青松范明枢》（黄河出版社 1996 年版）、《泰安先驱》（5 卷本）（山东人民出版社 1991 年版），中共泰安市委党史征集研究办公室《中共泰安历史大事记》（3 卷本）（中共党史出版社 2001 年版），中共泰安市委组织部、市委党史办、市档案局《中共山东省泰安市组织史资料（1926—2011）》（中共党史出版社 2011 年版），中共泰安市委党史征集研究办公室《徂徕山起义》（黄河出版社 1997 年版），中共泰安市委党史办、市民政局、泰安军分区《子弟兵的足迹（泰山卷）——八路军山东人民抗日游击队第四支队及泰山区武装发展壮大历程》《子弟兵的足迹（泰西卷）——八路军山东纵队第六支队及泰西区武装发展壮大历程》（中国文史出版社 2007 年版）等。这些地方党史研究著作，具有很强的史料性，是研究地方党史的宝贵资料。

（五）“四史”研究著作、论文

这里的“四史”指村史、家史、社史、厂史，属于单位史研究成果。除此之外，还有军队系统不同军事建制单位历史、农村农业方面的合作社史、人民公社史、高等教育系统的校史等。如对鲁中山区三线建设中的“山东人民印刷厂”史、“山东金库”史、“国营山东新华翻砂厂”史、“山东朝阳修配厂”史等。“用讲村史、家史、社史、厂史的方法教育青年群众这件事，是普遍可行的。”[①]“四史”研究著作，是重要的党史文献。

① 中共中央文献研究室：《建国以来重要文献选编》第 16 册，中央文献出版社 1997 年版，第 295 页。

（六）人物研究著作

这类著作主要是对中共党史人物进行研究的著作，中共党史人物的著名领导人、军史人物、文化人物、中共党员、模范人物、英雄人物，以及犯过错误的人甚至叛徒，都是人物类著作的主体。关于中共人物以外的历史人物的研究著作，也是中共党史文献的组成部分。

六、传记

传记，又称传。主要记述人物生平事迹，根据各种史料（包括口述回忆和调查资料）撰述而成。传记的史料性强，尤其是中共党史的著名人物，具有很强的党史资料价值。党史意义上的传记不同于文学作品传记，是以记述翔实史事为主的历史传记，纪实性是传记的本质特点，真实可靠、符合历史。传记有自传、回忆式传记、采访式传记、自传式与采访式合一的传记。传记不同于年谱、回忆录，有资料将年谱、回忆录列入传记，是不科学的。

七、回忆录

回忆录分为本人撰写生平、经历的回忆录、回忆中共人物及历史事件的回忆录三种。这类党史文献既有原始史料性，又有撰述史料性质。由于撰述史料性内容居多，故将其归入撰述类文稿中。回忆录是重要的党史文献。回忆录，不仅是研究著作者本人、著述中人物的史料，也是研究中共党史的重要资料。

八、音像资料

音像资料，主要有缩微型文献和视听型文献。缩微型文献主要是缩微胶卷。图书馆、档案馆所珍藏的珍贵的党史文献，既要得到妥善保护，又要发挥其研究价值，为避免反复抄录对文献造成的损毁，就把这些文献制成缩微胶卷，或者通过翻拍制成影像制品，如光盘、MP4 等，通过电子设备制品进行检索查阅。这一类文献内容浩繁，主要有文件起草稿、修改稿，会议记录，个人手稿、书信、日记和笔记，批语、批复、批示、注释等志识类资料，题字、题词、题诗类，等等。

视听型文献，主要有录像、录音、幻灯片、视频、音频等，随着自媒体、融媒体新闻传载方式的增多，有些抖音、快手等也成为视听型文献载体。这类资料可分为以下几种：一是记录性资料。即完整记录某件事、某次讲话、某次活动等的录音带、纪录影片、光盘或唱片。党史上正式通过录音来保存会议情况的工作始于1954年党的七届四中全会。开始是为了校正速记，后来延续为录音档案，每次重大活动或事件都要进行录音，建立录音档案。二是文献复制品。相当于原始文献。三是新闻声像。四是宣传性声像。中共领导人的讲话录音、活动录像片、电视电影片、中共七大以来的重要会议的音像制品保存下来很多。

音像资料对历史的反映生动真实，历史信息蕴含量大，是宝贵的党史研究资料。

九、民间革命斗争记忆资料

革命战争年代，中国共产党领导的革命队伍中，有些基层指战员，有一定的文化基础，也喜欢动笔写东西。革命胜利后，有较多的时间用于回忆其革命历程，一部分回忆史料刊发在各级政协文史资料、地方文史资料辑刊中，还有一些回忆史料由于种种原因一直没能发表，自我保存。群众中也有很多喜欢舞文弄墨、擅长诗词歌赋的“秀才”，他们虽未曾参加过波澜壮阔的革命斗争，但也见证了纷繁复杂的社会演进。新中国成立后，他们也整理记忆，反复沉淀，积累了一些历史资料，从一个小人物的视角观察和反映宏观的历史进程。这些文字资料也是自我保管。

这些散落在民间的文字资料，具有一定的史料价值，有些还是难得的一手史料。这类资料的缺点与口述访谈有些类似，需要下大功夫考察其真实性。在口述党史资料库建设中，应注意搜集整理这类资料。本课题在研究过程中，所搜集到的这类资料有：《国仇家恨——侵华日军暴行》《泰安地区对敌斗争概况（1942—1945）》《功勋卓著的泰西地下情报总站》《墨醉花香动，文成剑气豪——鲜为人知的莱芜鲁西文成书局地下交通站》。

第二节　实物用品类

此类是关于党的历史某一事件或活动的物化的史料，是直接反映党的活动的文物。如石刻、壁画、雕塑、印章、图片、图表、牌匾、布告、标语、徽章、宣传画、慰问信、伤票（伤残证）、边区课本、作战地图、衣物、生产生活用品、奖章、武器等，其中图片、图表类历史实物体量大且承载的历史信息丰富，尤其是某一实物的铭文会显示其他资料所没有的信息。如在莱芜区鲁中抗日战争展览馆第一展厅日军暴行厅，展橱中陈列着一支烟斗。此烟斗的说明是：日军用中国小孩的胫骨做的烟斗。从烟斗上的污秽及烟嘴尼古丁污垢判断，日军用此吸过烟。革命历史文物直观、可靠，可以印证、补充、纠正已有文史资料。[①] 大多革命历史博物馆、纪念馆对实物展品做如下分类：

（一）服装服饰类。主要是士兵军装、军鞋（草鞋、军靴）、绑腿、胸徽、臂章、军帽。

（二）行军用品类。干粮袋、水壶、蓑衣、斗笠、饭盒、行军锅、行军被、背包带、刀具、行军指示牌、马灯等。

（三）士兵装备类。冷兵器、手榴弹、军号、沙包、子弹袋、炸药包、雷管、导火索、爆破筒、红缨枪、弩、大刀、信号枪、各种型号子弹。

（四）卫生用品类。担架、医药箱、卫生兵服饰、简单手术用具、战地医院用品、包扎布等。

（五）武器类。常备武器（步枪、马枪等）、勃朗宁手枪、汉阳造老套筒、火铳、三八大盖、歪把子机枪、毛瑟冲锋枪、重机枪、捷克轻机枪、小山炮、迫击炮、高射机枪、重型火炮、飞机、坦克、吉普车、军用卡车等。

（六）旗帜宣传品类。红旗、军旗、传单、告示、标语、条幅、横幅、对联、喇叭、扩音器、话筒等。

---

① 王炳林：《中共党史学科基本理论问题研究》，北京人民出版社 2021 年版，第 317 页。

（七）军官物品。军官手枪、马鞭、马刺、马鞍、马辔头、皮腰带、笔记本、搪瓷水杯、油灯、望远镜、放大镜、衣柜、地图、水笔、洗漱用品、布鞋、老花眼镜、信盒、印鉴等。

（八）纸质历史档案。旧书、电报、画报、旧报刊、照片、档案文件等。

（九）奖章勋章牌匾纪念品类。奖章、纪念章、勋章、奖状、立功证明、伤残证、光荣证、复员证、慰问信、嘉奖令、锦旗、绶带、烈士牌匾等。

（十）通信类。电话机、发报机、步话机、电话线、密码本、耳机、信鸽标本、通信犬标本、密语暗语、显影剂等。

（十一）抗敌、支前用品类。抗日同心证、手推车、扁担、筐、麻袋、绳索、棉被、抗日同情证、功劳簿、支前光荣证等。

（十二）根据地、解放区、大后方物品类。政府布告、命令、规划和支前专刊、纸烟产销证、法币、抗币、八路军借条、柴草票、米票、麦票、邮票、支票、存折，以及农联会、村公所、农救会印章模板，《泰山时报》石板、土改档案、县政权印模、房屋买卖契约等。

（十三）地下斗争物品类。如 1939 年 3 月，115 师入鲁后，冀鲁豫军区和 115 师司令部决定在泰西抗日根据地的中心地带组建地下情报总站，设立在肥城四区（今王庄镇）闫屯村郭长灿家中，站长由郭长灿担任，直属冀鲁豫军区、115 师司令部领导。该站以自行车修理铺为掩护，进行敌情侦察、搜集情报、策反、宣传抗战政策等谍报工作。泰西地下情报总站使用的实物包括“七星剑”、活板子、锉、套丝扳、手枪、匕首、法币、自行车、情报笔等。

（十四）军民鱼水情物品类。革命战争年代，人民军队与人民群众结下了深厚的友情，留下了很多见证军民鱼水情的珍贵物品。如沙洲红色旅游景区陈列馆陈列着半条被子，诉说着感人的故事。

除上述革命历史文物分类外，还有与国民党相关的文物、日军侵华时的证物及档案资料。侵华日军置国际禁止使用毒气、细菌武器的公法于不顾，在侵华战争中大量试验、制造、使用化学武器和细菌武器。山东抗日根据地是日军生化武器使用的重点区，所犯罪行令人发指。

第三节　革命历史遗址遗迹类

革命旧址是近代以来体现中华民族长期革命斗争和中国共产党领导的新民主主义革命、社会主义革命和建设历程，反映革命文化的遗址、遗迹和纪念建筑。中共中央办公厅、国务院办公厅于 2018 年 7 月 29 日印发《关于实施革命文物保护利用工程（2018—2022 年）的意见》，至此，反映中国近现代革命事件和人物的可移动文物有 49 万件套，登记备案的全国革命遗址、旧址达 33315 处，包括 477 处全国重点文物保护单位、3000 多处抗战文物和 1600 多处长征文物，808 家专题博物馆和纪念馆。截至 2018 年 7 月，被纳入国家级抗战纪念设施、遗址名录的革命旧址共 121 处。到 2019 年 3 月，确定了 15 个革命文物保护利用片区，涉及 20 个省份的 110 个市、645 个县。

革命文物保护利用片区是以第二次国内革命战争时期创建的根据地和抗日战争时期的部分根据地为重点，以新民主主义革命时期从 1927 年到 1945 年的革命史实为基础，依据革命文物历史信息，参考党史文献和中共党史研究最新成果，本着区域划分完整、集中连片、国家统筹的原则，经过深入调查研究而确定。

第五章　口述党史融入思政课教学案例及口述史文稿例举

第一节　教学案例

案例一：高校离退休教师口述党史融入思政课教学——从教育家精神传承切入

教育家精神是老教师在奉献党的教育事业的过程中形成的。共产党员占离退休教师队伍中的绝大部分。党的教育方针薪火相传，高校离退休教师经历了社会主义革命和建设时期、改革开放和社会主义现代化建设新时期中国高等教育的发展，对党的教育事业伴随中国人民富起来、强起来的历史过程，具有深切的感悟。他们在终身奉献党的教育事业中，在各自的专业教学、科研领域作出了平凡而又伟大的贡献。堪称学高为师、身正为范的楷模。他们年迈的背影、深沉的人生积淀和汗牛充栋的荣膺物品凝聚着教师的精神特质和育人情怀，承载着高尚的教育家精神。

2024 年 8 月 6 日，中共中央、国务院颁发《关于弘扬教育家精神加强新时代高素质专业化教师队伍建设的意见》，阐明了教育家精神内涵包括：坚定心有大我、至诚报国的理想信念，陶冶言为士则、行为世范的道德情操，涵养启智润心、因材施教的育人智慧，秉持勤学笃行、求是创新的躬耕态度，勤修乐教爱生、甘于奉献的仁爱之心，树立胸怀天下、以文化人的弘道追求，践行教师群体共同价值追求。并对广大教师提出“坚持教育家精神弘扬践行，贯穿教师课堂教学、科学研究、社会实践等各环节，筑牢教育家精神践行主阵地”。高校思政课，更是培养学生教育家精神的重要渠道。

在把教育家精神融入思政课教学时，应将此概念内涵做扩大性解读，即教育家精神是一个道德规范的综合，是教育战线上的共产党员、老教师应该具备的高尚情操、应该具有的人生境界。它不仅仅是对教师，也不仅仅是对校园中的师范生，对所有大学生均具有重要的育人价值。从高校离退休教师教育家精神传承切入，向大学生展现党的教育战线上涌现出的不平凡的党史人物、重要历史事件，能够使大学生认识到老教师在贯彻党的教育方针、从事党的教育事业所具备的学高身正标准，并通过了解、学习老教师、老党员的从教经历，以及党的高等教育历史，把自己塑造成为一个具备教育家精神和高尚情操的人，这也就达到了思想政治教育的基本要求。

一、学情分析

与教育家精神密切联系的大学思政课程是“思想道德修养与法律基础”。该课程绪论和前四章主要是加强大学生思想道德修养的内容。本课程及大学生在高中阶段“思想政治”所学内容与教育家精神内涵有相近及重合，但是关于教育家精神的概念对大学生来讲是新概念、新内容。

大学生对老教师敬重，但对老教师人生承载着的奉献党的教育事业的教育家精神，并不熟悉或没有思考过。老教师、老党员的口述历史，及教师职业生涯中的荣膺物品是了解体悟教育家精神的重要资料。

二、教学目标

1. 价值目标。认同教育家精神，把自己塑造成为热爱祖国教育事业，传承中华优秀传统文化的青年才俊，坚定心有大我、至诚报国的理想信念，具备教育家道德情操、育人智慧、躬耕态度、仁爱之心、弘道追求的后起之秀。成为基础教育中马克思主义教育思想的坚定信仰者、深刻思想者、主动践行者和积极传播者，具备奉献党的教育事业的信念与教育情怀。

2. 素质目标。在理想信念方面，具有心有大我、至诚报国的情怀，在道德情操方面，具备言为士则、行为世范的修养，在育人智慧方面，提高启智润心、因材施教的涵养，在躬耕态度方面，秉持勤学笃行、求是创新的风尚，在仁爱之心方面，勤修乐教爱生、甘于奉献的风范，在弘道追求方面，常有胸怀天下、以文化人的气度。具备报国、求是、创新、奉献、感恩的品质，具备为党育人、为国育才的良好的人文底蕴与科学素养，践行教师群体共同价值追求。

3. 行为目标。把教育家精神六个方面的内涵作为加强自我修养的准则，树立起教书育人的责任意识、“学以成人，教以成人”的教育情怀和“培养什么人、怎样培养人、为谁培养人”的教育大局观念。

三、重点难点分析

1. 教学重点

（1）教育家精神的解读。突出广义性，贯彻马克思主义教育观和党的教育方针，特别是习近平总书记在全国教育工作大会上的讲话精神，把教育家精神六个方面的内容作为思想品德修养的准则进行阐发，准确、精炼、易懂。

（2）阐明教育家精神与加强思想道德修养的关系。二者既有交叉，又有不同。学高与身正既是教育职业要求，又是做人的要求与规范。

2. 教学难点

（1）教育家精神汇聚多门学科精要，涉及党史党建学、心理学、伦理学、教育学、政治学等学科，需要有广阔的跨学科知识背景，方能对教育家精神做精辟解读。

（2）学生来自不同的专业背景，人文素养参差不齐，在进行教育家精神教学时，要兼顾学生之间存在的差距，将学生的学习兴趣汇聚到教育家精神的学习上来。

四、教学方法

理论教学、案例教学、课堂互动、口述历史教学法。

五、教学过程

（一）导入

【讲授】党的十八大以来，我党立足新时代社会主义现代化建设大局，坚持把服务中华民族伟大复兴作为教育的重要使命，把培养德智体美劳全面发展的社会主义建设者和接班人作为教育的根本任务，努力培养拥护中国共产党领导和我国社会主义制度、立志为中国特色社会主义事业而奋斗、担当民族复兴大任的时代新人。2024 年 8 月 6 日，中共中央、国务院颁发《关于弘扬教育家精神加强新时代高素质专业化教师队伍建设的意见》，阐述了新时代教育家精神。

图片展示：教育家精神内涵、“习近平总书记在全国教育工作大会上的讲话”图片。

【讲授】教育家精神不仅仅指教师应具备的精神，也不仅仅指师范生才应具备的精神。教育家精神是道德规范的综合，既是一名教师应该具有的精神，也是人生修养的境界。离退休老教师一生躬耕党的教育事业，在推动教育强国的过程中贯彻正确的人才观、成才观、教育观，默默奉献，蜡炬成灰。

那么，如何才能达到这种境界呢？

在我们成长的过程中，有很多我们钦佩的老教师，这些老教师终身躬耕教坛，在各自的专业教学、科研领域作出了平凡而又伟大的贡献。堪称学高为师、身正为范的楷模。他们对教师职业生涯的讲述、他们的荣膺物品，无不承载着高尚的教育家精神。这种教育家精神，是民族振兴的助推剂，是社会进步的重要基石。

【互动】请学生介绍他认识的老教师及其对老教师的评价。

【讲授】从 2021 年 6 月，课题组对本校思想政治教育、中文、历史、物理、化学、英语、体育等不同专业离退休老教师进行了口述访谈。老教师跨越时空，沉浸在昔日执鞭教坛的光阴，陈述党的教育政策，普通共产党员教师躬耕杏坛的心路历程、对教育的理解和情怀。课题组整理了部分专业离退休老教师的口述实录，搜集了大量的教案、课本、学生作业本、日记等及荣膺物品。

图片展示：老教师照片及其日记本、教案、荣誉证书、奖章、文房四宝，旧的校舍等。

同时播放背景音乐——钢琴曲《让世界充满爱》。

（二）讲授新课

1. 教育家精神内涵

历史回顾：新民主主义革命时期、社会主义革命和建设时期、改革开放和社会主义现代化建设新时期、中国特色社会主义新时代，党的教育战线上涌现出的模范人物举例。

图片展示：徐特立、董必武、邓颖超、徐向前、张桂梅、李保国、高铭暄、于漪、卫兴华。

薪火相传

理想信念：心有大我、至诚报国

道德情操：言为士则、行为世范

育人智慧：启智润心、因材施教

躬耕态度：勤学笃行、求是创新

仁爱之心：乐教爱生、甘于奉献

弘道追求：胸怀天下、以文化人

2. 教育家精神的新时代解读

【板书】（1）心有大我、至诚报国的理想信念

【讲授】大我是对自我认识的超越与升华，是用马克思主义的世界观引领自我，胸怀世界，将自己的发展融入人类社会的发展进程中。习近平总书记指出，教师正确的理想信念是教书育人、播种未来的指明灯。每一个真正从事教育事业的人都对育人的伟大意义笃信不疑、秉持教育初心不动摇。学生在长大成人的道路上面临越来越多纷繁复杂的选择，教师不是书本知识的搬运工，而是引领学生实现自我价值、走向人生幸福的引路

人。在现代多元的社会背景下，新的教育问题层出不穷，学生对社会的认知更加个性、更加多样化，学生不是空着脑袋走进教室的。对此学情，映衬出教师是人类灵魂工程师的使命价值。只有心有大我，才有为党育人的使命感；只有至诚报国，才有帮助下一代树立正确理想信念的责任感。

【板书】(2) 言为士则、行为世范的道德情操

【讲授】“言为士则，行为世范”中的“士”可理解为教师个人和学生，“世”可理解为周边环境、世人。这是教师成为教育家的言行规范，属道德、伦理范畴。深受学生追随和敬仰的老师，无不学高身正。教师要牢记为党育人、为国育才的初心使命。“其身正，不令而行；其身不正，虽令不从。”“无信不立”，学生对自身认知和道德层次的提升都离不开教师潜移默化的影响。教师要“慎独，慎微，慎言，慎行”，加强自身修养，胸有诗书气自华，自然会“言为士则，行为世范”。

【板书】(3) 启智润心、因材施教的育人智慧

【讲授】启智，就是用品格的锤炼、知识的传授、思维的创新、奉献祖国的价值硬核去启发学生，围绕学生最优化、最大化发展，引导学生在知识与能力、情怀与态度、理想与价值等方面实现最大化发展。方法是发挥学生自主学习积极性，力行学生为中心的教学方法，用敏锐的洞察力为学生把脉，激发出学生最大的潜能。润心，就是浇灌、滋润学生心灵，给他们希望，点燃学生内心理想的火焰。引导启发大学生把个人价值的实现与堪当民族复兴重任结合起来，让“培养什么人、怎样培养人、为谁培养人”的教育大局观成为自觉的行动。授人以渔，教会学生认识世界、适应社会的能力、经受挫折的能力，在面对未来变化的时候具有坚定的信念和百折不挠的韧性。这就是启智润心、因材施教的育人智慧。

【板书】(4) 勤学笃行、求是创新的躬耕态度

【讲授】勤学，是教师知识体系不断更新，源头活水的根源。对知识的研究思考和提炼，形成理性认识。学生需要的不是照本宣科、哗众取宠、时髦的网络语言，而是深厚的学理阐述，深刻的学术探究，理性的问题剖析，始终走在学术前沿的引领和知识的创新性解读。

笃行，强调做事的执着，只要选择了远方，就只顾风雨兼程。一年如

一日，甚至十年如一日的治学精神，带给学生的将是一如既往、永不放弃的信念。

求是，求就是探究、研究；是，就是客观事物发展的规律。求是，就是求真，是马克思主义认识论的具体运用。教师应突破自身视角局限，转换固有的思维模式，不断学习，不断进取，在知识快速迭代更新的过程中不浮躁，沉下心来探索知识奥秘，探究真理。

创新，意味着对知识创新性解读，还包含教师必须拥有前瞻性的眼光与开拓性精神，不断进入新的境界。创新，还要求教师要有尖锐的自我批评精神，不断回顾自己的教学经历和故事，每日三省吾身，不断自我评价、反思，不断升华已有的教育教学经验，为教育的发展不断注入新鲜血液，为自身专业技能的提高和教育家精神的涵养注入不竭动力源泉。

【板书】（5）乐教爱生、甘于奉献的仁爱之心

【讲授】教育家精神生成于中国传统师道观中内含的历史逻辑，是几千年来悠久师道传统中一代代教育家育人智慧的结晶。新时代教育家精神实践，就是始终做教育教学改革的领军人和学生成人成才的领路人，以人格魅力赢得学生追随，以学术造诣打开学生智慧。仁爱之心是打开学生心扉的钥匙。教师要关注学生的知识积累、关切学生的身心健康、浸润学生的道德发展、引领学生的成长成才。如果没有仁爱之心，就难以消弭师生之间的距离，就难以走进学生的内心深处。教师用生命的温度去感召学生、温暖学生、体悟学生，与学生进行知识、情感、人文、理性的交流互动，如果没有仁爱之心，也难以实现这种互动。大爱之心、仁爱之心，应在教师与学生每时每刻的接触中浸入学生的生命历程。

【板书】（6）胸怀天下、以文化人的弘道追求

【讲授】“胸怀天下”与“心有大我”是相通的。要义是教师能够挣脱个人狭隘的个人主义思想，用人类命运共同体的博大视野和格局看待世界，影响学生。让学生在学习和掌握中华优秀传统文化、革命文化与社会主义先进文化中深谙各种思想精华、时代价值、思想精髓。教师用这种视野、格局和文化把学生引领到对国家、对社会具有坚定不移的崇高责任感上来；对为社会做贡献怀有积极的态度，愿意到祖国需要的地方去的报国

情怀上来；为促进社会发展而努力学习的责任感与使命感上来；为促进社会发展和国家稳定，实现社会公平正义而努力奋斗上来；能正确面对挫折、荣誉、利益得失，在遇到困难时能够站在更高的视野上进行反思，具备坚韧不拔精神的塑造上来。

展示图片：习近平总书记指出："一个人遇到好老师是人生的幸运，一个学校拥有好老师是学校的光荣，一个民族源源不断涌现出一批又一批的好老师则是民族的希望。"

3. 三尺讲台写人生 老骥伏枥传薪火——离退休老教师口述历史、荣膺物品的教育家精神阐释

【板书】（1）筚路蓝缕，三尺讲台育桃李

【讲授】老教师是学校教书育人的宝贵资源。老教师一生忠诚教育事业，积累了丰富的教学、育人和科研经验，堪称教学相长、教研相长的典范。老教师是高校传承优良学风、校风的宝贵资源。对学生而言，老教师是学高为师、身正为范的榜样。对年轻教师而言，老教师能够发挥传、帮、带的作用，是年轻教师学习的楷模。对学校而言，老教师是凝聚历史底蕴、秉承优良传统、聚合发展力量的基石。学校教书育人的新成就，无不是一代代老教师的默默奉献和传承的结果。如清华大学精密仪器系退休教授王伯雄，2021 年被学校聘为研究生专业辅导专家，从事学生学习、科研指导，生活、情感咨询，职业规划指导等方面的工作。受聘以来他结合自己的经历和经验同年轻学生谈心，为他们排忧解难，得到学生的好评。

展示图片：赵英老师的日记摘编。

【板书】（2）老教师进课堂，薪火相传谱新章

【讲授】老教师作为宝贵的育人资源，在构建高校课程思政育人机制中，需要社会、家庭和学校多方的协同。学校要从教学计划、课程、教学内容、课时、经费及教学督导等方面形成系统性的机制。以老教师为视角，积极探索课程思政建设的方法，请老教师再进课堂，端正青年教师从教理念，帮助学生端正专业认知，有效帮助学生提升学习的积极性和综合能力，推动专业课程体系的教学改革。很多老教师是"关心下一代工作委员会"成员，通过建立健全老教师育人机制，老教师能够为学校育人起到

很重要的辅助作用。如北京大学化学与分子工程学院退休教师、燕园街道燕北园社区老年协会会长何佩伦在 2016 年被评选为“全国老有所为先进典型人物”，他在建设和谐社会、传承中华优秀传统文化、弘扬社会正能量、提供志愿服务等方面作出了突出贡献。

图片展示：作业本、点名册、教案、教科书，“农业学大寨，工业学大庆”茶缸。

视频播放：老教师学科专业思想辅导。

【板书】（3）荣膺物品，铭记平凡而伟大的光荣岁月

【讲授】老教师的荣膺物品是他们奉献教育事业的光荣注脚，记载着老教师辛勤奉献的历史脉络。老教师的证书、奖杯、奖状、奖品无不镌刻着他们的光辉业绩。荣膺物品在我们面前，使我们产生了由衷的敬佩之情，它是老教师的从教记忆，也是老教师的奖牌。除了荣膺物品，老教师也向我们讲述了在物质条件极端困难的情况下办学的情景，喝稀饭、吃咸菜、啃干粮，支起木板做讲台，趴在床上办公，凭的是满腔的热忱，对教育事业的热爱，对教育强国信念的恪守。采访过程中，老教师很乐意讲述自己的从教经历，总是侃侃而谈，极力地想把自己的光荣历史全部分享给大家。

图片展示：曾宪梓教育基金颁发证书、全国优秀教师荣誉证书、奖杯。

【板书】（4）步履蹒跚，弱不禁风，您却是校园中的大树

【讲授】仰望着教学楼前那棵四个人才能环抱的大树，李老师的眼睛湿润了，“这是我在 1969 年参加工作时栽的梧桐树”。在这所不到 200 亩的前师专校园中，这样的大树很多，棵棵枝繁叶茂、参天挺拔。校园中树龄最大的是办公楼前的一棵雪松，卢老师说是建校时栽的，那时它只有胳膊粗，距今已有 66 年。耄耋之年的老教师，虽拄着拐棍，佝偻着身躯，看似弱不禁风，但他们却是校园中的大树，是学校薪火相传的灵魂，学高身正。开学的新生，都要到这里看看大树，就像见到老教师一样，心境一下子沉静了下来，这就是“师道”。老教师终身献身教育事业，既是优良校风学风的创造者，也是传承者。离开讲台之后，其丰富、深邃、厚重的教

育人生阅历，积淀并形成崇高的思想境界。他们春风化雨、润物无声的话语，优良的校风、学风自然得以传承。老教师如同校园中的大树，见证了学校发展的风雨历程。学校正是在克服了苦难，不断总结经验、吸取教训的过程中走到了今天。老教师在如何塑造优良的校风和学风，引导年轻教师怎样教书育人、教学相长和教研相长，告诉学生在成长成才的过程中应该做什么、不应该做什么等方面，句句珠玑，一句顶万句。老教师具有传承优良校风、学风的光荣使命和历史担当。

视频播放：老教师、大学生参观老校区。

六、课堂小结

【讲授】最后，让我们总结一下这一节课的内容。

1. 阐述了教育家精神的内涵，包括六个方面的内容，分别是：理想信念、道德情操、育人智慧、躬耕态度、仁爱之心、弘道追求。

2. 分别从教育家精神的六个方面，结合新时代党的教育方针进行了解读，探讨了教育家精神的形成与奉献党的教育事业二者是密切联系的道理，并用离退休老教师口述历史和荣膺物品对新时代教育家精神进行了阐释，明确了在新时代中国特色社会主义建设背景下教育家精神的具体内涵。

在我们了解了教育家精神的内涵之后，我们展示了离退休老教师的口述历史，他们的教学用具、荣膺物品。对标教育家精神内涵，老教师口述历史、荣膺物品蕴含的教育理念、奉献精神、道德标准、教育情怀等，作出了最好、最有权威的历史性诠释。

如何塑造、涵育教育家精神？首先，自觉坚持和践行党的教育方针，始终坚持坚定正确的政治方向，加强理论的学习。其次，加强实践的锻炼。锻炼分两个方面，一是加强自我修养，不断强化自律；二是深入教学实践，提升业务能力。最后，向老教师学习，不断提高自己的境界。

七、板书设计

1. 教育家精神内涵

2. 教育家精神的新时代解读

（1）心有大我、至诚报国的理想信念

（2）言为士则、行为世范的道德情操

（3）启智润心、因材施教的育人智慧

（4）勤学笃行、求是创新的躬耕态度

（5）乐教爱生、甘于奉献的仁爱之心

（6）胸怀天下、以文化人的弘道追求

3. 三尺讲台写人生 老骥伏枥传薪火——离退休老教师口述历史、荣膺物品的教育家精神阐释

（1）筚路蓝缕，三尺讲台育桃李

（2）老教师进课堂，薪火相传谱新章

（3）荣膺物品，铭记平凡而伟大的光荣岁月

（4）步履蹒跚，弱不禁风，您却是校园中的大树

八、教学反思

1. 有利于丰富思想政治教育学术话语。从教育家精神内涵破题和切入，依托离退休老教师口述历史和荣膺物品案例讲解，探讨教育家精神凝聚着的党的教育战线史，拓展了思想政治教育的内容和方法，增强了思想政治教育话语权。当代大学生对各类思想政治教育内容的考量，已转向注重案例的剖析方式、信息的迭代更新和故事的创新性讲述等多向度。老教师口述实录及荣膺物品内涵集新颖性、鲜活性、历史性于一体，契合大学生对教育内容的认同旨趣。用老教师的献身教育事业的故事讲好思政课，是对新时代思想政治教育学术话语的丰富和重要贡献。不同专业老教师的从教经历，都承载着本专业不同的时代变迁，学生可从中了解到所学专业对社会历史发展所起的历史作用。老教师所取得的教学、科研成就，具有榜样的感召力，能够激发学生巩固专业思想基础，立足专业学习，培养专

业优越感。

2. 有利于深刻把握课程思政精神内涵。“课程思政”其实质不是增开一门课，也不是增设一项活动，而是将高校思想政治教育融入课程教学和改革的各环节、各方面，实现立德树人润物无声。围绕“知识传授与价值引领相结合”的课程目标，强化显性思政，细化隐性思政，构建全课程育人格局。不同专业的离退休老教师具有本专业内涵的深邃体认，对该专业的大学生具有强烈的说服力和引领力，这正是课程思政的内涵所在。很多教师在传授专业知识的过程中，经常认为没有思想政治教育的融入，于是生搬硬套地硬是在专业课中塞入教育内容，教育效果欠佳。其实，专业课教师在讲述专业课知识时，已经不自觉地对学生进行着思想政治教育。如教师渊博的知识、得体的仪表、高尚的人格、敏捷的思维、精准的讲述、熟练的教学技能，以及对学生的深切关怀，都会对学生产生深深的吸引力，都会对学生产生示范效应，这就是课程思政的精要所在。如果教师能够主动地挖掘专业课所蕴含的思想政治教育内涵，并能够自觉地将其融入专业课教学中，会收到更好的教育效果。

3. 增强思政课教学内容的获得感。离退休老教师的口述实录，蕴含着对青年学生的谆谆教导，辅之以内涵厚重的荣膺物品，对学生可起到潜移默化的影响。学生可“穿越”到老师的年轻时光，以朋辈的角色，对标自我，对号入座，感受老教师的教育历程，从而深学透悟老教师教导，增强思政课的获得感。如有位老教师具有高度的自律精神，他曾在日记中对自己曾经一次上课迟到做了深刻的自责和检讨。又如一位老教师自己收入不高，却每月资助一名家庭困难的学生，直到这名学生研究生毕业，但这位老师要求学生不准将这事告诉别人，也没接收学生的报答。这样的感人事迹不胜枚举。20 世纪 80 年代，思想政治教育专业开办伊始，办公经费紧张，一位老教师就拿工资购买办公用品，置办教具。党的教育事业，就是在一代代这样的无私奉献的教师中永续传承的。让老教师把这些故事讲出来，会深深地打动每一名学生。学生深切地感受到自己应该像老教师那样，做一名学高为师、身正为范、无私奉献的人。

4. 有助于把思政课讲深讲透讲活。离退休教师口述实录蕴含着对青年学生价值引领、思想凝聚、精神鼓舞和行为激励的深刻思想。老教师人物个性鲜明、叙事话语真诚质朴、事迹生动感人，将其融入专业课程教学中，这些鲜活的素材可感、可触、可学，紧贴学生实际，既能深入浅出，亦能浅入深出。老教师对学生的口述，往往摆脱既定的教育框架和范式，表述活泼、生动、亲和，学生在潜移默化中接受教育。这种教育方式，融深刻的教育思想于轻松的交谈中，在平等的交流中陈述做人的道理，借助长者的威望提高育人的效果，用鲜活的故事改变着学生的认知和感悟。

5. 可为大学生划定价值坐标、树立精神楷模。大学生不同程度地存在着人生理想缺乏，经受挫折能力低弱，奉献社会认识不高，集体荣誉感不强等问题。总体讲，大学生人生价值坐标需要进一步规划，亟须人生规划的导师。离退休教师对大学生朋友们理想信念、意志品质和道德情操等方面的希望和要求，也是他们自身精神品质的外在体现，同时也是大学生成长成才的重要精神滋养。他们的荣膺物品、口述历史，就是老教师在正确的人生坐标中的正向节点，学生可以以老教师为榜样，学深悟透老教师身上的精神品质和人格魅力，树立精神楷模、确立人生坐标。

6. 课堂不足。课堂不足也是很明显的。一是语言表达应更具有感染力，稍加华丽些。二是适当增加播放老教师视频，由于技术和设备限制，录制视频及后期影像编辑很受限，难以编辑富有感染力的视频。三是增加教育家精神的解读，增强学理性，这样会进一步增加学生对教育家精神的认同。这也是本堂课的难点之一。

案例二：八路军泰山军分区摧毁日伪“泰莱特别自治实验区”口述史料融入党史教学[①]

《新编中国共产党历史教程》阐述：抗日战争进入相持阶段之后，日本侵略者调整对华政策，在政治、经济方面采取了一系列“以华治华”“以战养战”的方针，成立“华北开发株式会社”“华中开发株式会社”等经济掠夺机构，在思想文化方面，日本侵略者在占领区推行奴化教育，

① 案例所用史料来自课题组日伪奴化教育口述访谈。

宣传“日中亲善”“共存共荣”，麻痹中国人民的抗日斗志。[①] 结合这段历史阐述，为使学生加深理解，拓展历史知识背景，确定这堂专题课。

一、学情分析

小学历史教育主要是历史启蒙教育，了解人类社会的演进和发展，培养对历史的兴趣和热爱。初中历史使学生全面了解人类历史，初步培养学生运用唯物史观观察和分析历史问题，逐步培养科学人文素养。高中历史主要是学习历史关键点，掌握历史脉络，侧重对重大事件和重要人物的深入分析，逐步培养历史思维。高考时选历史学科的学生，历史知识了解得多一些，其他没有选历史学科的学生，历史知识可能较为匮乏。

党史教学作为公选课，面向全校学生。部分学生既无大历史观，亦无扎实的历史知识基础，又知道些许历史知识，这易导致大学生满于现状，不求甚解。根据学生正处于从感性思维到理性思维转变的过渡时期，思维活跃的特点，从学生学情实际出发，因势利导，在教学中应该创造新的教学方式、开拓新的教学内容，调动学生党史学习的积极性，逐步达到明理、增信、崇德、力行。

二、教学目标

通过本课程的讲解，学生认识到日据泰安时期，敌伪通过建立行政组织，对占领区社会、政治、经济、文化、中国人思想等方面所进行的侵略和控制。学生能够从自己家乡的历史中了解日伪罪恶，了解日伪社会控制对中国人民产生的不利影响，了解中国人民争取民族解放的觉悟在中国共产党的启迪与引领下的苏醒。培养学生由爱家乡到爱祖国、爱党、爱社会主义的情愫。

1. 价值目标。培养学生不畏强暴、独立自主、坚决维护国家和民族利益的民族自强精神，警惕日本军国主义死灰复燃，维护来之不易的和平环

① 王顺生，黄延敏，王久高：《新编中国共产党历史教程》，高等教育出版社 2011 年版，第 64 页。

境，培养学生继承、发扬中国共产党的优良传统和作风，成为民族和国家利益的坚强维护者，把自我成长成才与民族伟大复兴联系起来，成为听党话、跟党走，堪当民族复兴重任的时代新人。

2. 素质目标。通过本课程的教学，学生能够运用唯物史观正确认识与分析中日历史关系，特别是日军侵华史，提高对抗战时期日军侵华罪恶认识和分析的能力；将中国共产党的红色基因融入学生的心灵深处，培养学生积极、乐观的情感，健康的人格和社会责任感。

3. 知识目标。通过本课程的教学，学生了解发生在自己家乡的日军侵华史，把这一微观的局部的历史置于整个中华民族宏观的整体的抗日战争史中学习，从而进一步理解抗日战争是全面的全民族的抗战，是争取包括自己前辈在内的整个民族站起来的解放史。

三、重点难点分析

1. 教学重点

（1）“泰莱特别自治实验区”推行的奴化教育。

（2）“泰莱特别自治实验区”敌特对泰山区共产党八路军的渗透，对抗战的破坏。

（3）“泰莱特别自治实验区”的区域盘踞，对当地人民造成的毒害。

2. 教学难点

（1）口述史料的真实性需要用相关档案史料甄别、考证，课堂难以出具相关史料。

（2）口述史料中盘踞在“实验区”的日伪及国民党势力杂糅在一起，对伪军与国民党势力进行区分。

（3）“泰莱特别自治实验区”是日伪在泰山区设置的敌特行政组织，如何以这一组织点中带面、小中见大，管窥抗日民族解放战争。

四、教学方法

讲授法、文献分析法、探究式教学法、案例教学法。

五、教学过程

（一）导入

【讲授】日军发动的侵华战争蓄谋已久，为什么这样讲？

早在1927年7月，日本炮制《田中奏折》表示：欲征服世界，必先征服中国；欲征服中国，必先征服满蒙。倘若中国完全被我征服，其他如小亚细亚、印度、南洋等，异服之民族必畏我敬我而降于我，使世界知东亚为我国之东亚，永不敢向我侵犯。这是明治大帝的遗策，也是我大日本帝国存立的必要大事。从此可以看出，日本把侵占中国作为其推行侵略政策的目标，建立所谓“大日本帝国”的野心蓄意已久。

展示图片：1927年日本高层炮制《田中奏折》。

【讲授】在此种战略意图下，日本侵占中国之前，日本法西斯政府就提出了“大东亚共荣圈”侵略计划，意在建立一个日本法西斯统治下的庞大殖民帝国，当然包括中国在内。

这个“大东亚共荣圈”的范围有多大？日本人所说的庞大殖民帝国到底包括哪些区域？请看一幅照片。

展示图片：《日本帝国防御图》。

【讲授】1937年7月7日，日本发动全面侵华战争。1937年12月30日日军占领泰安。

1941年，抗日战争正处于极端困难时期，环境日益恶化。日寇在其占领区积极推行“治安强化”运动，进一步欺骗和麻醉中国人民的抗战意志，妄图消灭鲁中山区共产党、八路军和抗日有生力量。

从1942年到1944年春，在泰安莱芜两县交界地区的范镇一带，曾存在一个独立于一般伪省、县政权以外的伪组织，叫作“泰莱特别自治实验区”，简称“泰莱特区”。它的管辖范围包括泰安县的九个乡和莱芜的三个乡。“泰莱特区”是由日本侵略军军事机构直接插手，以政治欺骗为反共手段，以破坏解放区和发展日伪特权为目的的实验区。

展示文献图片：石经孝《对“泰莱特区”的片段回忆》。

【讲授】“泰莱特别自治实验区”正是所谓“大东亚共荣圈”的一个

缩影。日本军国主义妄图通过搞实验区，来验证其推行的“大东亚共荣”存在的可能性和可行性。

（二）讲授新课

1．“泰莱特别自治实验区”的策划建立

【板书】（1）日本特务川村与志雄

【讲授】川村与志雄隶属济南日特机关“鲁仁公馆”，日本早稻田大学毕业，是经过专门训练的老牌特务。1941 年受“鲁仁公馆”特务头子木村指派，在水野清带领下来到范镇。由于川村极其狡猾和毒辣，也是杀人不眨眼的刽子手，在其经营下，在原“中山学校”基础上建立“泰莱特别自治实验区”，并且规模迅速扩大，建立了“泰莱特别自治实验区”政务委员会，对当时泰北行署、泰历县的抗日武装斗争产生了极大的破坏作用。因此，“泰莱特别自治实验区”又称为“川村实验区”。川村调离“特区”后，常驻“特区”的是日本人桥本夫妇。

展示图片：“泰莱特别自治实验区”旧址，现泰安市岱岳区范镇中心小学。

【板书】（2）“中山学校”

【讲授】1940 年 3 月 30 日，汪精卫在南京傀儡政府就职后，以孙中山的三民主义为标榜欺骗居民，日本侵略军这时也提出“以华治华”的新政策，泰莱地区的“中山学校”就是在此背景下产生的。

1940 年秋，日军军方派遣特务川村与志雄在接近解放区的泰莱平原活动。川村勾结当地的地主和有势力的士绅成立“中山学校”，如赵新民是祝阳北吴家庄的大地主，陈益斋是莱芜陈家楼的士绅，赵伯珂、孙永图是范镇大地主。

川村最初组织“中山学校”时，正值农民群众苦于杂牌部队聚敛骚扰，川村即以反对杂牌部队作诱饵，利用中国人的正统思想，以孙中山的三民主义为幌子，提出中日联合，成立“中山学校”，训练青年，解救民众疾苦。

“中山学校”当初是川村通过范镇日军据点向附近各乡公所强要壮丁分期轮训的组织。名为学校，实为日特的军事机构，学院配有步枪、机枪、掷弹筒等武器。

“中山学校”在范镇设总校，另在梭村、崅峪、姚庄、山口设4个分校。“中山学校”由赵新民任校长，由李洛民任副校长。校长之下分工设课，有教育课、供给课等。

展示图片：“中山学校”4个分校校址——泰安市岱岳区梭村、崅峪、姚庄、山口。

【板书】(3)“泰莱特别自治实验区”的建立

【讲授】“特区”是由“中山学校”为基础发展建立的，对外仍沿用“中山学校”的名称。

1942年秋，川村召集“中山学校”势力所及的泰莱地区的乡绅、地主和反动会道门头子等到范镇，宣布正式成立“泰莱特别自治实验区”。组成了“政务委员会”，作为“特区”的政权机关。“政务委员会”出报告，要由委员长赵新民和川村与志雄共同署名方可生效。

“特区政务委员会”成立后，以威胁欺骗手段，强行在各村设坛按宫，组织反动会道门武装，实施“反共自卫团”联防。敌人这一“以华治华”的险恶阴谋，对开展该地区抗日活动造成极大困难。

实验区在原“中山学校”势力范围基础上，一度扩大至泰安崅峪以北、莱芜水北以南，山口以东、莱芜杨庄镇以西数十个村庄，包括泰安县的山口、姚庄、梭村、崅峪4个区、12个乡。

“特区”的上级机关是济南日特“鲁仁公馆”和“朝阳公馆”。与“特区”直接发生关系的是“朝阳公馆”，领导人是日军山田少校参谋。“特区”工作人员，都发有由山田署名的“特别对共工作证”的证件。从此证件中可以看出“特区”的性质。

对此，泰安市党史办编印的《中共泰山区党史大事记》和《范镇志》均有记载。《范镇志》记载：“泰莱特别自治实验区”由济南日军第4221部队参谋部领导下的对共调查机关、济南“鲁仁公馆”派出工作人员川村与志雄来范镇，纠合当地之地主、反动会道门“红枪会”及部分伪组织组成“泰莱特别自治实验区”。

展示图片：“鲁仁公馆”和“朝阳公馆”档案资料图片。

2. “泰莱特别自治实验区”内设机构

【板书】(1)“泰莱特别自治实验区”政务委员会

展示图片：“泰莱特别自治实验区”政务委员会组织机构图。

【讲授】实验区的行政区划共有 12 个乡，即泰安县靠近莱芜的 9 个乡和莱芜与泰安接壤的 3 个乡（星波乡、中和乡、埠丰)。实验区“政务委员会”设有委员长和若干委员，由陈益斋和赵新民先后担任委员长，总揽全面工作，委员有徐芝房、沈光斗和赵伯珂等。

委员会还下设若干科室，以具体推行各项奴役中国人民的反共政策和法令。

秘书室：设秘书长，总揽行政事务和文字工作，并负有指导全面工作的责任，当委员长不在时更是这样。

行政科：管理行政工作。

建设科：负责管理土木建筑和电话安装与维修等工作。

教育科：负责在敌占区督办学校，推行教育等事宜。

司法科：专管打官司问案子。他们搞的案件，都是在特务掌握了共产党、八路军的活动情况之后，派汉奸队抓捕我党干部和地下工作人员，进行严刑拷打，敲诈勒索钱财，以达其反共与自肥之目的。

财务科：专管财务收支和预算等事宜。

厚生科：专管全体伪公人员和汉奸队的福利。

征收科：专管征收和开支粮食，每年夏秋两季向群众横征暴敛，供给日军与汉奸挥霍和自肥。

展示图片：“泰莱特别自治实验区”掌握武装力量的敌伪行政区域。

【板书】(2) 武装组织

【讲授】“特区”的武装，就是各村送去的 40 名青年，既是特务又是武装。由副大队长赵心一负责军事训练，并发放枪支弹药。至 1942 年，这支汉奸武装有所扩大，建立了大队部，大队长韩谟，副大队长赵心一，大队部设有军需、文书等人员。以下编为 2 个中队，每中队 60 人左右。第一中队长刘明斋，第二中队长李寿春。每中队又分 3 个小队，每小队编 3 个班。共 200 余人。他们不仅人人有枪，而且配备了轻机枪 1 挺，掷弹筒 4

校。成为日寇在泰莱边区反共反八路和烧杀掠夺残害人民的骨干力量。

展示图片：史料来源——《泰安市志》泰安市泰山区、郊区地方史志编纂委员会编，齐鲁书社，1996 年版。

【讲授】“特区”建立的同时，“中山学校”也有所扩大，“鲁仁公馆”正式任命了正副校长，校长由赵新民兼任，副校长李正村。

“中山学校”设立 4 处分校：第一分校设在泰安山口，校长张玉鹗，学员 30 人，步枪 10 余支；第二分校设在泰安姚庄，校长李惠芝，40 余人，步枪 10 余支；第三分校设在峋峪，校长孙永图，并无人枪；第四分校设在泰安梭村，校长张海珍，40 余人，步枪 20 余支。有的分校虽有人、枪，但未正式训练，除糟践人民血汗外，未起什么大的作用。在这期间，莱芜水北的景肇铃（绰号景大麻子）也由与敌人秘密勾结变为公开投降，在“中山学校”当了大队副。不管“中山学校”还是“政务委员会”，大小官职都由汉奸担任，而大权却在日本人川村手中操纵着。

“川村实验区”反动势力强大，大肆笼络周边反动地主、劣绅及流氓地痞等社会渣滓，以壮大反动力量。如景肇铃，绰号景大麻子，莱芜水北村人，是有名的大地主。自己纠结一伙兵痞流氓干起反共勾当，后投靠国民党莱芜县长谭远村并被封为莱芜县大队长。1938 年 1 月，景肇铃被黎玉、洪涛带领的徂徕山起义队伍在莱芜抓获。黎玉遵照中共中央“国共合作，共同抗战”的指示，将景肇铃释放。由于景肇铃反共本性难改，1940 年 5—6 月，以“川村实验区”为靠山，以各村硬拳道宫为巢穴，开始罪恶活动。1943 年夏天，公开投靠日本，到日本特务在范镇办的“中山学校”当了副大队长。抗日战争胜利后，景肇铃化装成商人，牵着毛驴驮着布匹企图沿胶济铁路潜逃至青岛，在张店恰巧被莱芜县公安局局长李林泉认出，将其逮捕。1949 年 9 月，在水北街召开公判大会，执行枪决。

展示图片：文史资料——《我所认识的景大麻子》《莱芜文史资料第二辑》。

3. “泰莱特别自治实验区”的罪行

【板书】（1）烧杀抢掠

【讲授】1941 年春，川村到范镇不久，便以开会为名，将部队掉队回家的泰安人赵中盈骗到据点内大卸八块而死。汉奸不断配合日军在泰莱边区扫荡和掠夺。1942 年春，他们到水北一带进行扫荡，同年夏天又去水北抢劫一次，将景姓八大院的好家具全部抢光。对秋麦两季抗粮不交或其势力达不到的游击区，不断进行扫荡和抢掠。他们吃、喝、嫖、赌、抽五毒俱全，不是横征暴敛就是抢掠。他们不仅挥霍，而且大量搜刮民脂民膏借以自肥。如征收处主任陈东升将征收和掠夺的钱粮寄存其亲戚家，购置土地和家产，陡然成为地主。伪公人员大部分吸食鸦片，他们当时的薪金只不过一二百斤粮食，当然入不敷出，除抢劫和横征暴敛外，还有最拿手的办法——“敲竹杠”。看准了有钱的人，污以“通匪”的罪名（指与八路军有交往），抓入监狱，用钱两赎回，大发横财，这是汉奸特务在抗战中一贯的伎俩。

【板书】（2）奴化教育

【讲授】行政领导。“泰莱特别自治实验区”新民委员会设教育科，科长石经孝（范镇公社羊庄人）。下辖 10 个学区中心小学。兴波乡、中和乡中心小学为第十中心小学。校长刘灵生，训育主任王子垣（泰安夏张人），校址在陈楼天齐庙。第十中心小学下设陈楼、燕庄、杨庄、侯洼、刘家店、高家店等处小学。

教师来源：刘灵生、王子垣两人系由“特区”教育科委派而来。其余学区中心小学及各村小学教师全在当地招聘。

教育经费：“特区”委派教师，由“特区”出资，月薪 60 元。外加补助粮 90 斤。其余教师待遇全由地方自筹，办公费、维修费，按粮银摊派。

教育宗旨：善邻友好，中日提携，建立东亚新秩序，共享共荣。

课程设置：教材都是伪省教育厅编写，新民书店印刷出版。

课程科目：初小设有国语、算术、常识、修身、唱歌、手工；高小设有国语、算术、常识、修身、地理、历史、自然、唱歌、手工、体育、日语（因缺日语教师未开）

泰安市图书馆馆藏史料：一批日本侵略者用来恐吓、奴化泰安人民，搞所谓“大东亚共荣圈”的日语画报及中日文对照词典、课本等。其中一本《日语会话宝典》是由前奉天南满中学堂长旅顺第二中学校长饭河道雄所著，它是以中国文字注日文音。本书共分为4篇：第一篇，假名发音篇；第二篇，会话基础篇；第三篇，会话篇；第四篇，单语篇（包括天文、地理、时令、人伦、医药、军事等方面）。书上写有“泰安县范镇公社王台头大队”的钢笔字。这是抗日战争时期，日本在范镇搞“川村实验区”之“中山学校”所用教材。

教学方法：先生讲，学生听的注入式教学法。

考试制度：全年考试制度分为麦、秋、寒假3次考试，伴有月考，皆为命题考试，考试后按考生成绩优劣排列甲、乙、丙、丁4级，张榜公示。

学校规模：第十中心（每所）小学有300名学生，连同下属各小学共计约有学生500名。中心小学在1944年下半年增设高级班2个，约有学生80人。

学制规定：“四二”分级制，即初小四年，高小二年。

人才输送：初小毕业后少数送高小，多数回乡劳动。

至1945年日寇投降前夕，学校停办，高小生分为两部分：一部分投向革命，考入“滨海中学”，属抗日政府领导，校长孙备伍，后都成为解放战争时期地方政府领导干部；另一部分去日伪占领区泰安，考入中学，后多被日伪吸收，脱离革命。

展示图片：

①资料来源——《杨庄[①]教育状况》档案资料；

②范镇口述人图片；

展示视频：范镇口述人背诵日语五十音视频。

【板书】（3）蒙蔽欺骗群众

【讲授】川村到处散布抗捐、抗税、抗抓壮丁的言论，并声称他们完全是为中国人办事，以麻痹老百姓。在实验区里，日军不可进入，八路军

① 杨庄镇，时为“泰莱特别自治实验区”管辖范围，现为济南市莱芜区杨庄办事处。

也不准进。此外，还举办储蓄机构向农民发放贷款、棉花种，发展畜牧，兴修水利，给老百姓看病（治疗天花）。有时还当着中国老百姓的面打日特情报人员的耳光。

为了进一步证明自己是革命者，欺骗民众，川村还不断学习中国礼节，参加老百姓的婚丧嫁娶。他还积极为根据地送情报和营救被捕人员，并对老百姓说“给八路军送粮食是没有关系的”“八路军是我们的朋友，大家互不侵犯”，造成很多老百姓误认为川村是日本共产党的假象，误认为“川村实验区”是“国泰民安”的好地方。在灾荒年月，为了拉拢人口，“特区”工作人员除了每月月薪五六十元外，还每月发放60斤小麦，从生活上取得知识分子的羡慕，这使得一部分人为了养家糊口，纷纷投靠“川村实验区”。

【板书】(4）腐蚀拉拢青年

【讲授】“中山学校”建立后，他们开始依靠范镇已有据点进行活动，以范镇日本警备队的名义强迫范镇附近各村必须每村派出2名青年到“中山学校”为其服务。在其占领区，群众很难抗拒，迫不得已，各村出钱雇2名青年到“中山学校”，当时只有40人左右。敌人一面修筑“中山学校”的围墙和碉堡，一面将40余名青年组成一个班进行训练，以学文化为幌子，进行专门的特务训练。专讲如何进行特务活动，用什么方法搜集共产党、八路军和抗日游击队的情报等。同时还发放武器进行军事训练。川村这个老牌特务极其狡猾，他用扣押人质的办法将泰安四区谷家庄的赵心一逼去当了“中山学校”的大队副。他们搞实验区企图推行毒辣的“三自”政策——自卫、自给和自足，妄图实现他们灭亡中国的黄粱美梦。

展示图片：档案资料——“朝阳公馆”档案图片。

【板书】

4.“泰莱特别自治实验区”的覆灭

【讲授】1945年2月，泰安军分区独立营曾配合军分区特务营攻过范镇，刚突破外围，由于敌人增援，杀伤部分敌人就撤出战斗，使敌人老实了一段时间。几个月后，范镇的五个鬼子、一个汉奸、两个民夫（背弹药）大摇大摆地到赵家庄赶集。便衣把敌情报告之后，锄奸队考虑在集上消灭敌人会伤到些群众，就告知便衣密切监视敌人，做好战斗准备，敌人若回去，就在回去的路上消灭敌人，若敌人不走，待赶集的群众散集之后再动手。部队在西金井隐蔽，到下午三时许，便衣报告敌人向西金井来了。等敌人靠近西金井时，分两路向敌人出击，敌人发现部队后，回头就跑，追到赵家庄把敌人消灭。此战斗中营长柯印坤身负重伤，二连王连长和一班班长两名战士牺牲。此次战斗全歼敌人，缴获轻机枪一把，三八式步枪四支。

为了彻底摧毁击垮“川村实验区”，集中力量消灭其武装，军分区派特务二营共同执行此任务，当时分工军分区特务二营攻击祝阳伪军，泰历（县）独立三个连攻击赵新民的主力部队，一个连打援攻击两个敌据点。在这次战斗中，消灭一个汉奸中队。从此，范镇之敌除有计划地组织其他据点之敌对我们扫荡之外，很少外出，范镇“川村实验区”基本被摧垮，范镇地区的形势大有好转，工作人员可以到范镇附近工作，部队有时白天也可行动。

随着抗日战争形势的发展，特别是太平洋战争爆发以后，日本帝国主义在中国战场上顾此失彼，不得不收缩其兵力，以固守其所占领大城市和交通要道。在此形势下，山东省伪省长唐仰杜于1943年下半年亲自到范镇“中山学校”，宣布撤销“泰莱特别自治实验区”。将实验区统辖的各行政区域各归各县，泰安的九个乡仍为泰安第四区，莱芜的三个乡再归莱芜县管辖。汉奸部队也重新改编，撤销大队编制，将原第一中队编为泰安第四区中队，队长由景大麻子担任；第二中队编为泰安县伪保安大队的一个中队，调回泰安城。各科室人员一律分发部分钱粮遣散回家。这样，“泰莱特别自治实验区”和“中山学校”彻底覆灭。

据曾在泰安驻扎四年之久的侵华日军老兵盐谷保芳印证：类似“川村实验区”的机构，主要是搞软化、奴化教育，不仅在范镇，在肥城也搞过。

展示图片：侵华日军老兵盐谷保芳与泰安市党史研究院研究人员图片。

六、课堂小结

【讲授】最后，让我们总结一下这一节课的内容。

1.“泰莱特别自治实验区”是由日本侵略军军事机构直接插手、以政治欺骗为反共手段，以破坏解放区和发展日伪特权为目的的实验区，其正是所谓“大东亚共荣圈”的一个缩影。日本军国主义妄图通过搞实验区，来验证其推行的“大东亚共荣”存在的可能性和可行性。

2. 该组织在其占领范围内推行的教育具有奴化性质，目的在于麻痹消弭中国人民的斗志，抹杀中国人民的民族精神。在该区域内修路、筑水渠、剪除土匪、创设“实验区”“模范”县、“良民”示范村等，给中国人治病、给中国孩子糖块、与中国孩子嬉戏，仍是其法西斯军国主义伪善的表象，更带有欺骗性和危险性。其目的在于为日军侵华涂脂抹粉，掩盖侵华罪恶，瓦解抗日军心民心，用心极为险恶。

3. 作为大学生，作为新时代青年，应该警惕日本军国主义的复活，用唯物史观深刻学习、严正对待日军侵华史实，振奋民族精神，抵御外侮，树立民族自信心，通过勤奋学习使自己强大，使民族强盛、国家强大。

七、板书设计

1.“泰莱特别自治实验区”的策划建立

（1）日本特务水野清、川村与志雄

（2）“中山学校”

（3）“泰莱特别自治实验区”的建立

2.“泰莱特别自治实验区”内设机构

（1）“泰莱特别自治实验区”政务委员会

（2）武装组织

3.“泰莱特别自治实验区”的罪行

（1）烧杀抢掠

（2）奴化教育

（3）蒙蔽欺骗群众

（4）腐蚀拉拢青年

4. “泰莱特别自治实验区”的覆灭

八、教学反思

1. 教学过程中互动环节少，讲述多，讨论少。这种情况的形成：一是由于公选课学生来自不同的专业，学生的历史知识基础参差不齐（大部分学生历史知识匮乏），文史知识储备不足，难以就某一个问题展开讨论。二是由于本课堂讲的是口述史料“泰莱特别自治实验区”，学生知之甚少，甚至没有人知道历史上曾有过这个日伪特务机构。所以，只能是以讲授为主。解决这一问题，可在课前在课程微信群里发布本课讲义，供学生预习，并要求学生查阅、搜集相关史料，预留阅读任务。

2. 抗日战争史的讲解，与中国共产党是抗日战争的中流砥柱的讲解基本上是一致的。党史课程本身就是思政课程，党史教学就是对大学生进行思想政治教育的过程，就是课程思政。教学过程中，能够使大学生对抗日战争中的地方抗战史有所了解和掌握，进而建立党史认知，以及在此基础上的认同。通过对抗日战争史、党史的学习，激发大学生不屈不挠的民族精神，增强民族自信，从抗日战争史蕴含的现代价值中获取启发，把对文化科学知识的学习与民族复兴密切联系起来，应是抗日战争史教学的重要任务和价值。所以，在抗日战争史、党史教学中，应更加注重民族精神、爱党爱国现代价值的挖掘。

3. 口述党史资料受到学生欢迎，学生对史料的本土性、生动性、亲和性很感兴趣，学生反应积极，看手机的、发困的、无精打采的现象明显减少，教学效果良好。课程的性质决定了课堂语言必须严肃，对于侵华日军的罪行不可能用生动活泼的语言风格来讲解，这样就必然地刻板、沉重，在以后的教学设计中再打磨、再调整设计语言风格。

案例三：一名普通共产党员的伟大情怀——功勋卓著的泰西地下情报总站站长郭长灿（郭长灿家属口述）

抗日战争时期，泰西地区①作为一个重要的独立的战略单元，是党中央、北方局通往鲁中根据地的交通要道，也是华中通往延安的重要的红色通道，战略位置异常重要。

1939 年 3 月，八路军 115 师入鲁后，冀鲁豫军区和 115 师司令部决定在泰西根据地的中心地带——今肥城市王庄镇组建地下情报总站。泰西情报总站设在中共地下党员郭长灿家，下辖 5 个分站，直属冀鲁豫军区，由 115 师司令部领导。

课题在挖掘整理泰西地下情报总站史料、查阅大量原始档案资料，以及采访郭长灿爱人及亲属，并做了大量田野调察基础上，在陆房突围胜利纪念馆的合作下，通过现代信息技术处理手段，融汇一手资料，综合凝练中心价值，再现了泰西隐蔽战线的英雄们战龙潭斗虎穴、不畏艰险，舍生忘死的献身精神，为民族解放事业作出的不朽功勋。讴歌了泰西地下情报总站站长郭长灿在惊心动魄而又鲜为人知的地下斗争中表现出的共产党员高尚的精神品质和伟大情怀。

一、学情分析

大学生在高中阶段对中国历史的学习主要是通过《中外历史纲要》的中国史部分学习。其特点是关于中国史历史脉络、历史分期、历史事件，侧重对重大事件和重要人物的介绍分析，初步具有历史思维。除个别对历史、党史感兴趣的学生有些党史知识基础之外，总体来说大学生历史知识较为匮乏。实有在全面了解中国历史，尤其是中国共产党历史的基础上，进一步深入学习之必要。

经了解，大学生学习党史，比较欢迎故事性强、学习难度低，贴近生

① 泰西地区，是指泰山西部的广大地区，包括现在的岱岳区、宁阳县津浦铁路以西部分，以及肥城、东平、长清、平阴、汶上等县。北有黄河屏障，东部和中北部有泰肥、大峰、平（阴）东（阿）三大山区，南部是东（平）、汶（上）宁（阳）平原，西南有东平湖。其是党中央、北方局通往鲁中根据地的交通要道。

活现实的教学内容。党史教学作为公选课，面向全校学生，为适应这种学习要求，因势利导，在教学中创造新的教学方式、充实新的教学内容。将抗日战争时期发生在学生家乡的抗日英烈事迹，通过口述党史的方式推送给学生，以调动学生党史学习的积极性，逐步达到明理、增信、崇德、力行的党史学习效果。

二、教学目标

通过本课程的讲解，学生能够认识到抗日战争时期，中国共产党实行全面的全民族的抗战，每一个中国人均有守土抗战的责任，号召“每一个优秀的共产党员，脱下长衫，到农村去”打游击战。中国共产党是抗日战争的中流砥柱，可以从每一个坚持抗战的共产党员身上找到答案。众多类似泰西地区地下情报站共产党员英勇无畏的事迹，汇聚成了吞噬日本侵略者的滚滚铁流。

1. 价值目标。培养学生不为名利、甘于奉献、无私无畏的精神；培养学生国家兴旺、民族振兴的源泉来自每一个人对维护国家和民族利益的认知、认同和践行的觉悟；民族独立来之不易、和平发展环境来之不易，培养学生珍惜和平，警惕历史虚无主义毒害和日本军国主义死灰复燃，提高政治敏锐性和政治鉴别力。继承、发扬中国共产党的优良传统和作风，成为民族和国家利益的坚强维护者，成为听党话、跟党走，堪当民族复兴重任的时代新人。

2. 素质目标。通过本课程的教学，将中国共产党的红色基因融入学生的心灵深处，培养学生积极、乐观的情感，健康的人格和社会责任感，使其能够堪当大任。学习老一辈革命者克服困难完成任务、实现理想的不屈不挠的奋斗精神。培养学生把学习科学文化知识、成才成人与奉献家乡、保家卫国统一起来的家国情怀。

3. 知识目标。使学生了解到：自己的家乡在抗日战争时期也是重要战场，而且是中共中央通往华中、沂蒙抗日根据地的战略要地；父老乡亲在抗日战争中作出的重要贡献；山东抗日根据地的战略地位；八路军主力115 师转战山东的历史。拓展学生关于抗日战争的知识视野，培养学生的家乡自豪感。

三、重点难点分析

1. 教学重点

（1）郭长灿与情报站工作人员克服重重困难，创造条件，为八路军115师传递情报，给日军重创，并粉碎日军合围115师师部的图谋。

（2）泰西地下情报总站及分属5个分站艰苦的工作条件和险恶的工作环境。

（3）郭长灿关于隐蔽战线中贡献重大而又鲜为人知的认识，一个普通共产党员的伟大情怀。“我是一名共产党员，无人知晓我们都干了些什么，在没有硝烟的战场上，我无怨无悔！”

2. 教学难点

（1）在对泰西地下情报总站做口述史研究时，时任总站站长的郭长灿已经去世，其他工作人员已记忆不清。关于情报总站的史料是郭长灿爱人及儿子所述：一是欠完整，不能全面反映抗战时期情报站的工作状况；二是具有间接性，虽然档案馆、博物馆中有些关于情报站的一手资料，但关于情报站的工作细节缺乏真切的史料。

（2）郭长灿作为人民功臣，受到党和国家最高领导人的接见，由于种种客观条件所限，没有搜集到相关视频。

四、教学方法

文献分析法、讲授法、案例教学法、实地考察学习法

五、教学过程

（一）导入

【展示图片】习近平总书记关于伟大抗战精神的阐述。

中国人民在抗日战争的壮阔进程中孕育出伟大抗战精神，向世界展示了天下兴亡、匹夫有责的爱国情怀，视死如归、宁死不屈的民族气节，不畏强暴、血战到底的英雄气概，百折不挠、坚忍不拔的必胜信念。

伟大抗战精神，是中国人民弥足珍贵的精神财富，将永远激励中国人民克服一切艰难险阻、为实现中华民族伟大复兴而奋斗！

【讲授】在全民族抗战的大背景下，作为抗日战争的一个局部，在泰安的抗日战场上，既有在中国共产党领导下的正规部队 115 师一次歼敌 1300 多人的阵地战，也有各县区抗日自卫团队组织的一场场歼敌上百人、几十人甚至几个人的小规模游击战、麻雀战，更有有组织的、隐蔽于地下的、非公开状态的、惊心动魄的暗中较量。

（二）讲授新课

1. 郭长灿简历

【讲授】郭长灿，1921 年生，原籍山东省肥城市王庄镇闫屯村。1936 年参加革命，1937 年 8 月加入中国共产党。历任原泰西地区肥城县王庄镇南尚仁小学、闫屯小学校长，中共闫屯村地下党支部书记、四区区长，八路军 115 师东进支队、泰西地下情报总站站长，冀鲁豫军区独立师二团三营指导员，军区炸弹厂厂长、团参谋长、师情报处处长、副师长，聊城军区安全局局长，德州地区商业局局长、夏津县人民政府县长、地区专员等职。抗日战争时期与罗荣桓、万里、陈光、段君毅等数百名英雄将帅并肩战斗，曾荣立特等功 1 次，二等功 1 次，三等功 6 次，被中央人民政府授予“人民功臣”称号，新中国成立后受到毛泽东、周恩来、朱德、彭德怀、陈毅等党和国家领导人的接见。1985 年离职休养，著有回忆录《枪林弹雨四平街》《泰西地下情报总站解密》等。

【展示图片】（1）郭长灿肖像；（2）冀鲁豫军区司令部政治部颁发的“人民功臣奖章授予证明书”。

【视频播放】郭长灿爱人王焕银、次子郭新富口述访谈视频。

【课堂互动】请问，在座的同学可有泰安肥城市王庄镇的？

学生：有。

问：听没听说过郭长灿？

学生：没有。但我听说过情报站，应该就是老师讲的“泰西地下情报总站”。

2. 泰西地下情报总站的建立

【讲授】1939 年 3 月，八路军山东纵队第六支队为了加强情报工作，实现对泰西各县情报站的统一领导，决定在泰西抗日根据地中心地带组建情报总站，直接归司令部领导。

郭长灿时任闫屯村党支部书记。一天，接到四区区委委员桑德茂通知：司令部决定在闫屯村建情报总站，由郭长灿任总站站长，在全村挑选了孙吉领、郭长甲、郭长信、庞甲廷为情报员，办公地点设在郭长灿家。对外是镇公所，对内是情报总站。

【展示图片】泰西地下情报总站旧址——闫屯村郭长灿旧居。

【讲授】总站成立后，由六支队侦察参谋张建邦主持召开了一次会议，与会人员有总站站长和肥城、泰安、东平、平阴、长清 5 个分站站长。会议确定了：总站及各分站的番号和住址，总站及分站隶属关系、工作职责和任务、特殊情况应急措施。

1939 年 12 月，为加快情报传递速度和确保情报站安全，由六支队司令部筹钱 600 元（伪钞）开设自行车修理铺。情报站一班人紧锣密鼓，选址、从济南购置修车配件、确定分工，很快自行车铺开始工作，同时扩充了情报员队伍。

【展示图片】(1) 部分修车工具、藏放情报的笔筒及情报员使用的武器——肥城市档案馆藏；(2) 筹办车铺使用的伪钞——肥城市档案馆藏。

【讲授】1940 年 4 月，中共肥城县委调郭长灿任六区组织员，情报总站工作由庞甲庭负责。由于情报站屡遭破坏，7 月，郭长灿又被调回，任总站站长。按照军分区司令员王叙坤的要求，郭长灿对原总站人员进行了调整和补充，重新划定情报工作区域，恢复正常工作。

情报总站建立后，加强了整个泰西地区的情报传递工作，及时、准确地为我党我军提供了各种各类有价值的情报，对于有效地打击敌人、巩固和发展抗日根据地发挥了重要作用。

3. 泰西地下情报总站的功绩

【讲授】（1）为八路军 115 师陆房突围战斗提供准确情报，避免了重大损失

从 1939 年 4 月初，泰西地下情报总站就为 115 师提供日军有向 115 师司令部合围的动向，尤其是第 6 次情报，准确地指出了日军围剿的重点和方向，使 115 师及时调整和做出部署，避免了重大损失。

日间战斗结束后，由于敌我力量悬殊，115 师在泰西情报总站工作人员的带领下，黑夜抄近道穿越敌人封锁线缝隙，粉碎了日军剿灭我 115 师部的企图。

115 师部在泰西地下情报总站配合下，胜利完成突围，取得陆房突围战斗重大胜利，歼敌 1300 余人，牺牲 300 余人（含田家滨部队 180 余人）。被誉为第二次“平型关大捷”。

【展示图片】（1）1940 年泰西情报总站收到夏张分站的原始情报——肥城档案馆藏；（2）2021 年建党百年之际，陆房战斗被载入中国共产党一百年大事记。

（2）蛛丝马迹辨敌特

郭长灿政治敏锐性高，作为情报人员观察细致、信息捕捉灵敏、判断准确，曾成功提供准确情报，破获潜入泰西地委的敌特。1939 年冬，肥城石横镇来了一个叫郭长河的人，自称是来认族亲的。这天下午，郭长灿到动委会送敌人准备“扫荡”的情报，恰在这里碰上了郭长河，当他看到郭长河在人群里嘀咕，并用手在嘴角上向左撇了一下，再向右撇了一下，并说了一句“共产共妻”的话，引起了高度警觉。郭长灿迅速把这一情况报告了地委书记袁振、组织部部长万里和县工作队成员董志刚等人，简要汇报了郭长河的表现和疑点，引起泰西地委组织部部长万里的警惕。恰在这时，郭长河转悠过来，万里抢先一步，先发制人，拔出枪来顶住了郭长河的脑袋，喝令：“别动！”经审讯，郭长河是日伪特务，专门侦察测探泰西共产党八路军情报。

（3）多次出色完成重大护送任务

泰安地处津浦铁路中段，是党中央、北方局通往鲁中根据地的交通要

道。地下交通、情报线建立后，曾先后迎送刘少奇、徐向前、陈毅、罗荣桓、朱瑞、陈光、肖华、杨勇等领导同志及数千抗日健儿越过津浦铁路，在境内休息补给后前往鲁中、沂蒙、鲁南、胶东及全国各地，还利用交通线掩护大批抗日物资运往全国各解放区。泰西地下情报总站战功卓著，受到中共中央、中共山东分局及各地区党委的高度评价。

【展示图片】被护送的领导人的战时图片。

【讲授】泰西地下情报总站建立了渗透敌伪、覆盖泰西地区的情报网，情报员不畏牺牲，出生入死，出色完成了历次情报递送工作，也作出了重大牺牲。1940 年 4 月，情报员老牛、曲振甲、庞甲廷在送情报路上与敌人遭遇，在经受敌人残酷虐待后，被敌人枪杀。在敌人破坏自行车修理铺情报站后，捕走了情报员孙吉领和郝保森。

为党的情报工作战斗在隐蔽战线的烈士们永垂不朽!

【观看视频】《一名普通共产党员的伟大情怀——功勋卓著的泰西地下情报总站》。

4. 启示

民族危急关头，共产党员挺身而出，担当历史重任，不畏牺牲，以个人绵薄之力，汇聚民族觉醒的力量，保卫家乡，保卫根据地，保卫全中国。

六、课堂小结

1. 学生对上课内容极感兴趣，上课时积极回应，紧跟教师讲解，并不时记录、打开手机查阅相关信息。说明这类口述党史教学内容深得学生欢迎，另加课堂互动、图片展示、视频播放与教师投入感情的讲解等教学方法的综合运用，本堂课教学效果达到预期。

2. 资料挖掘仍然不充分，故讲课内容不能深入展开。板书设计再丰富些。

七、板书设计

1. 郭长灿简历

2. 泰西地下情报总站的建立

3. 泰西地下情报总站的功绩

（1）为八路军 115 师陆房突围战斗提供准确情报，避免了重大损失

（2）蛛丝马迹辨敌特

（3）多次出色完成重大护送任务

4. 启示

八、教学反思

关于泰西地下情报总站的视频播出之后，引起强烈社会反响，机关干部、学校师生、人民群众都被郭长灿率领的情报工作人员敢于牺牲精神及其卓越功勋深深感动。在对原视频内容进行充实，并经过现代化技术手段剪辑后，建设成为“大思政课”教学资源。本视频播放后，引起了更大反响，进一步弘扬了中华民族伟大抗战精神。

1. 指导思想：拓展工作格局、增强思政课魅力

一方面，从社会大课、社会系统工程内涵上拓展工作格局。整合多方资源，尤其是红色文化资源、延展课堂半径，形成课堂、校园、社会“三位一体”的思政大课堂，汇聚社会育人合力。另一方面，要体现“思政大课堂”的创造性、创新性内涵，主动迎合青少年身心特点，综合运用新媒体新技术，增强思政课吸引力。

2. 针对的问题：强化问题意识、突出实践导向

有教师对思政课重视程度不够，认为课程与思政是两张皮，课程思政资源匮乏，思政课程单调枯燥，课程思政难以推进，这体现了开门办思政、开发调动各种社会资源的意识和能力孱弱。由此导致课程思政出现“硬融入”“表面化”等现象。针对这些问题，“大思政课”是破解之道。实践证明，“大思政课”在破解难题、推动思想政治教育创新发展的过程中具有很强的实效性。

3. 建设的方法：发挥红色资源优势、瞄准思想政治教育切入点

红色文化资源具有丰富的很强的思想政治教育功能，把红色文化资源融入思政课，要从学生世界观、人生观、价值观实际出发，找准切入点。创造性，既是思政课的特点，也是思政课的内在要求，既要结合学生认知特点，也要体现技术发展趋势。“大思政课”能够融会贯通红色文化资源，迎合学生价值选择旨趣。

4. 建设的目标：提炼具有鲜明地方特色的高水准思政课育人资源

鲜明地方特色的思想政治教育资源，更易于入脑入心，更易于培养学生的家国情怀，从而把爱家乡与爱国情、强国志、报国行融入学生人生选择和现实行动。通过学术研究，凝练地方思政课资源，把有温度、有深度、有高度的资源推送给学生，也就能够把道理讲深、讲透、讲活。

第二节　口述史整理文稿

一、抗日战争爆发前夜莱芜地下交通站

鲁西村文成书局①是莱芜县地下党组织建立的初期（1933 年至 1935 年）的一个秘密联络点。王其人②先生的遗文详细记录了文成书局成立的历史背景、筹备建立的经过、书局运行情况、作为地下情报站的工作范围及历史贡献、其间与叛徒刘北伐和周茂森惊心动魄的斗争过程等。书局成立于土地革命战争时期，反映了在国民党白色恐怖的统治下，地方基层党组织不畏艰险、不怕牺牲的英勇斗争精神。民族独立、人民解放的重大使

① 文稿在房新农提供的王其人先生遗稿基础上整理。并通过访谈文成书局遗址管理人房新农，对原文稿进行了补充。对遗稿中述及的历史事件、时间、人物、历史背景等内容参照《山东文献》《政协文史资料》等文献进行了考证，并做了纠正。文中脚注为著者所加。

② 王其人，（1910 年 11 月—1991 年 10 月），山东莱芜人。原名任瑞先。1932 年 7 月加入中国共产党，任中共莱芜县委委员兼县农会特别支部书记。1933 年秋受命组建县委秘密联络点——文成书局。1938 年 1 月 1 日，徂徕山抗日武装起义后，带领队伍加入起义队伍。1939 年 1 月，任中共山东分局总务处处长、组织部组织科科长。1945 年作为山东分局党代表出席中共七大。1945 年 11 月自延安到达沈阳，被任命为旅顺市委书记。1949 年 4 月被抽调南下，后任南昌市委副书记。新中国成立后，服从党的安排，在汉口、新疆等地担任不同职务。1991 年去世。

命被落实、分解到千千万万个普通共产党员的肩上，他们是中国革命胜利最坚实的战斗堡垒。正如王其人所说：“作为莱芜党组织革命斗争事迹，只不过是我党整个革命斗争沧海中的一滴，是微不足道的，但就这点滴胜利也是来之不易的。”

（一）成立文成书局的历史背景

1924 年 1 月 20 日至 30 日，中国国民党召开了有中国共产党参加的第一次全国代表大会，通过了共产党人参加起草的以反帝反封建为主要内容的宣言，实际确定了“联俄、联共、扶助农工”的三大政策。大会的召开标志着第一次国共合作的正式形成。第一次国共合作的形成，加速了革命步伐，形成了第一次国内大革命高潮。全国革命形势高潮的到来，也影响到了莱芜。莱芜的许多知识分子、青年也受进步思想的影响而起来响应。1926 年在莱芜县中读书的刘仲莹[①]就是较突出的一个。上学期间，他就在工人、农民、学生中间宣传进步思想。王其人曾记得，1928 年王其人在国民党莱芜县党部办的石印厂当工人时，刘仲莹去印宣传单，并常向工友联合会的同志讲：“人家吃着咱看着，人家坐着咱站着，这能算是平等吗？委员们穿的制服好不扣扣，咱们穿的制服差还要扣扣，这能算是公道吗？”他还说：“革命的主力靠工人、农民和知识分子。在咱这里说，工人没有几个，是少数，主要是发动农民、知识分子和青年学生。”1929 年下半年刘仲莹到莱芜县农民协会当干事，这年冬天他考入济南省立高中，到济南求学后，他接触的人多面广，接受了更多更深的革命道理。

刘仲莹每次放学回家，都很关心莱芜的学生运动和农民运动，并以修刘氏族谱为名到处奔走，进行革命宣传活动。1930 年在济南高中结识了胡也频同志，并同去上海进行革命活动，参加了中国共产党。此后，在他回莱芜时曾对王其人说：“文字现[②]张轩亭先生给你写的那个条幅句子很好，

① 刘仲莹（1911—1938），原名刘盛玉，化名范明生、李济安，莱芜鹁鸽楼村人。1931 年建立中共莱芜特别支部并任书记；1932 年下半年任中共莱芜县委书记；1935 年 10 月冬，与赵健民、鹿省三等人组成中共山东省工作委员会，被推选为书记；1937 年夏，中共鲁西北特委成立，任书记；抗日战争爆发后，因积劳成疾身患肝病，后病情日渐恶化，于 1938 年 3 月 28 日病逝。

② 即济南市莱芜区苗山镇南文字村。

其中有一句‘生不用封万户侯，但愿一识韩荆州’，当今的韩荆州我们找到了。”从而他找到了并参加了中国共产党。1930年底刘仲莹到上海后，先是在复旦大学读书进行革命活动，引起了国民党当局的注意。刘仲莹于1931年九一八事变后退学回到莱芜，他便在历次学生运动中和农民运动中发展了第一批党员，建立了几个支部和特支。1932年秋，建立中国共产党莱芜县委，刘仲莹同志为第一任县委书记。有了县委的领导，党的组织和群众组织有了新的发展。党的组织除了县农民协会的直属特支外，还成立了4个区委，在县立师范里建立了共产主义青年团的组织，还建立了贫农团、工友联合会、妇女会、读书会、互济会等组织。当时虽然没有成立统一的县的领导机构，但都参加了党统一领导的各种斗争，团结广大群众，给党组织输送了一批发展对象。在县委直接领导下的莱芜县农民协会，在教育团结组织广大农民群众反对封建势力，对地主阶级的封建剥削进行斗争，在打倒贪官污吏，打倒土豪劣绅，打倒日本帝国主义的斗争中，表现十分活跃，起了积极作用。

1929年刘仲莹和孙启明同志在县农民协会任职时，为莱芜的农会运动打下了一个良好的基础。以蒋介石为代表的国民党反动派，早已背叛了革命，他们仇恨农民的革命斗争，但又不敢把农民协会的牌子摘掉，便采取挂着羊头卖狗肉的两面态度，全面把农民协会控制在他们的势力之下。表面上支持农民协会，由政府拨很少的经费表示资助，实则把持农民协会的领导权，笼络人心，对农民协会按照封建地主的意志分化瓦解，破坏农民运动。1931年3月①，国民党把农民协会改为经济管理性质的农会，由国民党员先是许仕筑后是吕志轩担任农会会长。特别是吕志轩的为人反动、阴谋、狡诈，颇为国民党当局赏识，在他任职期间，国民党曾几次人事变更，而吕志轩一直被任用。群众莫不气愤地说：“换人不换驴（吕），人换驴不换。”

我党为了抓住农民协会这一合法的组织，掌握开展农民运动的领导权，利用其合法地位和合法权利进行斗争，曾于1932年春天发动农民协会

① 原文为1930年。

会员向国民党县党部请愿，历述吕志轩的劣迹，非法掌管农民运动的领导权，从而迫使国民党当局撤换了吕志轩，允许进行民主选举。在农民群众中有威望的地下党员毕指南、吴卓先，还有过去在农民协会任过职的孙启明同志（当时孙还不是共产党员）为干事，后从干事中公推孙启明同志为干事长。王其人第二次被派到农会担任交通员，从此，农会的领导权就掌握在我党手中了，农会便成为我党组织发动农民斗争的一个重要阵地。

夺取农会的领导权斗争的胜利，使农民群众看到了自己的力量，受到了很大的鼓舞，纷纷成立了村农会、乡农会。到 1933 年 4 月成立的乡农会有 59 处，全县发展会员计 2200 多人。第十区（鲁西区）的群众基础最好，会员最多。于 1933 年成立了区农会，设在柳行沟村。无论是乡、村、区农会都由我们的地下党员做骨干，掌握着领导权。在此基础上，我党发动了打击封建势力压迫和封建剥削的斗争。开展了声援县师范及各学校要求改革教学制度的各种斗争，从而也促进了教育事业的发展。凡是建立了农会的村乡镇都建立了规模大小不等的夜校，成了我党提高群众政治文化的场所。特别是从 1933 年春天开始的以全县人民反对县财政局局长毕华桥徇私舞弊贪污的斗争，最后通过清算迫使国民党山东省主席韩复榘将毕华桥依法惩办。在农村又组织发动群众撤换一些鱼肉人民的乡长和村长，改造了一大批乡村政权。到 1933 年 12 月已有 40 多处乡村政权被我们掌握。第十区（鲁西区）的政权也在我们控制之下，区长倪汉章是我们的同情分子（同情共产党的进步分子），并先后派去吴卓先、吴化之、吴道源去工作。其他三区（塔子）、五区（鹏山泉）、七区（常庄）都有我们的同情分子在政权中起一定的作用。

1933 年冬，以农会的名义发动了反对强制实行新度量衡的斗争，主要是度量衡器不准确强行派购。这年还发动组织了贫雇农进行了麦收、秋收的斗争。组织贫雇农主要是雇农罢工、罢市、反对低工资斗争。这些都取得了不同程度的胜利，打击了封建势力和官僚势力，维护了群众利益，提高了群众觉悟。这一时期，虽然全国处在国民党反动派的反共高潮中，全国革命形势处于低潮，但在莱芜县却出现了一个从县城到农村工农商学和各界人民群众运动波澜壮阔、此起彼伏的好形势。从根本上动摇了国民党反动派在莱芜的统治。国民党反动当局为维持在莱芜的统治地位，他们不敢公开撕下民主那块遮羞布，公开取缔农会。于是便挖空心思想出一条奸计，表面上仍然承认农会的合法地位，却在暗中千方百计地在经费上予以限制，企图用此办法把农会卡死逼跑，以便使农会瘫痪解体。同时，他们又在暗中寻找我党活动的线索，对一些比较活跃的进步分子进行暗地监视、盯梢，进行破坏活动。他们通过邮政检查，发现了鹁鸪楼村我地下党员小学教员窦光宇同志和陈家峪我地下党员何桂开同志通信中可疑的地方，对涉及革命内容的线索进行检查，先是派捕共队去捕窦光宇同志。因阴谋败露未得逞，又去陈家峪小学捕走了何桂开同志。几番审讯威逼，何桂开同志始终否认是共产党员，并指责国民党无理实行信检的非法行径。敌人因无证据被迫释放了事。

窦光宇与何桂开两同志虽然没因此构成犯罪，但国民党从此对我们党的监视更强化了。更加注意监视县农会，因为县农会和鹁鸪楼都是当时党组织活动的中心，构成了引起国民党注意的目标。在这种情况下，我党组织更加提高警惕性，党的活动更加隐蔽。

就在这时，传来了泰安中心县委被破坏①的消息，一时感到事态在发展中趋向紧张。在这种亟须随时调动全县党组织和党员随机应变与敌人开展针锋相对斗争的时候，党的联络工作受到很大的威胁。这种情况如不及时改善，便不能应对突发事件的发生。为此，县委于6月间专门开会讨论这个问题。会址在农会，到会的有刘仲莹、毕指南、吴卓先、王其人等。在会上，县委书记刘仲莹同志首先分析了当前的斗争形势，指出，要密切注意敌人的动态，要充分做好应对局势突然变化的准备。

他举例，战国时期齐国孟尝君的谋士冯谖提出“狡兔三窟”的策略，要做两手准备。刘仲莹同志指出，我们面对着敌人对我们行动的严加监视和疯狂搜捕、破坏，必须做充分的思想准备和组织措施，必须尽快地建立几个隐蔽点，以便解脱鹁鸪楼和县农会目标突击、耳目不灵的情况。一切为了应付敌人，隐蔽自己，继续进行活动的目的，可进、可退、可守、可

① 1933年12月，泰安中心县委被破坏。

攻，这才是万全之策。到会的同志虽不是全体县委成员，但都一致赞同。为此，又在农会召开了有更多同志参加的县委会。记得刘夏峰、潘德和、吴化之、刘子正等同志也参加了。当时的处境和措施是说干就干。一方面不到不得已时决不放弃农会这个阵地，与敌人进行合法与非法的斗争；另一方面，根据"狡兔三窟"的策略思想，建立一个新的强有力的联络活动中心，来代替、弥补鹁鸪楼主要点和县农会这个突出目标，充分利用党员的社会关系，在外地也建立几个主要点以备不时之需。决定由窦秉坤同志和大连联系，王其人和青岛江苏路派出所的任敬光联系。同时，积极筹备资金，准备开办书局，购置武器进行武装斗争。

在建立隐蔽的联络点的问题上，又进行了几次讨论。当时有两种意见：一是由冶河村潘德和（潘致中）同志主持，由丰登官庄吴道源夫妇出面，在泰莱公路上冶河村开设一个小饭馆，接待来往的客人，开展党的秘密联络工作。二是开设一处书笔文具店，通过到济南、泰安办货，下乡，串学校、机关，开展联络工作，同时考虑一个适当地方定点经营。相比之下，小饭馆虽然能接待来往客人，掩护联络工作，但考虑到坐店等待客人灵活性太小，而开设书笔文具店，与知识分子、机关、学校打交道，不像饭馆、茶肆那样显眼，同时知识分子、学校教师中我们的党员和进步同情分子多，可以通过他们开展工作，更便于农会会员、农村党员开展工作。它有很大的长处是既能定点开业，又可以串机关、学校，以"以文会友"的名义开展广泛的工作。同志们都认为这是一个好办法，当即肯定下来。刘仲莹同志还说，农村的教员就是这里的"圣人"，他们在农村中有威望，婚丧嫁娶红白喜事，村上的大事都离不开他们，夜校、民校、农会、村上的事务也都离不开学校和小学教员。我们能做好小学教员的工作，这里的事情就好办了。再说，当时莱芜的教育事业比较有基础，全县有中等学校两处，乡村小学加高小共四百多所，在校学生一万多人，这支力量是可观的。因此，学校是我们开展工作的好阵地。做好了这方面的工作，很多事情就好办了。

大前提定下来，由谁来干呢？同志们经过了一番考虑，最后推选由王其人来承担这项任务。同志们认为王其人有担任这项工作的几项条件：第一，王其人于1928年在国民党莱芜县党部石印厂当过石印工人时，与石印机师段登堂关系很好。段的父亲段西林自幼制笔、刻字、卖书笔，在龙磨角村东口镇南街开设文升堂石印书笔店，能给予指导帮助。第二，在国民党县党部石印厂结识了当时的一些知识分子和教育界青年学生。当国民党借故撤销了这个石印厂后，由段登堂父子提议让王其人串乡卖莱芜县地图，在这一活动中，深受人们欢迎。通过这一活动，结识了一些小学教员和农村的头面人物，有这方面一点实践知识。第三，在县农民协会到农会活动时，也接触了一些社会关系。第四，在1923年至1925年，在乙种农业学校读书从而学了点文化知识，结识了一些师生关系。同志们让王其人去担任此项工作，不会使人感到偶然生奇，引起社会特别是国民党人物的怀疑。

经过了一番讨论酝酿，最后，县委做了决定，由王其人即着手筹办这个书笔店，成立县委活动的除县农会、鹁鸪楼以外的第三个秘密活动中心的一个联络点。

（二）筹备和试办文成书局

根据县委的决定，王其人于1933年农历七月十六经博山去青岛，是通过他的堂兄任敬先这个关系，因为任敬先对农民协会的进步活动表示赞同，他在青岛当国民党的警察局的巡长。在他回家探亲时，孙启明、毕指南同志对他做过有意识的接触，进行了一些工作。刘仲莹同志也和他见过面，都认为可以通过这个关系来开展工作。王其人第一次到青岛市江苏路门牌7号警察派出所里见到了他，一派警长巡官的派头。当由浅入深探寻他对农民运动反对土豪劣绅活动的态度，他表示赞成，在当时说来，对我们的活动表示赞同，就很可能成为我们的同情人，这也是王其人敢于投奔的条件，并对他抱有希望的原因。

回忆当王其人初次踏上生疏繁华的青岛市区的时候，尽管表面上表现出平静，但心里总是紧张的。见到国民党军警戒备森严，多少有些提心吊胆。当王其人路过栈桥，又经过沈鸿烈的市政府时，使他感到青岛这个由帝国主义德国建造的规模庞大的政府大楼什么时候能归共产党所有？当王其人找到任敬先工作执勤的地方，他才心情逐渐平静下来。先后把来意告诉了任敬先，最后任敬先通过社会关系，把王其人安置在小济宁路 1 号一个地下室里，王其人的行动更方便了。又告诉王其人现在特别是近几天风声很紧，青岛也在抓共产党政治犯，让他出入留心，如有人问时，就说是来找自家亲戚找点事做的，亲戚在派出所当警察。尽管他这样开导，王其人总还是有些紧张。最后，他宽慰王其人说，没有什么，你放宽心，再紧张也总不会跑到警察局里来抓共产党吧。在这恳切的交谈中，才使王其人认识到任敬先对王其人的真实态度，摸到了他的实底。

当王其人谈到想筹集资金争取开办文具书笔店时，任敬先慨然表示："只要能为你办到的事，当尽力而为之"，并表示在经济方面给以可能的资助。当王其人问他干革命就不怕担风险？如果万一情况有变化，他和别的同志来这里躲躲行吗？任敬先没有犹豫，一口应承下来："来吧！"仅仅是一些探讨，或是三言两语中有意识地说出来的，他就把党需要做的事情答应了。王其人有说不出来的高兴。王其人不仅以兄弟之情感激他，更从一个党员的角度，也从党的事业的这个角度来感谢他这样一个愿为革命事业贡献力量的同路人。事实证明，任敬先当时是这样说的，后来也是这样做的。他先后资助了文成书局 200 元银洋，他这里还成了我党一个可靠的隐蔽点。在莱芜地下党于 1935 年遭到叛徒刘北戈、周茂森的破坏后，他以自己的身份掩护我党的同志如孙启明、毕指南、潘德和、曹春耕、窦子顺等同志，从未发生一次意外。在生活上、活动上都给了积极的支持和照顾。他不是一个共产党员，但对共产党的活动作出了贡献。

在解放青岛初期，正好曹春耕同志在此搞接管青岛纺织厂的工作，向党组织反映了此情况，没有将任敬先按伪军警人员处理，还给他安排了工作。他过去支援文成书局的 200 元现洋，由王其人在中南局给了他 200 万元人民币予还付，并加以鼓励。由于他这一历史，在"文化大革命"中受到冲击，最后在一再逼迫审问中去世。后经查明，予以平反，给予合理处理。至今，他的子女一直认为共产党不会忘记对革命事业有贡献的人。他的家属还在，当有机会见到他的家属时，还能回忆起过去在青岛隐蔽时几位同志的活动情景。

当时，任敬先把王其人安排在青岛小济宁路住了半个月的过程中，帮王其人采购了一些文教用品、进步小说和几件将来装点门面摆设及必需的东西，其中有两个仿古瓷小花瓶、一把江西瓷茶壶等。王其人回到莱芜后，向县委同志汇报了这段情况，同志们都表示满意。建立了一个隐蔽点，筹办了比较可靠的资金来源，唯独购置枪支没有解决。任敬先说，这方面管理很严，暂时不能解决，如有机会当尽力而为。为此，县委发动同志们筹集资金，有的拿几角，有的拿几元，有的拿十元八元直到几十元。刘夏峰同志卖了一块地，拿出了50元大洋。这样，共凑了300多元。农会以别的名义借出了100多元。这样一来，仍显得不足，但可以开业了。因为当时书笔行业，自己可利用一些社会关系赊进一些货，对下也可以赊给一时交不出现金的学校、单位、个人和学生。等到暑假年底才能结账收款，到年底也得对进货单位付款，不然就做不成买卖，人家对咱也有一个由少到多的试验的过程。

为了解决进货难和资金不足的困难，王其人向口镇文升堂段登堂和他父亲段西林商量，为求俭以支持，他们答应以小批发价格半现金半赊欠的办法给了些书籍文具一类的货物，条件是赊欠的部分必须按期还付。

文笔店没有定点，有的东西放在农会的东屋里，买了个粗棉褡子，从而有了开始经营的条件。

尽管没有门市设点营业，总得有个字号才行，叫什么字号呢？同志们就议论起来。为适应习惯势力卖书笔的字号都带点文雅气息，除济南的几家和上海的几家对口的大书店外，泰安有承文新，莱芜有个文林斋，口镇有个会文斋、文升堂，周村的益友堂、东关的鼎新书社、茂林堂虽然没有“文”字，但也与教育界有字义的联系。起文号还要儒文高雅、又不落俗套。这些字号名称还表达不了我们的革命斗争志趣。总希望既能迎合惯例，又能别树一帜，要在“以文会友”上做文章。在酝酿中，王其人忽然想起了在农业学校读书时，张轩亭老师常常写的一副对联，“墨醉花香动”“文成剑气豪”，建议采取文成二字，以文成书局做字号。文成二字不仅文雅还富有剑锋锐气之感，在词句中蕴藏着斗争的豪情壮志。这里有自己的意会，可以对外人作各种解释。同志们一致赞成。有的同志说，养了个儿子有了个名字了。名字定下来，文成书局就此诞生了。毕指南同志会写一手颜体毛体字，带有一些何绍基[1]的笔力。就在毛边纸上按照褡子的大小写了“文成书局，癸酉年（1933 年）制”八个大字，捶在褡子的两头。货物、褡子、字号、人就算都落实下来了。几个月的考虑算有了个眉目。

万事开头难，乍干没经验，那个褡子装几样东西就满了，需要背的东西很多，诸如：书籍、笔、墨、纸、砚、石笔、石板，杂七杂八，零零散散。论品种可就多了，如：从笔墨说起，其中就有翰林风月、放鹤亭、大龙门、小龙门、圣朝雨露、松墨、兰烟、五百斤油等。书籍中教科书、教授书也很多。至于石笔、石板、砚台则是越背越沉，分外压人。还有一些小课本多是先订后送，做买卖就得首先考虑到顾客的需要，尽量多带点。把褡子装得鼓鼓囊囊，可是到了学校一亮，不是少这，就是缺那，有很多买卖做不成。就是这样的干法，每天背着褡子转悠五六十里路，深深感到这“远路无轻载”的味道。遇着夏天毒日头，汗流浃背，口干舌燥，确实不轻松，卖了货往回走也感受不到重量减轻。那时候多是花铜板，零星小件更是如此。王其人自己总是这样暗想着：这个褡子越沉，责任也就越重，对革命事业越有利。这样一想，劲也就来了。

串学首先奔有党员的地方，便于打开局面，取得他们的帮助，再逐渐扩大到新的地方。每到一地打开书笔文具，老师学生纷纷围上来，挑挑拣拣，问这问那，总要紧张一阵子才能平静下来，时间久了也就习惯了，有时感到紧张一阵子，倒比冷冷清清好呢。一面卖货，一面还要和老师学生们聊聊。当时有句话：说话不能耽误卖药，而王其人的责任则是卖药不要忘了说话，因为“以文会友”就是经营这个书店的宗旨。如学生们要问：“文成书局在哪里？”是不大好答复，它哪里有个固定的门市呢？全部家当就在王其人背的褡子里。也想到早就应有一个答案，一时自己缺乏准备。在这个突如其来的质问中，王其人的答案三个字：在城里。一说在城里，学生们都高兴了，问这问那，打听有什么消息。这就给了他说话宣传的机会和条件，讲讲新闻时事，做一番宣传工作。天晌午了，就和教员一起吃，实在回不去了，就在学校里和教员一起住，遇上教员中的党员同志，

---

[1] 何绍基，（1799—1873），晚清诗人、画家、书法家。

就更加方便了。多是两个人合盖一床被子“打通腿”。少不了谈这谈那，情绪高涨，很受鼓舞，一时忘记了自己是个生意人。

这个背上的文成书局，营业尚好，有点出乎意料。作为一个实践阶段，说明这项措施有力地承担起代替鹁鸪楼和县农会的活动联络点的任务。县委总结了这段工作，认为串学校卖书笔，通过“以文会友”的活动开展秘密联络工作是比较好的形式，便定明年即1934年选定莱芜城西三十里的鲁西镇定点建立门市开始营业，并派团员曹春耕同志和王其人一道做这项工作。

鲁西镇在莱芜西部，是一个较大的镇子，有几家银号、酒店、油坊和二十多家商店小铺子，交通比较方便，北边五里路的柳行沟是第十区即鲁西区农会所在地，党群组织基础比较好，成为十区的一个自然形成的第二个政治中心。有人说柳行沟是红色的。孙启明同志两次干农会，在上层人物和基层群众中有些威信。孙冠群是孙启明的父亲，是一位正直的长者，他支持革命活动，后来参加了中国共产党。加之他家庭经济条件较好，房屋较多，是来往同志们的一个食宿点。东去鲁西镇二里路是大圣寺。孙启明、毕指南、亓聘如和几位比较进步的人物在这里筹备大圣寺小学，建成后就把方下的第十区小学搬迁到这里。办教育事业取得了各类人们的赞成，因而工作进展比较顺利。大圣寺小学参加筹备的同志们号召各界人士在精神和物质上给予支持并拿出具体行动，他们这个号召给了王其人很深刻的印象。王其人去青岛发现江苏路7号这个警察派出所在修建时用的是水泥，他看到这种新的建筑材料很科学，又好看，便征得工人的同意向他们要了十多斤，虽然有些重，但终于带到了大圣寺，交给了孙启明同志，他说：“这就是你的贡献，把它涂抹在二楼中间向南开的窗子上。”

定点需要找个固定的房子，这是起码的条件。十区（鲁西区）区长倪汉章、联庄会会长王鼎三是这区上的领导人。区长倪汉章虽是国民党的区长，但也是十区农会的领导成员，又加之吴卓先被党组织派来当助理员，吴道源在这个联庄会里当团丁，条件是较好的。通过倪王二人于鲁西东街路北里找了三间房子。老房东是房西庚，他是刘仲莹嫂子娘家的哥哥，他很支持用他家房子做书局。这里称他老房东并非说他年龄大，而是说房子财产地基是归他所有，他把房子先租赁给二房东房廷玉，咱是从二房东手里租赁使用的，此人好酒，好吃懒做，不务正业。全套房子前后各三间，西侧两间房子做账房，东侧进大门有堵迎壁墙，有两间小棚子。西侧账房之北有块空地，这样，院子里可放几辆车子和货箱，有个炉子可以烧开水等生活之用。二房有架可以弹新旧棉花的弹花机。机子蹬起来发出些噪声，有些刺耳，时间长了也就习惯了。

在去鲁西镇定点开张营业以前，有个准备的时间，增加了曹春耕同志，有了开张营业的房子，主要就是进货和修理门面了。干啥像啥，开办书局就得像开办书局的样子，于是粉刷了门面房间，绘制了文成书局的招牌，两面书有“文成书局”，是请吴卓先同志写的。正房进门是“以文会友”，门旁楹联上联是“文成更需书局助”，下联是“学校方把用品销”。其中心内容是在申述这里是文成书局学校用品。“以文会友”占有明显突出的地位。一切为了使人看了加深文成书局的印象。加上货架上的书籍货物品件比较齐全，摆设陈列比较讲究，显得清新活泼，像个书局的样子。在当时来说，这样一搞很吸引人。名声出去后，每逢四九两天的鲁西集，附近的小学教员和学生总是来这里看看谈谈，购买些他们需要的东西，特别是一开张时，买东西、看热闹的人络绎不绝，不说卖了多少，从表面上看红火热闹，有很多人在说，好生意，好买卖。

曹春耕同志 18 岁，贫农出身。1932 年毕业于县立中山小学，同年入团，后来转党。他能到莱芜县城里上学，也得到了毕指南同志的帮助。下学后，曾有人介绍到一家村小学教书，月薪 8 元，他为了革命放弃了这个机会到书局来工作。如果说，王其人是这家书店里的掌柜，那么，曹春耕同志就是这家书店里的伙计了。实则他们都是为了一个目的，走到一起的同路人，真正的患难相恤的阶级兄弟。在党内工作方面，他负责县委总的联络工作。

鲁西镇每逢四九两天是集期。附近的农民和口镇、东西关、方下的商人也来赶集做买卖。这里有几家商号、银号，也有一定的吸引力。每逢这一天，赶集的人多，来书局的人有的买东西，有的商量别的事。出出进进、熙熙攘攘，从早到晚客人不断，往往中午饭也吃不上。其中有些特殊的顾客，有的买了东西就走，有的不买东西也不走，而是有别的事情要与某人接头议论，这些只能应付，不多管他。还有的一见面就嘻嘻哈哈，在插科逗趣中沟通上下的情况。有的讨价还价争持不下，在争持中传递着只有他们自己才知道的信息。亓家官庄张云峰，号雨村，是一位有些学识的读书人。他有一句话不知是从哪里来的，他说："东边日出西边雨，道是无晴却有晴。"这是这位教书先生的概括。

当县委决定开办文成书局，通过"以文会友"开展工作时，有的同志提议要开设与众不同的新型书店，应该是"童叟无欺，言不二价"，借此以改变当时的生意风气。在讨论中没有通过。因为许多工作需要在讨价还价中进行才能不被人注意，掩人耳目。"言不二价"，一手交钱一手拿货，转头就走，那还有什么生意经可念呢？

四九集期忙活过去了，一把锁两把钥匙，早出晚归，走乡串学活动的范围不断扩大。东起鹏泉山、西到五龙口，南至莲花山、北到上游庄，在这东西各七十里左右的地方是文成书局活动的主要范围。工作条件先是一个人背褡子到两个人背褡子，最后由一辆自行车到两辆自行车，中间还有挑箱子的一段，条件在不断改善中。最后还到泰新莱三县交界三官三不管的这个地区工作。

经过 1934 年这一年的努力，局面基本上打开了，书局的经营范围扩大了，与书局建立关系的有 70 多所小学，还有几所高小、城里师范、中山小学、机关单位，也用文成书局一部分书籍文具，有了明确的工作范围和对象。能想得起来的有：

在一区有花园、故事、官场、站里、大桥、权务头、东关迎仙门、官寺、西关、大曹村、孟家庄、叶家庄、姚家岭、孟家峪、山子后、北铺。故事中有几个故事，花园中有几个花园。① 城里的机关学校都包括在一区范围。

二区即口（镇）区，有南白龙、王家楼、景家镇、上水河、下水河、水月寺等。

---

① 故事和花园均是村名，有孙故事村、吴家花园村等。

三区即汶南区，有东南汶南、槲林前、塔子、鹁鸪楼、吕家楼、蒲洼、圣井、降寇、绿凡崖、岚峪、五斗、杨庄、八里沟、东西五斗、泉河寺、马刘二庄等。

四区即颜庄区，这里不多，其中有南冶、沟里村、北冶、唐家宅、颜庄等。

五区有鹏山泉、付家庄子、孝义、陈家庄子、孝义楼、沈家庄子、邹家铺、龙崮、梁坡、王家庄子、冯家林等村子。

六区即常庄区，这里有点偏，只是农会工作有点基础。去过常庄、文字现、古德范、周家庄、张家台、啬泉。当时这里开展农民协会群众运动的有段全斋、夏骏青、张逵（达）斋等同志。这里没有发展党的组织。响水湾有处区立小学，虽然去过，卖过一点东西，未在此开展工作。

主要活动的是十区，即鲁西区。从西南的大庄、小庄、中徐家冶、鲁东冶、王家庄子、三官庙，几个毛埠①，牛王泉，东西上庄，马刘二庄，南宫到汶河北的五龙口、鲁西镇、辛庄、冶河、沈家岭、柳行沟、石家泉子、何家庄、许家洼子、丰登官庄、亓家官庄、蓝沟崖、公清、李家义、乔家义、方下、土楼、刘家封丘、孙家封丘，河北（牟汶河以北）的王家楼。十区还有铁牛岭、龙泉官庄、石泉官庄、安家台子、时家方下、嘶马河、十里铺等。这些村的名字、教员名字，王其人和曹春耕都背得很熟。这些地方的党员、教员、农会员的基本状况，他们心里都有一本账，在书局的生意方面在每个学校里也是一本账。

经过 1934 年在鲁西定点营业的活动，书局的经营业务方面发展了。进货多了，关系户也多了，赊销的也多了。更感到资金不够。县委在资金凑集方面已尽了最大的努力，农会经费来源受压缩，仅能维持最低限度的生活支出。党员多数是贫苦的农民，知识分子、教职员中的党员多是经济不独立。尽管同志们有积极的愿望，终归没有多大经济能力，尽力而为凑点仍是杯水车薪，起不了多大的作用。在这种情况下，王其人忧心忡忡，精神不振，回到家里更是寝食不安。母亲看到他有心事，问个究竟，王其人

① 毛埠，村名，有毕家毛埠、亓家毛埠等。

就把心上的事告诉了她，她就转告王其人的父亲。最后到了官寺东侧刘二麻子开设的义顺和油坊里贷了300元大洋，月息三分，以王其人父亲任向荣的名义以大部分土地作了抵押。从中县委用了100元，书局用了200元。县委用的这100元，按照孙启明同志的说法，就是揭不开锅了。不久，青岛任敬先回家结婚，准备向他开口。王其人父亲领着他到了鲁西镇书局里看了一下，他们伯侄二人都交口称赞，说这个生意值得做。

恰巧这一天刘仲莹同志也来书局，在谈话中，也向他们做了些工作，还把王其人父亲鼓励赞扬了一阵子。王其人父亲说："还是仲莹帮助大。"王其人把书局需要资金之事向任敬先兄提出来了。他答应借200元，王其人表示月息给他一分半利息。任敬先满口答应了并说回到青岛就把钱寄来，还说，你什么时候有了就什么时候还，不要利息。果然，他回青岛没几天就把200元现洋汇来了。这样一来，文成书局就有1000元的基金了。不光是增加了资金，还疏通了进货的渠道。那时的商人眼皮特别薄，资金多了，找上门做生意的也就多了。通过这些社会关系与泰安的承文新、文山堂、大陆书局，周村的益友堂，博山的茂林堂，口镇的会友斋分别建立了进货的关系。到济南进货需看现金交易，生意逐渐做活了。

（三）文成书局所起的地下交通作用

早在1933年文成筹办的初期，县委就给文成书局确定了三项任务：第一，在鹁鸪楼和县农会两个活动中心，因敌人严加监视，难以继续开展活动的情况下，尽快地担负起县委成员之间，以及县委下边的交通联络点的工作，并与泰安中心县委和济南省委联系。一旦鹁鸪楼和县农会遭到破坏，仍要保持党的交通联络工作畅通。第二，农会会员开展上层的统战工作和农民的工作，文成书局负责做好知识分子、教师和学生的工作。在青年知识分子中，宣传马列主义和党的政策主张，撒播革命的种子，扩大革命力量，与基层党组织保持必要的联系。第三，通过利用书局的进货采购关系的方便，为县委采购在宣传工作方面的急需品：油印机、铁笔、钢板、蜡纸、油墨等印刷品。当时的油印机等印刷品早为国民党所明令禁止购买。文成书局可以通过济南批发商买到。当时最难买到的东西莫过于油印机、钢板、油墨、蜡纸等物品，县委不知为此遇到了多少困难。有一次刘仲莹同志写了一个稿子，让黄仲华送到农会里印，当时县农会有一架破油印机不好用，最后借用西邻隔壁商会油印机用了一下，谁知由于王其人粗心，用完后没有把蜡纸取下来，过了几天商会会长李菁山带着一团一团的蜡纸团交给孙启明同志并说："你们太粗心了，如果让别人发现，谁知又做什么文章呢!"过了多年，由于李菁山过去的身份，在运动中被群众批斗，被指责说："你李菁山，李运华，国民党的商会会长没干过点好事。"当时李菁山自言自语地说："我李菁山也干过点好事。"最后群众给他说话的机会，他把这件事说了，经过向孙启明调查核实，他的问题从宽处理了。多少年后，孙启明把此事向王其人讲了，感到只是一段很有意义的插曲，共产党不会忘记在困难时期对提供帮助和作出大小贡献的人。当王其人退居泰安后，孙启明同志还对王其人、孙启明的邻居，还有他儿子孙子绍很有感触、很有感情地讲："李菁山这段有意义的举动，建议写在莱芜县党的历史上。"

从背褡子、担挑子、骑车子到定点开张营办文成书局，一切都是为了党的联络工作，一切都是为了发展组织、不断扩大党的力量，和国民党进行斗争。这是一个总目标。1933 年，泰安中心县委遭到破坏后，县委于 1934 年 3 月 26 日夜间，在鲁西镇南门外西南方向的河滩里，召开了一次紧急会议，这是王其人和曹春耕通知的。这次会议对于应付时局，积极做好准备工作起了重要作用。有的事情是直接谈，有的事情是同志们创造了接头的机会，互相通气，商量问题，不给他人以怀疑生事的机会。有的事情是在谈笑之中通过暗语传达了党组织的部署、指示。还有时通过串学寻找机会把县委的指示传达给支部和党员。为了适应环境，有些会议的召开都是灵活多样，以达到注重效果为原则。

1934 年秋天，在马刘二庄北的汶河滩里洗澡时开了一个会，以后同志们称它为洗澡会。会议是在散了午戏后人们你东我西往回走，有许多人到河里洗澡消暑，他们就利用这个机会，以洗澡作掩护，在嘈杂的人声中开了一个会，决定了几项工作。这次会议也是通过书局事前通知了与会同志。

在执行与上级党的联络工作中，曾多次以文成书局采购学校用品为名，往返奔波于莱芜、泰安、济南之间，以采购学校用品为名与上级党组织进行接头联系。以此为掩护公开来往自如，使敌人无可乘之隙。从莱芜到泰安多是当天来回，有时经章丘到济南，也是当天去当天回。尽管有些疲劳，但少住宿或不住宿，可尽量减少开支。在济南住一宿房费一元，在泰安住一宿也需五毛，日子就是这样省吃俭用度过来的。

泰安联络点是三中和岱庙南门偏东南常家店。在这里的接头人是泰安中心县委的朱玉干同志①，在济南则是通过大明湖以南芙蓉街北头路东高升店和省立图书馆的协助进行接触。在济南乡村师范学校和刘家典（莱芜）和张北华（恩堂）接头，再通过他和省里同志接头。在莱芜与上级党组织断绝关系时，却和刘莱芜、张北华的关系一直保持着。按照当时刘仲莹同志的解释，就是上边断，这边不断。

省立图书馆这个联络点是在泰安中心县委遭到破坏后建立的。为了和省里进行联系，刘仲莹同志把王其人介绍给夏天耕同志②，夏又找到他的老岳父，省立图书馆馆长范明枢先生。这位老人对党的事业一贯热心帮助。当同志们遇到不测之事，无不慨然相助。

济南高升店主人任老先生，长清人，对党表示同情，乡间人到了城里特别是到了济南能住上一家好店也是不容易的，必要时他能说句话，就是很有利的条件。亓聘如先生在任老面前，也给王其人等说过好话。这样一来，逐渐地和中华书局、商务印书馆、大东鞋店等建立了业务关系。只是需要现款才能享受到批发价，这样就比小批发商少剥了一层皮，同时也可以多赚几个利润。

后来县委的油印机和油印用的东西，还有一些进步书籍就是从这里采购的，从而促进了马列主义在莱芜县的传播，为这一重要任务创造了条件。

对知识分子进行宣传一直是文成书局的重要任务。在串学的时候，经常带些进步书籍，表面上摆着教科书、旧小说，下面则是进步书籍，如鲁

① 即朱毓淦。

② 又名夏辅仁，于西藏去世。

迅的《彷徨》《呐喊》《祝福》《祥林嫂》，还有一些外国翻译的书籍，如高尔基的《母亲》等，还有《社会主义简论》《五年计划》，上海印行蒋光慈的《少年飘泊者》等。这些书价格不高，思想内容新颖，很受知识分子、青年人的欢迎。重点是在教员和高小学生中推销，这是文成书局工作的重点。对这类进步书籍的推销，对于新思想的传播起了积极的作用。

还有一种形式是随时接触群众进行宣传。到一个地方把车子一支，学生和村子里的人总是围拢上来，拣着文具书刊，问这问那，学生们最愿打听新闻。王其人等人就利用这个机会把知道的新闻讲一番，讲学生运动、农民运动、反对封建势力的斗争情况，也讲些苏联和中国苏维埃斗争的情况。讲了之后很受学生欢迎，他们常是缠着不让王其人等走，有不少的学生和王其人等结成了好朋友，像王家楼刘子正同志的学生亓景德、李华堂、亓道泉等同学与王其人等无话不谈。他们在学校里还展开了对校长的思想斗争，故此，学校的管理方面有了改进。这和王其人等的引导启发是分不开的。这与“以文会友”的指导思想是有直接关系的。从而团结了广大的青年学生，向他们传播了革命思想，为革命组织、联络培养了一批积极分子和中坚力量。王家楼、封丘、柳行沟、冶河、官庄的一些学生在1935年的春节到王其人家给他父母拜年，家里用瓜子对他们进行了热情地接待。老人家对他们非常亲切。后来，这些青年中有的从外地归来特意看望她老人家时，她老人家喜得合不拢嘴，这是给她老人家最大的安慰。

在整个开展文成书局“以文会友”的活动中，得到了小学教师机关职员的很大帮助和支持。这些同志①，有的是本村的人，有的是外村来的。像六区的夏英杰（夏骏青）在常庄教书，他很想脱产干农会，终因家庭条件不好而出不来。再如徐家封丘的耿恩纶，他总觉得这个书局的人思想进步，与众不同，又不好直问，而一贯支持，并向其他学校做宣传，对王其

① 诸如冶河村的潘德和、柳行沟村的张雨村、乔家义的乔柏元、丰登官庄的刘夏峰、亓家官庄的张维孟、许家小洼的杨桂芳、何家官庄的王盛典、铁牛岭的刘省三、王家楼的刘子正、沈家岭的李瑞亭、土楼的亓玉瑄、嘶马河的耿俊文、安家台子的王守身、姚家岭的边立鳌、孟家花园的李京韶、付家庄的秦光锡、尚家故事的尚尊孔、汶南以南毕毛埠的亓才广、蒲洼的×××（原文缺失），绿凡崖的支雪亭和徐家冶、白塔子的周美玉和周静安、任家小庄的任建存。

人等人开展业务活动方面有帮助。为了适应农村形势的需要，文成书局又推销了一批识字课本，还有日用杂字、百家姓、年历、尺牍、万事不求人等书籍。从而在农村有了更好而广泛的社会基础。这些地方的共产党员、农会会员、小学教员、学生在抗战初期在很大的比重上直接参加了抗日游击队。

记得在莲花山集会准备上徂徕山举行起义的时候，有些同志说，上来的多是党员、会员和团员。这些地方有共产党、农会会员、小学教员，成为党在农村的一支重要力量。他们成为七七事变后上莲花山、徂徕山举行抗日起义的骨干力量，也为后来的工作打下了一个基础。

局面逐步地打开了，工作有了基础，县委曾开会讨论要开辟新区工作，并选择莱芜西南角和泰安、新泰县接壤的地方，包括泰安的鲁东冶、埆峪、化马湾和莱芜的青沙沟、徐家冶、白塔子、王家庄子与新泰接壤的这片村子。

这片丘陵不平的山区，也是国民党统治比较薄弱的一块地方。徐家冶有南、中、北三个村，中徐家冶有集，开辟工作就应该找些社会关系，此事曾和毛埠亓聘如老师商量过。他说，这一步很重要。当谈到有什么社会关系可利用时，他说："中徐家冶有个张鸿发，字明轩，是个上过大学美专的，我认识。此人思想较进步，有正义感。唯其家庭是地主，与基本群众有些矛盾，但可利用。还有倪汉章也是这一带的人，还有周美玉、周善步也是些进步青年，已和文成书局有关系。"为此，亓老师写了信，由毕指南前往接洽走访，张明轩先生表示支持。文成书局就送去了一些赶集出摊子的货物、床张等。开始，地生人疏生意不很理想，经过一段时间，工作情况有了好转。唯因时间短，只建立了一些社会关系，没有开展党建工作。倪汉章弟弟倪灿晓是在外地参加的党组织，一时还没在这一带开辟工作。

文成书局在县委的直接领导下，仅仅依靠基本群众，在两年的时间里，在中部、西部、南部大半个县境里进行活动，和70多处乡村小学、县立师范、中学、机关建立了联系。当时国民党把莱芜划分为10个区，文成书局的工作主要是一、二、三、四、五、六、十这七个区，其中基础最好的是十区。刘仲莹同志一再强调知识分子工作在整个工作中的地位和作用，只要把知识分子的工作开展好了就好办，再三强调马列主义是通过知识分子来传播的。通过知识分子传播了进步思想，传播了马列主义，撒下了革命的种子，这不仅为当时的革命活动创造了条件，也为后来的革命高潮打下了基础。在七七事变后，从莲花山到徂徕山的抗日烽火迭起，全县有大批青年学生、知识分子在共产党高举的抗日旗帜之下，奔赴抗日战场，活跃在敌人的后方，许多人成为无产阶级先进战士和革命的骨干力量。也有些同志为民族、为国家献出了宝贵的生命。

徂徕举义旗与日寇作战第一个英勇牺牲的杨桂芳同志，就是和文成书局往来比较多的一位小学教师，这些先烈将永垂不朽，名留青史。

那时的革命斗争是处在白色恐怖的地下活动，十分艰险，生活贫困，文成书局从开始筹办到定点开门营业，虽然组织上允许王其人和曹春耕同志用书局的钱买饭吃，但他们总想把这方面的开支减少到最低限度。到同志的家里，回自己的家里，总是吃着拿着的，一切为了减少这方面的开支。亓家官庄张云峰（张雨村）夫妇都是党员，家庭贫寒，张当教员常受到失业之苦，每月最高收入十元，还要赡养老父亲。王其人和曹春耕到他家后，他就把煎饼拿出来了，从来没有问过你吃了饭没有，有时张雨村同志不在家，张大嫂和玺子也是如此办理。

文成书局的东邻是一家酒店，店号“三合成”。掌柜的叫刘盛三，他看曹春耕为人忠诚厚道，工作认真朴实，有一次曹春耕一人在家，便对和曹春耕聊天，他问：“你这个小伙计，很少见你在家吃饭，早出晚归，掌柜的每月给你多少钱?”曹春耕看出了这个人的鬼胎，便不轻不重地讲：“拿钱多少是小事，当小伙计不吃气是头一条。”因为刘盛三经常给小伙计气吃，被曹春耕揭了他的疤，弄得他哑口无言，从此，这位老板再也不提此事了。刘盛三是鹁鸪楼刘仲莹同志一家的哥哥，又是近邻居，应予注意不要上了刘盛三的圈套。他有两个小伙计，其中一个叫亓德恒的，受到曹春耕和本局影响，思想进步，抗战初期参加了工作，现在兰州，惜未再见面。

文成书局生意活跃，但生活很艰苦。一把生铁壶，一个砂锅，一个蒜臼子，几个盆，就是全部的生活炊具。打水需要借房东的，有一个大庄产的水缸恰巧能盛两担水。吃饭很简单。一次，曹春耕逗趣地说：“咱们也是顿顿石大盆，一顿一个饥啊。”这句话是在说，上层人物是顿顿十大盆，一顿一个鸡的反语。事实也是如此。

记得有个鹿省三从外地刚来到书局，一进门就说：“小曹，今天你要做点好饭吃。”曹春耕问他吃什么，省三同志说：“吃点炒芹菜。”曹春耕到集上买回了一把芹菜，打了半茶碗子油，把油放进砂锅里，油热了，芹菜一放进去，一声爆炸声，砂锅炸了。省三同志的这盘菜没有吃成，曹春耕说：“下次专为你买口铁锅伺候你。”这个愿望终实现。

有一次与曹春耕到三官庙他家里去，老人们分外亲切，开口第一句话就说：“孩子，怎么你一回到家第一句话就是说有什么吃的？好像几天没有吃饭的样子。”接着两人吃了饭，回到书局里。王其人批评曹春耕说：“以后不要带着空肚子往家里跑。”曹春耕说：“你还不是一个样吗？”这么一说，反把王其人说得无言可对了。为了共同的理想，生活在一起，战斗在一起，情同骨肉，两人无论到了谁的家里都是一个样。王其人母亲知道曹春耕脚的大小，还给他做鞋穿，每看到他身上的衣服脏了，她老人家就给他换洗。有一次看到曹春耕的衣服破了，就让他换王其人的衣服，他回到书局里脱下来给王其人说：“二大娘叫我捎给你。”因为老人家准备给他做件新的，便批评他撒谎。让他用书局的钱买点布做个褂子穿，他坚决不肯，并说：“二大爷从家里拿钱给书局，王其人家里不从书局里拿钱，可不能用书局里的钱啊。”两人就这样的相互了解、互相帮助、互相鼓励，把自己献给了党的事业。

1935 年莱芜党内出了叛徒，出卖了组织，组织受到了很大的破坏，文成书局在这次破坏中被摧毁。

叛徒一个叫刘北戈，一个叫周茂森。他们都是县委的委员。刘北戈在泰安县委受破坏后，于 1934 年春，因刘仲莹同志外出找关系曾被指定代理过一段时间的莱芜县委书记。因此，他们的叛变对莱芜党组织的破坏是巨大的。

刘北戈是莱芜城南任家洼人，周茂森是吴家岭人。两人相距很近，气味相投。刘北戈参加过学生运动，参加过国民党，在青州读书时又参加共产党。周茂森于1932年入党。他们的剥削意识严重，个人欲望很高，虽然加入了共产党，但剥削阶级的本质并未得到改造，经不起艰苦斗争的考验。他们二人于1932年至1933年先后参加了莱芜县天足委员会的工作。参加查足的过程中，和两个不正经的女查足员混在一起，陷入了堕落腐化的泥坑里不能自拔。伤风败俗，挥霍成性，巧立名目向党组织要钱，向同志们勒索。开始同志们没有想到他们会堕落到那种程度，为了工作或出于没有破裂的感情，省吃俭用凑几个钱给他们，总希望有一个转变。前后给了他们二百多元，这个数虽不算少，也远远满足不了他们的要求。竟一而再，再而三地无止境地向党组织向同志们要钱并进行威胁。他们曾对刘仲莹、孙启明、毕指南等同志说："你们如果再不给我们钱，我就去自首告密。"对此，同志们有所察觉，感到如果不除掉这两个隐患，将来势必危害党的肌体。但领导同志对待这两个人有些心慈手软，优柔寡断，下不了决心。后来，他们考上了山东省主席军阀韩复榘办的一个训练班，写信又来要钱。1935年春天，组织上还派王其人去济南给他们送去了50元。今天回忆起此事来，感到这是何等幼稚无知啊！尽管如此，他们根本不把组织放在心里，还不以为满足，后来又来信向10个同志要钱，决计要以损害共产党和革命利益来实现他们不可告人的勾当。

1935年的夏初，这两个人突然来到文成书局，叫王其人领着他们到柳行沟村找孙启明同志，王其人已觉察到来意不善，他们不会有好点子，但也不好直问，便带着他们前往柳行沟。快到村子时，正值细雨霏霏，便和他们商量，建议让他们在场垣屋子里避雨等着王其人先进村看一下孙启明同志是否在家。他们两人同意后，王其人即进村见了启明同志，讲了些情况后，他即离开了家，王其人出村告诉了他们。还没有讲完，他们就说："任瑞先，这一次上了你的当了，你以后要当心。"问题已暴露得很清楚了，就看如何对待他们了，刘仲莹同志知道了这个情况之后，就在文成书局里开了一次县委会，讨论对策。会前准备在南河滩召开，因为下雨，就在书局里召开了。参加会议的有刘仲莹、鹿省三、黄仲华、吴卓先、刘夏峰、潘德和、曹春耕等同志，对面临的情况展开了讨论。多数同志认为，再不能迁就姑息、养虎为患，主张采取断然手段予以处理，办法是把这两个家伙诓到八里沟或梨沟一带，推到煤井里，消除这两个祸害。刘仲莹同志担心这种做法会引起不良影响和严重后果而犹豫不决。致使这次会议未能统一认识、见诸行动，使问题继续向严重处发展。不久，刘周二人便投奔了国民党出卖了党组织。国民党省党部即派他俩带上捕共队，到莱芜逮捕共产党。一时莱芜黑云压城，异常残酷的斗争开始了。

1935 年农历十月初一，两个叛徒带着捕共队进入莱芜县境之后，路经冶河村，他们知道这里是共产党活动的地方，小学教员潘德和是共产党员。刘周二人到学校时，潘德和同志刚下课，见到他们带着几个不认识的人，看到情况不对头，他认识到他们必定是叛变了。灵机一动，佯作笑脸相迎。随之出门说："让学生去买茶叶。"当叛徒还没有反应过来时，潘德和已迈出了门槛，这时刘北戈才喊："逮住他，别让他跑了。"两个捕共队动作时，潘德和同志已疾步翻身越过西墙跑了，并回头骂道："你们是可耻的叛徒!"等敌人追出院子时，又喊抓人又打枪，已无济于事了。潘德和同志已安全脱险了。

为了掩护组织、保护同志，潘德和同志不顾个人安危直奔鲁西镇文成书局报信，见书局锁着门，便又跑到区公所，告诉了在这里工作的吴卓先、吴化之同志。他们又同时告诉了一些同志。在联庄会工作的吴道源同志跑到亓家毛埠村亓聘如老师家中（亓聘如老师是进步的民主人士），恰巧遇上毕指南和孙启明同志在这里议事。凡是得知消息的都分别送信，从而王其人等人的动作赶到敌人的前头了。多数同志很快转移，幸免于难。

这些情况，当时王其人全不知道。因为十月初一王其人去口镇进货，初二晚上回家，初三打算置办点东西回鲁西书局。初三这一天正是东关集，王其人骑着车子进城，走到东门下时，迎头遇到鲁西镇育生堂的老板亓葆荣，他突然停下车子拦住王其人说："不好了，昨天（初二）刘北戈和周茂森带着捕共队把文成书局查封了，他们翻腾半天，拿走了值钱的东西，没有抓住你们，便把你们的房东房西庚抓起来，打得死去活来，逼他说出你们的下落。他说不知道，再追问还是如此说法。说不定今天要到集上抓人，你快走吧。"并问王其人："你身上有没有钱，没有的话，我有。"

为此，王其人深受感动，紧紧握住他的手，说道："谢谢。"王其人当即转身北去。出了东关未敢回家，顺着大路东去。从毕家子到柳家龙崮王其人舅家去，王其人舅王清明（后来入党）把他带到西山一个小山洞里作暂时的隐蔽，通过王其人舅和附近的党员取上联系，又通过王其人哥哥任睦光，城西亓家官庄张雨村、张子盛和柳行沟的常凤舞、常启明等同志取上联系，几天之后，得知县委几位同志已做安全转移。

在这里有必要谈一下文成书局老房东房西庚同志的情况：当敌人到文成书局抓王其人和曹春耕同志扑了个空之后，对文成书局进行搜查抢劫，抓住房西庚同志逼问，任瑞光（王其人的原名）、曹春耕哪里去了？房西庚一口咬定不知道，并问他们，你们为什么抓他们呢？就因为这一句话，招来了祸害，敌人打得他死去活来。但因房西庚是一个硬汉子，一直没有泄露出王其人的情况。后来他在抗日战争初期参加部队，在战争中英勇牺牲。

叛徒们到处搜捕共产党和革命同志，在当地难于坚持工作。这时，事先在外地建立的联络点发挥了作用。孙启明、毕指南、潘德和同志已经转移到山西绛县范柴村南窑。他们是从亓家毛埠亓聘如老师家离开的莱芜。临走之前给亓聘如老师留下了一句话：如果实在坚持不下去时，让王其人去山西。形势一天天紧张，王其人决定去山西，临行前回家看望了父母。母亲擦干了眼泪嘱咐王其人说："冻死迎风站，饿死不出声，穷煞是个人，薄煞是块地。人家都说你走错了路，已经错了就错到底吧。"最后辞别了双亲和兄嫂们，毅然离开了家乡。后来到了柳行沟见到了常启明、常凤午、孙庆丰等同志，在他们的掩护下到了三官庙曹春耕同志家。在这里，化了妆，骑着车子来到泰安边境鲁东冶张勇三家。后沿着津浦铁路南下，经徐州沿陇海铁路经过郑州、洛阳，由会兴镇北渡黄河，再经山西的夏县、闻喜等地到达了山西的绛县范柴村南窑，见到了孙启明、毕指南。不几天，又见了去翼城隐蔽的潘德和同志。在异乡相见的心情，那种激动确实难以形容。

当王其人他们转移到外地隐蔽的时候，敌人又借文成书局的债务为理由来迫害王其人的家中老人。妄图以此诱使王其人回家。以王其人父亲出名贷的义顺和油坊刘二麻子的300元，欠口镇会文斋老板魏洪业的一批货物欠款，国民党给他们撑腰。国民党伪一区区长刘履祥给刘二麻子撑腰，强行用王其人家的土地顶了刘二麻子300元的贷款，由王其人家种地交租。那几年年景不好，在交租子时差二斗高粱交不足，以二斗谷子顶二斗高粱都不行。最后没法，只得卖了谷子籴高粱交上了事。家里人粮食不够吃的，只得要饭讨食，如此度日。直到后来土改时由莱芜县政府主持，在东关官寺戏台上开斗争大会，才把土地收回来。当王其人亲自上台揭发此事说："刘二麻子，贷的你那300元钱，你明知是县农会和文成书局用的。在交租子时用二斗谷子顶二斗高粱你都不同意。"刘二麻子和他儿子刘庆泮低头认罪说："任二大爷说的完全是事实。"

口镇会文斋老板魏洪业，他和毕指南同志是两乔。当王其人生意有点基础时，和文成书局关系一度还好，当他们遭到破坏时，就暴露其真实面目，不择手段，勾结他本家国民党魏佑翰到国民党县政府上告。告王其人父亲任向荣、哥哥任睦先。先把王其人父兄抓押起来，逼迫王其人父亲答应承担文成书局欠他的债务。多亏进步民主人士亓聘如和陈家峪许东藩先生仗义执笔，根据国民政府的官样条文，举例驳倒了魏洪业的起诉。主要理由是政治犯案件不能涉及其家庭在经济上承担义务，并说，王其人父亲已经声明在经济上与王其人断绝关系等理由，从而国民党莱芜县法院被迫做了判决：任向荣不得承担此项债务。王其人父亲、哥哥解除关押。

王其人等四人先后到达了山西，都是以逃荒谋生的面目出现的，实际上也不像逃荒人。因为老乡们有的知道孙启明、毕指南都是读书人，家庭经济状况老乡们多少知道一些。到了这样的新地方，如何来维持生活却成了一个实际问题。王其人说，他在山西东部屯留岳阳一带谋生，他会织布、会农活。为此，先以卖火柴赶集上店，因为从曲沃县能买到青岛产的"推磨牌""三星牌"火柴，就说是才从山东带来的，这一带山东人多，像东丰村的人，百分之七十都是从山东来此定居的。老乡们很认家乡出的火柴，比阎锡山生产的火柴好。借此还能维持生活，有时还帮人做些零活，也能赚几个钱。潘德和同志在翼城他舅家，生活上无大问题。

1936年第一个春节，尽管生活上有些困难，老乡们送些过年的东西，生活还是过得去。老乡见老乡感到亲切，除夕日守岁，初一拜年，生活条件虽差，但热闹异常，直到除夕深夜，老乡们才慢慢离去，第二天再见。这个除夕不寻常，一夜鹅毛大雪。三个人一床被，住在南窑山西老乡赵镇的一间破屋里。天气有些冷，虽不言语了，但心里都在想：每逢佳节倍思亲，这个亲字自然是广泛的，想起家乡的亲人，想起一起闹革命的战友，想到了莱芜的党组织，想到了未来。思绪万千心潮澎湃，充满信心和力量。孙启明同志突然一声："谁解此中意，尽在不言中。"一声最早迎春的鞭炮声打破了寂寞，便你一言我一语互有感触，最后凑成了带有诗意的顺口溜："一天寒雪，砌成大地银世界；几声爆竹，警醒异乡梦里人；山川万里，挡不住前进道路；刘周叛逆，只不过枉费心机"。这场景多年以来还是王其人难忘的一段记忆。

王其人等在山西的三四个月，结识了一位走南闯北对时事很有见解的人，叫陈文明，绛县东丰村人，与他建立了一般的社会关系，后来经过范柴村在太原上学又是近邻居的范正金介绍，王其人参加了在共产党领导下的"牺牲救国同盟会"，村上的张元猷在绛县"牺牲救国同盟会"工作，和他建立了这样一个组织关系。后来才知道，东丰村的陈文明是绛县的共产党县委书记。当 1937 年 10 月接到毕指南的信让回山东时，是"牺牲救国同盟会"张元猷给办的出山西回山东的通行证。

1936 年初，中国工农红军抗日先锋部队东渡黄河进入山西，蒋介石也以剿共为名进入山西，从而打破了多年以来军阀阎锡山独霸山西闭关自守的局面。蒋阎之间虽有矛盾，但他们还是联合"剿共"的，妄图消灭红军，到处抓共产党，山西形势顿时紧张。王其人等四人均未找到工作，生活难以维持，形势日趋紧张，难以存身，决定回山东。

由于当时王其人父亲、哥哥为文成书局的债务，被告到国民党县政府，王其人回去活动困难，为此，组织让王其人继续留在山西，孙启明、毕指南、潘德和三同志先回去。他们于 1936 年农历二月离开了山西。一个人在异乡生活，环境也是不好处理的，但也有条信心：困难总是暂时的。经过和近邻居本地户进步青年范正金的接触，王其人参加了"牺牲救国同盟会"，又结识在"牺牲救国同盟会"工作的张元猷同志，由莱芜柳行沟人孙立志结识了绛县共产党县委书记陈文明（当时还不知道他是县委书记）之后，从而在政治上有了新的依托。由于共产党在山西和阎锡山开展抗日统一战线是大有成效的，整个形势不断向新的方向发展，建立了统一战线的抗日队伍。

当王其人接到毕指南同志来信让王其人回家时，那种心情是一生难忘的。在这种心情下，把来山西的这段情况大体告诉了几个进步青年和县“牺牲救国同盟会”的张元猷、村长赵国亨。一切家当如织布机、生活用品杂七杂八都不要了。使王其人难忘的是冯自温、曹启贵、曹启明、曹春发等莱芜乡亲们向王其人表示：“你走吧，一切问题由我们负责处理。”他们给王其人准备了路上吃的东西，经过步行，出山西到河南。坐火车经郑州、徐州到大汶口下车奔莱芜，当天到达三官庙毕指南同志家里，时间约在11月初。

这时，山东省委派来的刘居英和王立然同志已在这里组织发动抗日游击队，在几天内除在三官庙活动的以外，见到了刘夏峰、黄仲华、秦云川、潘德和等同志。

新的战斗开始了，就按照党组织的要求参加了组织发动抗日游击队的工作。集结的条件已经成熟，在1938年1月1日在田家林集合了。老战友、新战士开始过着游击队的生活。1月6日一大早，从莱芜的莲花山到达了泰安的徂徕山，这就是在中国共产党山东省委直接领导下的徂徕山抗日武装起义。八路军山东抗日游击第四支队从此诞生并举行了一、二、三中队的会师。这又是一个伟大的起点。

在莲花山集合的时候，过去的党员、小学教员、农会的会员、青年学生，一见面感到分外的亲切。同志们说：“你这个卖书笔的又回来了。只是把过去肩上背的褡子换上了一支钢枪。”从而“以文会友”的文成书局结束了它的历史任务。

二、日伪“泰莱特别自治实验区”口述访谈实录

从1942年到1944年春，在山东省泰安、莱芜两县交界地区的范镇一带，曾存在一个独立于一般伪省、县政权以外的伪组织，叫作“泰莱特别

自治实验区”，简称“泰莱特区”，曾由日本人川村与志雄一度控制，又称之为“川村实验区”。它是由日特组织的“中山学校”发展而成。它的管辖范围包括泰安县的九个乡和莱芜县的三个乡。日伪“泰莱特区”是由日本侵略军军事机构直接插手，以政治欺骗为反共手段，以破坏解放区和发展日伪特权为目的的实验区。在实验区内开展奴化教育，企图瓦解中国人民抗日斗志，腐蚀中国军民的民族精神。“泰莱特别自治实验区”正是所谓“大东亚共荣圈”的一个缩影。日本军国主义者妄图通过搞实验区，来验证其推行的“大东亚共荣”存在的可能性和可行性。

日月如梭，八十余载，岁月没有淡化侵华日军所犯下的罪恶。侵略者的罪行代代口传，已深深地嵌入中华民族的印记中。为了更加全面、深刻地揭露日伪“泰莱特区”的罪恶，笔者带领的课题组从 2017 年 2 月开始对其所在地——泰安市岱岳区范镇及周边地区进行了调查访谈①，并查阅了《泰安文史资料》《泰安县志》《莱芜文史资料》及档案资料。通过细致梳理所获资料，较为全面地揭露了日伪“泰莱特区”的真实面孔。下面是课题组对亲历者后人、乡民见证人后代访谈的部分口述史料。②

“泰莱特别自治实验区”的“中山学校”印记

日本人在范镇的时候，我那时十四五岁，有些事比较清楚。川村是小队长，日本兵的小队长，还有桥本，他们都是一伙，川村走后，桥本接管这里。“中山学校”是“川村实验区”控制的一个非教学武装机构。“川村实验区”在北房子（范镇影剧院旧址，今泰莱公路路北），驻扎日本兵一个班，一个据点。据点周围有防御壕沟，安装铁蒺藜网，一个门朝南，两个楼子，共有十来个日本鬼子。“中山学校”地址在泰莱公路南一百米，现在的范镇中心幼儿园，再早时就是一处关帝庙。“中山学校”四周挖有防护壕沟，“中山学校”主要是汉奸队，百十个汉奸，大队长姓李，后来桥本盖了一座大楼，桥本住在一楼东边的一间小屋里。杀人、逮人，经过

① 由于亲历人几乎全部离世，所获访谈资料主要来自间接走访他们的子女、乡民见证人的后代，个别地方待商榷。对获得的大量资料与已有回忆录、文史资料进行比对、考证，较为真实地再现了“泰莱特区”的原貌。

② 应陈述者要求，不体现个人信息。

日本宪兵队批准、宣判后，由桥本去执行。

“中山学校”是一个武装组织，悬挂国民党青天白日旗，受日本兵控制，具有生杀予夺之权。

“中山学校”校长是赵新民，祝阳吴家庄人，虽然做过汉奸，但是没有罪大恶极，没有杀人放火祸害老百姓。范东村张××也做过汉奸，同情共产党，有投诚的意向，苦于找不到合适的渠道就放弃了这个想法，后来干过国民党军官，新中国成立后回家务农。干汉奸的人不少，除极个别的外，都没有罪大恶极，都是为了混碗饭吃。

杨庄（非莱芜杨庄镇）干过汉奸的多，其中有一个小队长姓时，在范镇集上被乔装改扮的八路军消灭在“中山学校”南门楼。自此之后，“中山学校”才在周围挖筑了沟堑，有四米宽，四米深，周长约有四百米，壕沟内注入深水，加按吊桥。这样，八路军游击队就不能够轻易进入“中山学校”内。即使这样，也没能阻挡八路军频繁地攻打“中山学校”，几乎每一集（农村集市每隔五天一次）就来摸（攻打）一次。

那时参加汉奸队的人并不是真正的汉奸，就是为了吃饭，到日本人这里混口饭吃。一个月百十斤粮食，就为了挣来粮食养家糊口。外出扫荡时，他们就是给日本鬼子助威的，当时有一个参加汉奸队的胡山说：“他娘的，枪一响拔腿就跑，夹着枪就窜趟子。”那年，他跟着鬼子去水北扫荡，枪响了以后，胡山吓得跑到茅房去了，抱着枪蹲在厕所里装打盹。八路军撵进来之后，问他“干吗的?”胡山说：“吓得我害困。”什么害困，胡山被吓得腿抽筋了，回来后讲，这会儿可吓死我了。汉奸队跟着鬼子扫荡，只要枪一响就跑，就把鬼子舍下了。八路军集中力量打鬼子，鬼子就留那了（被消灭了）。因为枪一响，汉奸就跑了，汉奸又不向八路军开枪，他们朝天放枪（放空枪），八路军也不朝汉奸开枪。汉奸队长跟鬼子扫荡前就暗地里（悄悄地）给其他汉奸说：“开枪朝天放，不向人身上打。”那时，汉奸主要是为了混口饭吃，没有死心塌地为鬼子卖命的。铁杆汉奸活不成。这里有一个铁杆汉奸，就住在据点里，姓陈，莱芜陈家楼人，外号叫陈先生，住在时树良开的店里，杀陈先生还费了一些劲。国民党的宪兵秘密开进范镇，召集周边四个乡的乡长揭露陈先生的罪行，整好材料后，四个乡长在陈先生的罪行书面材料上按手印。接着，将陈先生以验枪的名义诳到店里。陈先生一进门，埋伏在门后的国民党宪兵飞起一脚就将陈先生踹倒在地，还没等陈先生拔出枪，就被捆绑起来。接着，在已整理好的罪行书上按手印后，架到车上，没挪窝，没审也没问，拉到现在的卫生院门口就毙了。鬼子听到枪响，知道是打（毙）了陈先生了，当赶到地方时，国民党行刑队早已没影了，人家拿到材料回泰安了。国民党、共产党都杀鬼子，真正的汉奸活不了。

当时在泰安活动的共产党的部队是郝昆（莱芜寨里人，不是郭昆），郝昆从地方招兵，送往共产党的队伍。那时当了八路，还没枪高，枪也不会打，手榴弹也不会扔，经常囫囵个儿（手榴弹没拉保险）就扔出去。根本不会打仗，穿上军装，还不知道东西南北就干上了（投入战斗了）。有些兵，今天穿上衣裳（军装），明天还没来得及上政治课，就开始打仗了。

为什么设置“泰莱特别自治实验区”呢？这里是敌占区，日本人也建立自己的根据地，巩固自己的地盘，“泰莱特别自治实验区”管辖的范围很大，南到埆峪，北到祝阳，东到莱芜的杨庄，西接近泰安。在这些地方曾经设置过分支机构，如姚庄、埆峪、莱芜杨庄，但是很快就被抗日力量给端掉了。日军宪兵队是实验区的主要力量，日本人也消灭红枪会。日本人在范镇为了笼络人，没有做什么对老百姓很坏的事，日本人也是怕身边的老百姓对付他们。但是，他们出去扫荡，到陈楼、水北等地就什么坏事都干。“中山学校”平时的主要任务就是收税、征粮食，隔上几天就跟着日本鬼子从“中山学校”里边出来，通常是三两个鬼子在队伍前排中间，跟着的全是汉奸，有些汉奸穿着没有领章帽徽的鬼子军服。他们放放枪，要要威风，为日本人服务，充当日本人的爪牙帮手。范镇一个据点，泰安燕庄一个据点。八路军没几天就来收拾汉奸队一次，隔三岔五就敛获（夺取汉奸资财）汉奸一次。因为汉奸一听枪响就窜趟子，所以八路军攻打汉奸时，只要朝天一放枪，汉奸就窜碴子（逃跑了），东西尽情由八路军拾掇。“实验区”门口，看门的汉奸见到八路军来了，有时也开门。汉奸队中也没有几个真正的汉奸，站岗的没准就是八路军。

“实验区”没有在范镇周边办学校。我在十来岁时在范镇上学，校址在原来的三官庙。学校设有日语课，日语老师是从外边派来的教日语的日本人，一天一节课。老师讲完课就走，从不在学校里过夜。日语老师走后，中国老师就把写在黑板上的日语单词擦掉。不让中国孩子学日语，还是上咱自己的课。当时开设常识、修身、国语课。每天五节课，早上是修身课或算术课，上午国语课、日语课，下午上常识课，有课程表和教学计划。教室里面悬挂孙中山遗像。日本人试图控制中国人办的学校，但是中国人并不完全听命于日本人。我现在也能记住几个日语词“大巴狗”“嘛吉”等。当时泰安萃英中学毕业的学生就是文化水平高的，在范镇当老师的基本上是萃英中学毕业的，是受当时日伪政权招来为他们服务的。学校学制六年，我当时上四年级，六年级没上完，日本就投降了，我就不上了。我们那批学生成事的（有作为的）没大有，最大的当个地方小官，文化底子太差，没打好文化基础。

我们都是自愿上学的，也有女生，拿钱很少就可以上学，当时知道这是日本人办的学校。那时我们班里有五六十人，范镇小学是最大的学校。共十来个班，五六百学生，十多个老师，老师都是当地的，如李冠英、虹西秋、孙永豪，孙永才是校长，都是泰安萃英中学毕业的，根本没有大学生。周围村里的孩子也不少，六年级以上的高年级学生多，方圆十多里路的都来上。埆峪的、黄沟港（现在的安乐村）的都来上。不接受寄宿生，所有的学生都跑校。平时除了国语、常识、日语、算数外，也上体育课，没有军事训练课。学校管理严，早上背不过课文，老师就用杆子敲头顶，头上都起了疙瘩，几乎每个人都挨揍。错一个字，挨戒尺、挨板子。国语学习“上论”“下论”“上孟”“下孟”。那时学习好了还发奖状。我的课本、奖状等东西都遗失了，奖状很简单，一张纸上面写上名字和成绩，表明学生学习好。后来搬家四五次，都烧的烧、卖的卖，没了，可惜了！

日本人卫生队保健班在范镇办了一个保健室，相当于现在社区诊所。诊所医生有一个中国人叫付北华，他常常将诊所里的药品特别是紧缺的消炎药暗地里送给八路军，这些药在大医院里即使买了也带不出来。这个事让乔本发现了。乔本是如何发现的呢？一天晚上，八路军的几个联络员来到诊所取药，在诊所内抽了很多烟，付本华没有来得及打扫。碰巧桥本来诊所看病，他看到满地的烟蒂，就起了疑心。回到北房之后，很快带来鬼子，将付北华抓了。付北华从北房子跑出后，被四五条狼狗撵上，狼狗撕咬得他遍体鳞伤，皮开肉绽。抓回去就杀了，后将付北华肢解喂了狼狗。

保健室为老百姓治病，不要钱。我小时候眼睛有毛病，就是在保健室治好的。给老百姓治病，就是收买人心。那时治病打针还不大习惯，都是熬中药喝。我就在保健室种的牛痘，就是老百姓说的种瘢子。医生是一个妇女，日本人，说日本话，“滴流当唧”的，咱听不懂。在外边种一次牛痘要十斤粮食钱，种不起，日本人办的这个保健室就能够免费接种。收买老百姓的心。

当时范镇有五个派，汉奸、日本鬼子、国民党、土匪、拳道枪会都有，得罪了哪一派都要命。夜里朝街的房子，都不敢点灯、说话。不知不觉就有人摸上来听说话，如果说错话，就会杀头，太恐怖了。

被奴化教育浸染的心灵

日本人桥本住在“中山学校”里边。小学课程设置采用伪山东省公署教育厅统一编印的教材，教材很正规。现在没有保存原始教材。没有政治课，相当于政治课的课程叫修身，还是沿用九一八事变前国民教育的课程设置内容，开设语文、算术、地理、历史等课程。学校是日本人委托伪政权办的，不是日本人办的，新民委员会是伪组织，完全是华人。“中山学校”里边除了桥本之外，没有一个日本人。新民委员会在清理阶级队伍时期，查清新民委员会上面受日本特务组织控制，这个特务组织——“朝阳公馆”控制“中山学校”。中高年级的课程设置有地理、历史，三年级以下没有其他的，只设置语文、算术、修身。

教室里讲台上面挂的是孙中山的遗像，每个教室四个墙角对角线拉绳，上面挂着32开彩色万国旗，寓意是日本走向世界，带领全世界实现“共荣”。中高年级教室四面墙上除了当时的标语，挂的是世界上知名的科学家，如瓦特、爱迪生、约瑟夫、居里夫人等，肖像尺寸是四开的。万国旗及标语、肖像都印得相当精致。可能是“中山学校”印制的，或是新民委员会印制的，很精致。从课程设置的内容上来看，奴化教育的内容不明显，但它应是奴化教育性质，搞文化侵略，慢慢地渗透，既关心民众的生活，同时又施以统治意图。在教学活动上，也看不出搞什么亲善教育，现在搞明白了，不知不觉中就受了日本人的影响。日本想在中国站稳脚跟实行统治，就想方设法给中国老百姓办一点公益事业，以换取民心。因为当时农村和中小城市的学校都停办了，几乎所有的孩子都处于失学状态。这时候，日本唆使伪政权建立学校，在一定程度上解决了孩子的上学问题，孩子有学上，也就赢得了一部分民心，这是配合日本占领中国意图而实行的战略政策，这也可以从日本推行"大东亚共荣"战略意图看出来。

教员除了校长刘灵生、训育主任王老师及体育老师袁老师是从泰安来的或是"特区"派来的外，都是从当地聘用的。教员的学历水平和业务水平参差不齐，因为那时新式学堂兴起以后，一般家庭供不起孩子上学，富裕中农以上的家庭才能供孩子上学，所以当地有文化的人就很少，凤毛麟角。除了陈家楼办的这个学校以外，当时热心教育的人办过一些学校，比较大的村子一村一班（往往是一个学校就只有一个班）。但这不是隶属"特区"办的学校，当然不是"中山学校"。

"中山学校"有一个武装大队，成员都是军人，是一个武装机构，与新民委员会住一个大院子，都是平房，原是范镇村的城隍庙。

燕××的父亲在新民委员会建设科任科长。建设科的主要业务就是管电话。燕××的父亲是山东省立三中毕业，在泰安。当时的中学是旧制中学，四年制。毕业后考入山东省济南电气训练班，经短期培训后就分配到定陶、成武电信系统，主要是县民用电话局，担任过电话局局长。由于这一专长，事变之后，县电话局保不住了（被毁掉了），他就跑回家来了。陈家楼有一人叫陈酌基，字仪斋，当时是新民委员会副委员长，由于脸上长麻子，又称陈大麻子，仪表堂堂，威风凛凛，是地方知名人物。燕××父亲家是燕家庄，陈家楼与燕家庄相邻。陈仪斋介绍燕××父亲到"川村实验区""中山学校"工作，管理电话通信。另外，连同燕××父亲省立三中同学，一并被介绍进入新民委员会，并在"中山学校"任职。陈仪斋常驻新民委员会，但从没有祸害乡里乡亲，口碑很好。抗战结束后，移居内蒙古，后回家探亲，对家乡的教育很关心，每次回家都要到学校里看看。"特区"办的学校也有女生，也聘用女教员，有新民委员会派来的。陈家楼的学校的女教员就是新民委员会派来的，很年轻。“特区”在同时期办的学校范镇有一个，台头村有完小，向西向南那些地方没有我不熟悉的。范镇办的学校每年开运动会，体育项目比较齐全。

燕××的父亲1943年回到本村，一直从事教育。1945年，日本人还没有投降时，陈家楼有小学，他就到陈家楼小学当了教员。当时的教员没有实行薪金制，教员的薪酬就是四庄凑粮食，用粮食作为教员薪酬。数量从百十斤到二三百斤不等，教员也不计较。那时的学校和村政权联系比较密切，几乎是村政权教育一体。村里很多事情需要教师承担，特别是文书方面的事情。

“特区”的范围主要是在泰莱公路两侧，那时就有泰莱公路。“特区”控制泰莱平原的中心地带，挟制泰安、莱芜，往南挟制崅峪，往北到祝阳。还有歌曲描绘“特区”：“泰莱，泰莱，山高水长，是个好地方。”有时学唱日语歌曲，觉得新奇。

“中山学校”与“川村实验区”有隶属关系，“中山学校”是“特区”的一个武装组织。不是“特区”成立之前“中山学校”就已经存在了，是同时的。初年级的有课文《孔融让梨》，高年级的有寓言《聪明的笨人》《司马光砸缸》《凿壁取光》等。

在教学过程中，遵从传统的教学模式，表现不出奴化教育的内容。每周都有周会，在周会上，“特区”派来的训育主任讲话，要求中国孩子听日本人的话，建设“王道乐土”。这是奴化教育的内容。校长刘灵生（外号叫刘吵吵子），他曾被日本人逮捕过，受了不少酷刑，有中国人骨气。

难以忘却的灰色童年

1938年农历八月十四，日本人来到范镇，当时共有一个排。家南一个外号叫“刘臭子”的是69军（驻军范镇）的顾问，大地主，是“德兴永”商号的掌柜，是范镇的大商号。日本人当时打死了一个人，叫李继连，其子分别叫李振汉、李振笃、李振耕。李继连在老公社地方看菜园，中间休息时，被路过的日本鬼子用枪打死。

日本人第二次来是在1938年农历十月初二，我那时8岁。因那天伙计下工（大户人家雇的短工在十月初一结算，十月初二回家。十月初一俗称

“拾掇完了”，也即完全忙完秋了）。一个大队，在东门里刘化选家住。在刘化选处住了两年以后，在现在“范镇影剧院”处修的新房子，也就是所说的“北房子”。占了刘学皋三亩六分大地，还有任常安、沈桥、刘少斌、刘少续等几家的地。“北房子”建好之后，又在路南（泰莱公路）建“中山学校”。“中山学校”的第一任校长是刘汉章，后来桥本来了。桥本是日本人，中国话说得很流利。桥本来了之后，就将刘汉章等人策反为汉奸，后刘汉章从“中山学校”出走，投奔八路军。景大麻子（景肇令，水北村人）是“中山学校”汉奸队长，汉奸人数四十人左右。还有一个人叫薛其宾，莱芜县枯涸人。在“中山学校”负责的是景肇令和薛其宾。

日本人来之前，“中山学校”还唱民国时的歌曲，主要内容是颂扬“三民主义”“天下为公”，唱“三民主义歌”。日本鬼子驻守“中山学校”，八路军游击队由于装备太差，又没粮食吃，从来不敢打“中山学校”的日本鬼子。打鬼子不如打汉奸容易，打汉奸后，能缴获不少武器和粮食。那时用的货币有很多种，山东用的是北海票子，不管用，必须用国民党的老票子。共产党的货币在敌占区禁用，老百姓不敢使（用）。

“川村实验区”办了一些学校，我曾经在这种学校上学。三官庙设置的学校叫范镇完小。日本人教中国孩子学日语：“啊依唔哀奥、撒西斯噻臊、啦里卢来唠、卡客枯开靠”，是什么意思，我也忘了，就像汉语拼音一样。“达嘛苟”是香烟，“麻吉麻吉”是火柴，“依带依带”是怪疼，“阿利亚逗”是谢谢，“撒有哪啦”是再见。日语是附带上的，我们那时候就跟他们应付，学的日语一点用途也没有，老师也没有将日语翻译成汉语。日本鬼子投降后，如果别人知道自己学过日语，就是大罪过，就是汉奸队。

日本人侵略朝鲜时，川村入伍，随日本人侵略中国。川村是日本军队的一个小排长，来了之后就在“中山学校”里当了头头。川村是朝鲜人，中国话说得很好，为日本人办事，是特别实验区的第一把手，日本的重要官员。“中山学校”一成立，日本鬼子就把我们撵出来上了三官庙了，当时叫范镇完小。国语课，一年级上的是“天亮了，弟弟妹妹快起来。太阳升起了，我爱太阳红，我爱太阳亮”。我那时上三年级，三年级学的常识课有这样的内容："走路要靠左边，小心车马""男学生，女学生，大家都来运动"。五年级学的是"北风呼呼叫，大雪纷纷飘，地上银花儿三寸高。早晨上学校，路上行人少，一个老头儿，躬身把雪扫，扫净小路儿，又去扫大道，我心不好过，念他年纪老，老人啊，你早，老人啊，你好。这般大年纪，扫雪还起早。老人抬头瞧，对我微微笑，老人点点头，称我好宝宝。"高年级上的是"上论""下论""上孟""下孟"。

我们在课堂上也调皮。有一次我读课文"古时候，猫头鹰会唱歌会说话，是世界上最聪明的鸟，最可爱的鸟。"我的同桌就起来模仿猫头鹰"咕——咕——咕——咕"地叫，老师就过来用板子敲我们的头："我再让你咕——咕——咕——咕——咕!"。

日本人不管我们的学费，我们自己拿钱上学。学费不多，一年大约三四十元（用现在的钱来说），分两次拿。日本人不给教师开工资，都是学生拿钱给老师当工资。"白天干一天黑夜放了，说它不够一家饱，年年辛苦岁岁勤劳，枉费青春赚颜老。"日本鬼子经常过来亲化我们，给我们糖吃，不是经常给，隔一段时间就给我们一次。皮糖，外形质地就像肥皂，一个人两条，很甜，里面有牛奶，吃了以后就吐沫，倒不是糖不好，就是反胃。到现在我讨厌吃糖，小时候吃日本人的糖吃伤了，吃怕了。再就是与我们一起做游戏，赛跑，有时还过家家，目的就是让中国的孩子相信他们。

日本人逼着老师教，通过老师迫使学生学。八路军张贴、撒的传单上写着："日本话不用学，再待仨月用不着。"老师都是附近村的，有梭村的、燕家庄的。总的说，日本人来到中国一点好事也没办，他们想尽一切办法让中国孩子听他们的话，想尽一切办法奴役中国人、祸害中国人。在短工子市上骗中国劳工去黑龙江建飞机场，将尸体埋入混凝土里面。

驻范镇的鬼子很少，后来就只有个上等兵是最高军衔的。日本鬼子没来之前归孙中山，是孙中山的学校，后来是川村，第二个是李疯子，第三个是赵新民。日本人办的学校与其他学校没有什么两样，就跟现在的小学一样，但教的内容不同。

日本人投降之前两年，怕日本人祸害人，当老师的都回家了，学校也解散了。光范镇当过汉奸的不下三十个人。

日本人想尽一切办法侵害你，在日本的中国留学生比较聪明的、有知识的，就想办法祸害了你。日本人说得是很漂亮，有一个叫铃木的，他是中国通，个头不高，还有姚沟三、白景，都是熟悉中国情况的日本人。铃木不仅中国话说得好，而且毛笔字写得好，逢人就喊“大娘”“大爷”，红白公事、乡风民俗、风土人情、传统习惯没有不精通的，就是在中国留学的日本人也对中国了解不到这种程度。

特区包括的范围很大，水北、张里街、祝阳、杨庄、埆峪、姚庄等都上这里来交粮食。“实验区”就是起模范带头作用，先实验，如果形成了以后，就推广。教育、武装、公粮、税等方面都包括，由“中山学校”供给“川村实验区”机关需要。

支离破碎的启蒙教育

我上过日本人办的学校。当时日本人建好了学校，但是没人去。于是，日本人就打着佛教的旗号招生，表面是佛教学校，实质是日本人办的学校。学生不多，二三十个人。男生多，女生少。

光听日本人的，老师是日本人委派来的中国人，是女的。学校有教材、教学计划，按着书本上课。教材是日本鬼子发的，我那时上的课有日语、算数、国语、常识、历史等。课程很简单，刚刚开始认字，学习的意识不强，家长不太重视学习。日语先学字母，“啊依唔哀奥”，如同中国的汉语拼音一样，日本人开始先让我们学字母，后逐渐学习复杂的日语句子，一步一步地进行，不是一下子就学习句子。课程简单，老师教得也简单。

学校设置在街上，几个街区就有一所小学。我们都是自愿去的。学校在当时济南西郊，现在的槐荫区（与范镇“中山学校”同属日本特务机构“朝阳公馆”所办），在火车大修厂附近。我们在一所小学上完三年后，日本人就把我们转到另一所学校，也是日本人办的学校，在那里继续上学，再上三年。我上完三年级后，就再也没有上学了，上不起了。因为要交学费，家里穷，交不起学费，就辍学了。家里生活贫穷，我家里做小买卖，经营五谷杂粮，家境贫穷。日本人对学校里的小学生不太关心，有时去看看，走马观花，主要是中国老师管理学生，管得比较松。日本人大约每两周到学校看一看，看是不是正常进行上课，名义上管，实际上不管，不训话。但是他们指派专门人员去学校管理和监督。日本人对我们不好，老师对我们还行。当中国孩子与日本孩子吵架了或打仗了，日本人就向着日本孩子，中国孩子怕日本孩子。

学校共有数学、语文、历史、地理课，几乎不上体育课。也学中国文化，语文就是学日本话，开始学日本字母，后来慢慢地改成日语了。日本人号召、欢迎中国孩子到他们办的学校上学。日本人怕中国孩子不上学会在社会上闹事，尽量地叫孩子去上学，试图保持良好的社会秩序。

我们这样的班，学生都是穷孩子，是街道没人管的孩子，都集中在一般的学校里。家里困难的穷孩子容易在社会上胡窜乱跑、闹事。日本人把我们收起来，管住我们不闹事即可，并不是教我们学东西。但富人家的孩子都到日本人办的比较正规的学校上学，那样的学校条件好，学的东西多，管理也严格，是真的教他们学东西。学费也高，一般家庭没钱，付不起学费，去不了。

学校里也传教，传佛教、基督教、天主教，有专门的传教人员，都是日本人派来的。传教士是日本人培养出来的中国人。个把几天（隔上几天）上一次，佛教课、耶稣课，平时上课不严，学生老师都不大当回事，主要是笼络住孩子不闹事算完。利用佛教、教会的地方做学校，既传教，也上课。

正规的日伪学校学生身穿统一的校服，都是日本人发的，款式是日本本土学校的，男女生款式各不相同。服装料子很好，比呢子稍差，日本人有钱，做的衣服也好。这些学校主要是学日语，也学佛教、基督教。吃得好、穿得好，没有寄宿生，孩子放学后都回家。学生上完小学后，有些去了日本，有些给日本人做事，有些干了国民党，也有些参加了共产党，还有的回家做生意了，干嘛的都有。

日本人不行，光欺负中国人。我上完三年级之后，就做小买卖了，卖杂粮。

附：山东日伪奴化教育调研提纲

1937年12月，日军占领山东后，建立了许多小学及初级中学，对日占区人民实行奴化教育，妄图进行思想文化上的控制。本调研拟通过对日军占领山东期间在日伪学校上学老人的调研，了解日伪奴化教育主要内容、采取的方式、产生的影响等。

走访对象为：90岁左右老人。

走访对象基本信息：姓名、性别、年龄、籍贯、民族、文化程度、健康状况、照片。

1. 谁办的学校，是日本人办的，还是伪政权办的？

2. 学制多少年？有没有学费？

3. 谁给学生上课，是日本人还是中国人？

4. 上的什么课，基本课程有哪些？有没有课本？

5. 有没有日语课，日语课的内容是什么？

6. 每班有多少学生？学生来自哪里？是自愿还是强迫？有没有女生？

7. 学校是如何管理学生的？寄宿制？走读？军训否？

8. 在这种学校上学，你认为是好事还是坏事，为什么？

11. 日伪奴化教育的实物（注意搜集文字资料）。

12. 上学期间，有无逃学或辍学？什么原因，是厌倦上课内容或是痛恨日伪？其他原因？

13. 在日伪办的学校上学期间，哪些事印象比较深？

14. 在日伪举办的学校上学，对以后的人生有没有产生影响？产生了什么影响？

15. 对日伪举办的学校，有什么评价（看法）？

16. 当时民众对日伪学校有什么看法？

17. 日伪学校除了正常的教学活动，还干什么事情？

要求：

1. 保存录音及受访者照片，并将录音整理成Word文档。录音与受访者照片捆绑在一起。

2. 文件名：采访者姓名+院名简称。

参考文献

一、重要文献

1. 中共中央文献研究室，中央档案馆：《建党以来重要文献选编（1921—1949）》，中央文献出版社 2011 年版。

2. 中共中央文献研究室：《建国以来重要文献选编》，中央文献出版社 1998 年版。

3. 中共中央文献研究室：《关于建国以来党的若干历史问题的决议》（注释本），人民出版社 1983 年版。

4. 中共中央文献研究室：《毛泽东文集》，人民出版社 1999 年版。

5. 中共中央文献研究室：《毛泽东农村调查文集》，人民出版社 1982 年版。

6. 中共中央文献研究室：《毛泽东书信选集》，中央文献出版社 2003 年版。

7. 中共中央文献编辑委员会：《周恩来选集》，人民出版社 1984 年版。

8. 中央文献研究室第一编研部：《话说毛泽东》，中央文献出版社 2000 年版。

9. 中央文献研究室第二编研部：《邓颖超书信选集》，中央文献出版社 2000 年版。

10. 中央文献研究室，中央档案馆：《中共党史重大事件述实》（增补本），人民出版社 2008 年版。

11. 中共中央组织部，中共中央党史研究室，中央档案馆：《中国共产党组织史资料（1921—1997）》，中共党史出版社 2000 年版。

12. 中华人民共和国外交部，中共中央文献研究室：《毛泽东外交文选》，中央文献出版社，世界知识出版社 1994 年版。

13. 中共中央党史资料征集委员会：《中共党史资料》，中共党史资料出版社 1982 年版。

14. 中国共产党简史编写组：《中国共产党简史》，人民出版社，中共党史出版社 2021 年版。

15. 《毛泽东选集》，人民出版社 1991 年版。

16. 《胡乔木传》编写组：《胡乔木谈中共党史》（修订本），人民出版社 2015 年版。

17. 彭德怀：《中国人民志愿军抗美援朝工作的报告》，1953 年 9 月 12 日。

18. 《习近平谈治国理政》，外文出版社 2022 年版。

19. 习近平：《在党史学习教育动员大会上的讲话》，人民出版社 2021 年版。

二、国内著作、编著

1. 《当代中国》丛书编辑部：《当代中国的山东》，中国社会科学出版社 1989 年版。

2. 北京晚报《江山》特刊创作团队：《江山：百年中国史补白》，人民出版社 2013 年版。

3. 成仿吾：《长征回忆录》，人民出版社 1977 年版。

4. 程中原：《说不尽的张闻天》，中央文献出版社 2008 年版。

5. 陈冠任：《毛泽东的斗争艺术》，中央文献出版社 2003 年版。

6. 黄宏，林仁芳：《古田精神》，人民出版社 2007 年版。

7. 贺全胜：《从历史走向未来——毛泽东对马克思主义中国化的艰辛探索》，人民出版社 2021 年版。

8. 胡绳：《中国共产党的七十年》，中共党史出版社 1991 年版。

9. 罗平汉：《党史细节——中国共产党 90 年若干重大事件探源》，人民出版社 2011 年版。

10. 罗平汉，卢毅，赵鹏：《中共党史重大争议问题研究》，人民出版社 2013 年版。

11. 李颖：《共和国历史的细节》，人民出版社 2009 年版。

12. 李向平，魏扬波：《口述史研究方法》，上海人民出版社 2010 年版。

13. 李春雷：《赶考：西柏坡的历史回响》，江西高校出版社 2021 年版。

14. 李海涛：《王尽美》，青岛出版社 2009 年版。

15. 刘平章：《刘文典传闻轶事》，云南美术出版社 2003 年版。

16. 军事科学院《刘伯承军事文选》编写组：《刘伯承军事文选》，解放军出版社 1992 年版。

17. 刘传增：《共和国重大事件写真》，中央文献出版社 2000 年版。

18. 穆欣：《隐蔽战线统帅周恩来》，中国青年出版社 2002 年版。

19. 彭明：《中国现代史资料选辑》，中国人民大学出版社 1989 年版。

20. 人民出版社：《革命回忆录》，人民出版社 1980 年至 1987 年版。

21. 沙健孙：《中国共产党史稿（1921—1949）》，中央文献出版社 2006 年版。

22. 沙健孙：《中国共产党与新中国的创建（1945—1949）》，中央文献出版社 2009 年版。

23. 沈春生：《山东抗日根据地史》，山东大学出版社 1993 年版。

24. 济南市档案馆：《毋忘国耻：济南“五三”惨案档案文献选辑》，济南出版社 2003 年版。

25. 谭虎娃：《历史的转折：中共中央在延安十三年》，人民出版社 2018 年。

26. 王顺生等：《新编中国共产党历史教程》，高等教育出版社 2011 年版。

27. 王炳林：《中共党史学科基本理论问题研究》，人民出版社 2021 年版。

28. 王立胜：《重新认识毛泽东》，陕西人民出版社 2008 年版。

29. 萧心力：《毛泽东与共和国重大历史事件》，人民出版社 2001 年版。

30. 游鉴明：《她们的声音——从近代中国女性的历史记忆谈起》，台湾：五南图书出版股份有限公司 2009 年版。

31. 杨祥银：《美国现代口述史学研究》，中国社会科学出版社 2016 年版。

32. 周新国：《中国口述史的理论与实践》，中国社会科学出版社 2005 年版。

33. 周一平：《中共党史史学史》，甘肃人民出版社 2001 年版。

34. 周一平：《中共党史文献学》，华东师范大学出版社 2002 年版。

三、传记、年谱、回忆录

1. 范希春：《邓小平思想评传（1977—1997）》，人民出版社 2010 年版。

2. 中共中央文献研究室：《朱德传》，中央文献出版社 2006 年版。

3. 中共中央文献研究室：《毛泽东年谱（1949—1976）》，中央文献出版社 2013 年版。

4. 中共中央文献研究室：《毛泽东年谱（1893—1949）》，人民出版社，中央文献出版社 1993 年版。

5. 张家裕：《毛泽东军事年谱（1927—1958）》，广西人民出版社 1994 年版。

6. 中共中央文献研究室：《毛泽东思想年编（1921—1975）》，中央文献出版社 2011 年版。

7. 中共中央文献研究室：《刘少奇年谱（1898—1969）》，中央文献出版社 1996 年版。

8. 中共中央文献研究室：《朱德年谱》，中央文献出版社 2006 年版。

9. 中共中央文献研究室：《周恩来年谱（1949—1976）》，中央文献出版社 1997 年版。

10. 薄一波：《若干重大决策与事件回顾》，中共中央党校出版社 1991 年版。

11. 鲁林，陈德金：《红色记忆：中国共产党历史口述实录（1921—1949）》，济南出版社 2002 年版。

12. 汪东兴：《汪东兴回忆：毛泽东与林彪反革命集团的斗争》，当代中国出版社 1997 年版。

13. 黎玉：《黎玉回忆录》，中共党史出版社 1992 年版。

14. 李新芝，郑俊明：《毛泽东纪事》，中央文献出版社 2011 年版。

15. 黄一兵：《转折：当代中国改革开放启动实录》，福建人民出版社 2009 年版。

四、地方文史资料

1. 中共泰安市委党史资料征集研究办公室：《中国共产党泰安历史（1926—1949）》，准印证号（泰）2017009，2017 年版。

2. 中共泰安市委党史资料征集研究办公室：《徂徕山起义》，中共党史出版社 2017 年版。

3. 中共泰安市委党史资料征集研究办公室：《中共泰安历史大事记》中共党史出版社 2001 年版。

4. 中共莱芜市委党史研究室：《战斗的足迹——鲁中抗战回忆录》，准印证号 2015LW7。

5. 中共莱芜市委党史资料征集研究办公室：《中国共产党山东省莱芜市组织史资料（1926—1987）》，山东省出版总社泰安分社 1989 年版。

6. 中共沂南县委党史资料征集委员会：《沂南党史资料》，内部资料 1984 年版。

7. 中共临沂市地方史志办公室：《沂蒙抗战大事记》，中国文史出版社 2016 年版。

8. 中共泰安市委党史资料征集研究办公室：《泰安抗战烽火》，中共党史出版社 2015 年版。

9. 中共莱芜市委宣传部，中共莱芜市委党史研究室：《血染的风采 永远的丰碑——莱芜抗日战争故事》，泰山出版社 2015 年版。

10. 政协临沂市委员会：《临沂文史集萃》，山东人民出版社 1997 年版。

11. 苏鲁豫皖边区党史资料征集编研办公室：《党史资料汇编》，1982 年版。

12. 中共徐州市委党史办公室：《徐州党史资料》（第 1 辑），1986 年版。

13. 中共临沂地委党史资料征集委员会：《忆沂蒙》（续），山东人民出版社 1985 年版。

14. 中共沂南县委党史资料征集委员会：《沂南党史资料》，1989 年版。

15. 《中共鲁中地方史》编审委员会：《中共鲁中地方史（1919. 5—1949. 10）》，中共党史出版社 2006 年版。

16. 中共山东省委党史资料征集研究委员会：《山东抗日根据地》，中共党史资料出版社 1989 年版。

17. 中共泰安市委党史征集研究办公室：《中共泰安历史大事记》（第 1 卷），中共党史出版社 2001 年版。

18. 中共台前县委党史研究室，台前县地方史志办公室：《抗日英烈汪洋事迹资料选编》（内部资料），2018 年 11 月版。

19. 政协蒙阴县文史资料委员会：《蒙阴文史资料》，1990 年版。

20. 政协泗水县文史资料委员会：《泗水文史资料》，1993 年版。

21. 政协费县文史资料委员会：《费县文史资料》，1999 年版。

22. 政协江苏省委文史资料委员会：《中统特工密录》，江苏文史资料编辑部 1991 年版。

23. 山东省档案馆，山东社会科学院历史研究所：《山东革命历史档案资料选编》，山东人民出版社 1982 年版。

24. 李西宁：《济南“五三”惨案史料汇编》，国家图书馆出版社 2014 年版。

五、年鉴、专题史志

1. 济南市史志办公室：《济南年鉴 1997》，济南出版社 1997 年版。

2. 济南市志编纂委员会办公室：《济南年鉴 1991》，济南出版社 1991 年版。

3. 山东省地方史志编纂委员会《山东年鉴》编辑部：《山东年鉴 1988》，世界知识出版社 1989 年版。

4. 中国有色金属工业年鉴编委会：《中国有色金属工业年鉴 1991》，中国有色金属工业年鉴编辑委员会出版发行 1991 年版。

六、译著、外文文献类：

1. [美] 埃德加·斯诺笔录：《毛泽东自传》导言，现代出版社 1969 年版。

2. [英] 保尔·汤普逊：《过去的声音——口述史》，覃方明，渠东，张旅平，译，辽宁教育出版社 2000 年版。

3. J. 托什：《口述的历史》，《史学理论》1987 年第 4 期。

4. [美] 沈大伟：《中国共产党：收缩与调适》，吕增奎，王新颖，译，中央编译出版社 2011 年版。

5. [美] 唐纳德·里奇：《大家来做口述史》，邱霞，译，当代中国出版社 2019 年版。

6. 华谱：《〈季米特洛夫日记〉中有关中国革命重大事件的记述》，《中共党史研究》2001 年第 5 期。

七、期刊论文

1. 陈伟刚：《口述史学的特征与中共党史的研究》，《史学史研究》2004 年第 1 期。

2. 童小力：《运用红色口述档案 鲜活党史教育》，《四川档案》2021 年第 4 期。

3. 郭德宏：《关于中共党史学理论的若干问题》，《史学月刊》2001

年第5期。

4. 李洪峰：《“拿笔杆是实行领导的主要方法”——解析邓小平的一篇报告和毛泽东的六处批注》，《党的文献》2015年第3期。

5. 刘玮婷：《试论口述历史教学在党史教育中的运用》，《文教资料》2014年第19期。

6. 欧阳淞：《关于党史研究的资料准备问题》，《中共党史研究》2013年第7期。

7. 彭建伟，郑艳丽：《编写地方党史正本如何合理利用口述历史资料》，《广东党史与文献研究》2013年第8期。

8. 王宇英：《近年来口述史研究的热点审视及其态势》，《重庆社会科学》2011年第5期。

9. 王炳林：《运用口述史方法深化中共党史研究》，《中国青年社会科学》2021年第4期。

10. 行龙：《“资料革命”：中国当代社会史研究的基础工作》，《河北学刊》2012年第2期。

11. 鄢舟：《王明与抗日民族统一战线的形成》，《浙江万里学院学报》2008年第3期。

12. 于文善：《中共党史史学史研究的概况与评述》，《党史研究与教学》2003年第1期。

13. 阳李，杨茗，苏森森：《新时代高校思政课建设成效及其影响因素研究》，《潍坊学院学报》2022年第4期。

14. 周一平：《再论中共党史的研究对象》，《党史研究与教学》2003年第2期。

15. 周子健：《论中共党史学科奠基和形成》，《高校马克思主义理论研究》2023年第2期。

16. 周新国：《构建中国特色、中国风格和中国气派的中国口述史学——关于口述史料与口述史学的若干问题》，《当代中国史研究》2004年第7期。

17. 郑樵历史调查组：《郑樵史迹调查——郑樵历史调查报告之一》，

《厦门大学学报》1963 年第 4 期。

18. 赵延庆：《日军在山东的细菌战和毒气战》，《军事历史》1995 年第 6 期。

19. 张国镛：《思想政治理论课实践教学的基本涵义和基本方式》，《江南大学学报（人文社会科学版）》2004 年第 6 期。

八、报纸类：

1. 陈柳燕：《许雪姬谈台湾 30 年口述史——让小历史对应大历史》，《香港商报 · 生活与人文周刊》2015 年 12 月 27 日。

2. 习近平：《在对历史的深入思考中更好走向未来，交出发展中国特色社会主义合格答卷》，《人民日报》2013 年 6 月 27 日第 1 版。

3. 席郁兰:《口述历史核心是话语权分享——“对话历史学者李娜”》，《重庆青年报》2014 年 8 月 28 日第 4 版。

4. 新华月报《永远的丰碑》（第 17 辑），人民出版社 2007 年版第 149 页。

5. 《中国共产党一百年大事记（1921 年 7 月—2021 年 6 月）》，《人民日报》2021 年 6 月 28 日第 1 版。

6. 方帅：《我国第一批革命文物保护利用片区分县名单公布》，《解放军报》2019 年 3 月 20 日第 2 版。

九、网络文献：

1. 国家文物局：《我国登记革命旧址、遗址达 33315 处》，国际在线 2018 年 7 月 30 日，https：//news. cri. cn/2018-07-30/7691306f-c497-38b4-1af2-ea3b75bef289. html. 2024 年 3 月 13 日。

2. 泰安市档案馆：《泰安市档案馆藏简介》，泰安档案信息网 2024 年 2 月 2 日，https：//dag. taian. cn/art/2024/2/2/art_70344_10286106. html. 2024 年 5 月 20 日。

3. 中共淄博市委党史研究院：《太河惨案》，2022 年 7 月 25 日，http：//zbdsyjy. org. cn/tushuozibo/show-45. html. 2024 年 6 月 1 日。

4. 中宣部等：《四部门公布第一批革命文物保护利用片区分县名单》，新华社 2019 年 3 月 18 日，https：//www.gov.cn/xinwen/2019-03/18/content_5374660.htm. 2024 年 3 月 18 日。

十、学位论文类：

1. 何心：《高校思想政治理论课教学满意度调查研究——基于 B 大学本科生视角》，硕士学位论文，华北电力大学，2021 年。

2. 饶静：《高校思想政治理论课教学实效性及优化路径研究——以湖北高校为例》，硕士研究生学位论文，长江大学，2020 年。

3. 杨连：《高校思想政治理论课教学的实效性调查研究——以四川省三所高校为例》，硕士学位论文，大理大学，2017 年。

后　记

提高思政课教学效果，总结教学经验和体会，是本书写作的现实初衷。

在多年来从事口述历史的实务中，遇到了一些珍贵的地方党史口述资料，于是产生了将这些口述党史资料作为党史课教学内容的想法。尝试的结果令人喜出望外，学生非常欢迎这类党史教学内容。于是琢磨，将口述史研究方法应用于党史教学，建立学科意义上的口述党史。将之用于教学，是写作的直接动力。

口述史学、党史学科、教育教学理论等学科、专业领域的著名学者的研究成果，为本书的写作提供了重要的借鉴和资料来源。对相关学科的学术前辈倍感敬佩！

通过田野调察和实地访谈，获得了大量宝贵的第一手珍贵资料。对泰安市泰山区公安局档案室、泰安市档案馆、肥城市陆房突围战斗纪念馆范季帅、山西省抗战纪念馆馆长高六模、济南市莱芜区地下交通站遗址管理人房新农、莱芜鲁中抗日战争纪念馆、中共泰安市委党史研究院、中共泰山区党史研究院、山东省档案馆、泰安市档案馆给予的帮助，致以由衷的感谢！

湘潭大学出版社单越编辑也提供了令人感动的帮助！

课题组成员对本书的写作积极参与并提供资料，在此深表谢意。

同时，不得不说的是，著作在阐述口述史、党史和口述党史方面，需要进一步的深入研究，尤其是对口述党史概念尚未从学科意义上进行深刻阐述，这为后来的教学实践留下了思考与探索的空间。口述党史研究思想、研究方法及学术价值，在新的党史党建学科视阈下如何拓展与丰富，以及党史的宏大叙事与局部、微观的个人生命观感之间的关系，在口述党史中应该如何把握分寸，才能拿捏得恰到好处，均是需要深入探讨的问题。

由于作者学科体系欠完整，学术水平需进一步提高，故书中存在些许不足，敬请广大同仁、学者、学科爱好者批评指正，以资鼓励。

2024 年 8 月 20 日